COLEX

Disfrute gratuitamente **DURANTE UN AÑO** de los eBook y audiolibros de las obras de Editorial Colex*

⊘ Acceda a la página web de la editorial **www.colex.es**

⊘ Identifíquese con su usuario y contraseña. En caso de no disponer de una cuenta regístrese.

⊘ Acceda en el menú de usuario a la pestaña «Mis códigos» e introduzca el que aparece a continuación:

RASCAR PARA VISUALIZAR EL CÓDIGO

⊘ Una vez se valide el código, aparecerá una ventana de confirmación y su eBook y/o audiolibro estará disponible **durante 1 año desde su activación** en la pestaña «Mis libros» en el menú de usuario.

---

* Los audiolibros están disponibles en las ediciones más recientes de nuestras obras. Se excluyen expresamente las colecciones «Códigos comentados», «Biblioteca digital» y los productos de www.vademecumlegal.es.

No se admitirá la devolución si el código promocional ha sido manipulado y/o utilizado.

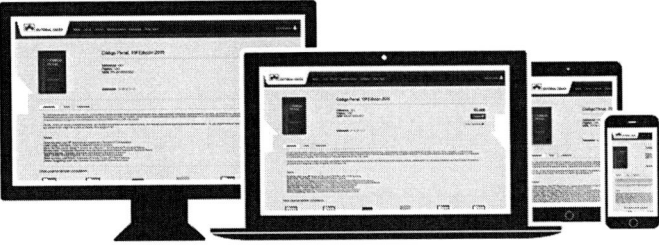

¡Gracias por confiar en nosotros!

La obra que acaba de adquirir incluye de forma gratuita la versión electrónica. Acceda a nuestra página web para aprovechar todas las funcionalidades de las que dispone en nuestro lector.

Funcionalidades eBook

Acceso desde cualquier dispositivo con conexión a internet

Idéntica visualización a la edición de papel

Navegación intuitiva

Tamaño del texto adaptable

Síguenos en: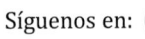

RECLAMACIONES ANTE COMPAÑÍAS DE SEGUROS

Análisis de las distintas modalidades de
seguros y las posibles vías de reclamación

RECLAMACIONES ANTE COMPAÑÍAS DE SEGUROS

Análisis de las distintas modalidades de seguros y las posibles vías de reclamación

2.ª EDICIÓN 2025

Obra realizada por el Departamento de Documentación de Iberley

COLEX 2025

© Editorial Colex, S.L.
Calle Costa Rica, número 5, 3º B (local comercial)
A Coruña, C.P. 15004
info@colex.es
www.colex.es

I.S.B.N.: 978-84-1194-851-7
Depósito legal: C 46-2025

SUMARIO

0.
INTRODUCCIÓN

El **contrato de seguro** se regula en la **Ley 50/1980, de 8 de octubre, de Contrato de Seguro (LCS)**, cuyo primer artículo lo define como aquel contrato por el que el asegurador se obliga, mediante el cobro de una prima y para el caso de que se produzca el evento cuyo riesgo es objeto de cobertura, a indemnizar, dentro de los límites pactados, el daño producido al asegurado o a satisfacer un capital, una renta u otras prestaciones convenidas.

En cuanto a su **naturaleza jurídica**, el contrato de seguro es un contrato sustantivo, oneroso, aleatorio, de carácter formalista y en el que la autonomía de la voluntad se encuentra muy limitada.

La **duración del contrato de seguro será la determinada en la póliza**, si bien la ley contempla un límite, así se infiere del artículo 22 de la Ley del Contrato de Seguro que la póliza **no podrá fijar para el contrato de seguro una duración superior a diez años**. Sí se reconoce, sin embargo, la posibilidad de prórroga del contrato por un período no superior a un año cada vez.

Respecto de los **elementos del contrato de seguro** cabe distinguir entre:

– Elementos **personales**: asegurador, tomador, asegurado y beneficiario.

– Elementos **reales**: riesgo, prima e interés asegurado.

– Elementos **formales**: solicitud, proposición, documento de cobertura provisional, póliza, condiciones generales y condiciones particulares.

Atendiendo a los elementos personales del contrato de seguro cabe hacer referencia a los **derechos y obligaciones de las partes del contrato**.

En este sentido, respecto del **tomador y el asegurado**, que pueden ser la misma persona, destaca como derecho fundamental el de cobrar, si se produce el evento asegurado, la indemnización. Como obligaciones cabe citar el pago de la prima, la comunicación del siniestro y, en su caso, la aminoración de las consecuencias del siniestro. Respecto de los deberes resulta especialmente importante el de declaración del riesgo del artículo 10 de la LCS y el de comunicar la alteración de las circunstancias del artículo 11 de la LCS.

Por otro lado, en lo que se refiere al **asegurador** destaca la obligación de satisfacer la indemnización del daño producido conforme a lo previsto en el artículo 18 de la LCS, asimismo tendrá derecho a rescindir el contrato en caso de reserva o inexactitud en la declaración del riesgo (art. 10 de la LCS), derecho de resolver el contrato por falta de pago de la prima (art. 15 de la LCS), a reclamar daños y perjuicios por falta de declaración (art. 16 de la LCS) o reducir la prestación (art. 17 de la LCS).

Dentro del contrato de seguro pueden distinguirse los siguientes **tipos**:

— **Seguros contra daños**: artículos 25 a 79 de la LCS donde a su vez se encuentran los seguros de incendios, contra robo, de transportes terrestres, de lucro cesante, de caución, de crédito, de responsabilidad civil, de defensa jurídica y el reaseguro.

— **Seguros de personas**: artículos 80 a 106 quáter de la LCS donde se incluyen los seguros sobre la vida, de accidentes, de enfermedad y de asistencia sanitaria y el de decesos y dependencia.

Fuera de la LCS también cabe hacer referencia a otros seguros como el seguro obligatorio de viajeros, el seguro del hogar, los seguros multirriesgo, seguro de mascotas o el seguro obligatorio de vehículos a motor, entre otros.

Finalmente, en lo que se refiere a las **reclamaciones en materia de seguros** cabe mencionar las reclamaciones ante la propia compañía aseguradora, ante el defensor del asegurado, ante la Dirección General de Seguros y Fondos de Pensiones, así como la vía arbitral o judicial, con especial hincapié en la acción directa ante la jurisdicción civil prevista en el artículo 76 de la LCS.

En la vía judicial el **procedimiento a seguir** será el **juicio ordinario** en el caso de que la cuantía de la demanda exceda de 15.000 euros o se trate de demandas cuyo interés económico sea imposible de calcular, ni siquiera de modo relativo (art. 249 de la LEC, apartado 2) o bien el **juicio verbal** cuando la cuantía no exceda de 15.000 euros (art. 250 de la LEC, apartado 2).

1.
EL CONTRATO DE SEGURO

El **contrato de seguro** se regula en la Ley 50/1980, de 8 de octubre, de Contrato de Seguro (LCS), cuyo primer artículo lo define como aquel contrato por el que el asegurador se obliga, mediante el cobro de una prima y para el caso de que se produzca el evento cuyo riesgo es objeto de cobertura, a indemnizar, dentro de los límites pactados, el daño producido al asegurado o a satisfacer un capital, una renta u otras prestaciones convenidas.

> **CUESTIÓN**
>
> **¿Qué sucede si en el momento de la conclusión no existe el riesgo o ha ocurrido el siniestro?**
>
> En este caso, conforme al artículo 4 de la LCS, el contrato de seguro será nulo, salvo en los casos previstos por la ley. En este contexto cabe traer a colación la doctrina de la Sala de lo Civil del TS por la cual «dada la naturaleza aleatoria del contrato de seguro, el asegurador solo resulta obligado cuando se materializa el riesgo asegurado, cuando se produce el siniestro, lo que implica que cuando el riesgo se ha materializado con anterioridad a la suscripción del contrato y ello era desconocido para la aseguradora constando, por el contrario, al asegurado, falta un elemento esencial del contrato, que es nulo» (sentencia del Tribunal Supremo n.º 856/2021, de 10 de diciembre, ECLI:ES:TS:2021:4416).

Naturaleza jurídica del contrato de seguro

La naturaleza jurídica del contrato de seguro viene determinada por las siguientes notas características:

- **Se trata de un contrato sustantivo**: la obligación del asegurador de soportar el riesgo deber ser consecuencia de un pacto específico, es decir, distinto de todo otro negocio jurídico.

- **Es un contrato oneroso**: por el pago de la prima por parte del asegurado.

- **Es un contrato aleatorio**: ya que no se conoce cuándo va a ocurrir el siniestro, cómo va a ocurrir o cuánto se va a pagar.

- **La autonomía de la voluntad se encuentra muy limitada**: es muy habitual el uso por las entidades aseguradoras de contratos de adhesión para estipular el contrato de seguro, lo que supone una limitación al principio de autonomía de la voluntad contractual.

- **Es de carácter formalista**: ya que, en la práctica aseguradora, estos contratos se formalizan por escrito.

Asimismo, cabe señalar que se trata de un contrato en el que rige la buena fe entre las partes contratantes.

1.1. Duración

Se refiere a la duración del contrato de seguro el artículo 22 de la LCS. En este sentido, ¿cuánto podrá durar el contrato? Su duración vendrá determinada en la póliza, si bien, la ley contempla un límite, esto es, que **no se podrá fijar una duración superior a 10 años**.

> **CUESTIÓN**
>
> **¿Es posible la prórroga del contrato?**
>
> Sí, podrán establecerse una o más prórrogas por períodos no superiores a un año cada vez. No obstante, las partes pueden oponerse a esta prórroga mediante notificación escrita a la otra parte con, al menos, un mes de antelación a la conclusión del período del seguro en curso en caso de oponerse el tomador y dos meses cuando se trate del asegurador.
>
> Las condiciones y plazos de la oposición a la prórroga de cada parte, o su inoponibilidad, deberán destacarse en la póliza (art. 22.4 de la LCS).

El plazo para comunicar al tomador por el asegurador cualquier modificación del contrato de seguro será de al menos dos meses de antelación a la conclusión del período en curso.

> **A TENER EN CUENTA.** Las anteriores previsiones respecto de la duración del contrato de seguro no serán de aplicación en cuanto sean incompatibles con la regulación del seguro sobre la vida (art. 22 de la LCS, apartado 5).

> **CUESTIÓN**
>
> **Si el contrato sufre una modificación muy relevante, ¿surtirá efecto la prórroga tácita del contrato si no hay oposición a la misma notificada por escrito?**
>
> Para responder a esta cuestión resulta interesante el caso planteado en la sentencia de la Audiencia Provincial de Barcelona n.º 214/2023, de 8 de mayo, ECLI:ES:APB:2023:5074, en virtud de la cual ante una modificación muy relevante del contrato de seguro, toda vez que se aumenta la prima más del cuádruple respecto de los años anteriores, se entiende que no puede tener lugar la prórroga tácita del contrato aun cuando no se haya notificado correctamente la oposición a ella. Esto es así porque debió haberse notificado por el asegurador aquella modificación con al menos dos meses de antelación. Así establece la citada sentencia:
>
> *«Pero previamente, la aseguradora tenía la obligación de comunicar a la demandada, al menos con dos meses de antelación, cualquier modificación del contrato de seguro, y en el caso de autos se produjo una modificación muy relevante, como era el importe de la prima (...).*

> *(...)*
>
> *(...), para que dicha modificación de la prima pudiera vincular a la demandada era necesario que ésta* hubiera dado su consentimiento a la misma.
>
> *Es decir, no estamos ante una simple prórroga de la póliza, que pueda entenderse producida tácitamente por la falta de comunicación en contra de la asegurada, sino ante una renovación unilateral de la misma por parte de la aseguradora, con unas condiciones sustancialmente diferentes por lo que se refiere al elemento de la prima, en las que se exigía la conformidad expresa de la otra parte para que se mantuviera su fuerza vinculante.* Sólo a partir de esa aquiescencia a las nuevas condiciones por parte de la asegurada, que nunca se produjo, podría surtir efecto la prórroga tácita prevista en el art. 22 LCS*, que afecta sólo a la duración del contrato, pero sin que esa aquiescencia pueda extenderse a una modificación de su contenido que supone una verdadera novación contractual».*

1.2. Elementos del contrato de seguro

Sin perjuicio de la naturaleza contractual del seguro y de la consiguiente aplicación del artículo 1261 del CC por el que se establecen como requisitos necesarios, con carácter general, para la existencia de un contrato, el consentimiento de los contratantes, objeto cierto que sea materia del contrato y la causa de la obligación que se establezca, en el contrato de seguro pueden distinguirse los siguientes elementos:

- **Elementos personales**: asegurador, tomador, asegurado y beneficiario.
- **Elementos reales**: riesgo, prima e interés asegurado.
- **Elementos formales**: solicitud, proposición, documento de cobertura provisional, póliza, condiciones generales y condiciones particulares.

Elementos personales del contrato de seguro

Cabe distinguir aquí entre el asegurador, el tomador y el asegurado. Estos dos últimos pueden ser la misma persona o personas diferentes. Asimismo, en determinados casos puede existir la figura del beneficiario.

|| Asegurador

Se entiende por asegurador, atendiendo al artículo 1 de la LCS, aquella persona que se obliga, para el caso de que se produzca el evento cuyo riesgo se asegura, a indemnizar el daño producido al asegurado o a satisfacer un capital, renta u otra prestación convenida.

Conforme al artículo 27 de la Ley 20/2015, de 14 de julio, de ordenación, supervisión y solvencia de las entidades aseguradoras y reaseguradoras, la actividad aseguradora únicamente podrá ser realizada por entidades privadas que adopten la forma de sociedad anónima, sociedad anónima europea, mutua de seguros, sociedad cooperativa, sociedad cooperativa europea o mutualidad de previsión social.

> **A TENER EN CUENTA.** Las mutuas de seguros, las sociedades cooperativas y las mutualidades de previsión social únicamente podrán operar a prima fija.

Asimismo, podrán realizar la actividad aseguradora las entidades que adopten cualquier forma de derecho público, siempre que tengan por objeto la realización de operaciones de seguro en condiciones equivalentes a las entidades aseguradoras privadas.

CUESTIONES

1. ¿Cómo se constituyen las entidades aseguradoras?

Se constituirán mediante escritura pública que deberá ser inscrita en el Registro Mercantil (art. 28 de la Ley 20/2015, de 14 de julio).

2. ¿A qué órgano corresponde la supervisión en materia de seguros?

La autoridad supervisora española en materia de seguros es la Dirección General de Seguros y Fondos de Pensiones regulada en el artículo 17 de la Ley 20/2015, de 14 de julio. En lo que se refiere a las entidades aseguradoras, la Dirección General de Seguros y Fondos de Pensiones llevará un registro administrativo en el que aquellas entidades, entre otras, se inscribirán (art. 40 de la Ley 20/2015, de 14 de julio).

‖ Tomador y asegurado (art. 7 de la LCS)

El tomador es la persona que contrata el seguro, firma la póliza y paga la prima. Puede contratar el seguro por cuenta ajena o por cuenta propia coincidiendo en este caso la persona del tomador y del asegurado. **En caso de duda ¿qué sucede?** Se presumirá que el tomador ha contratado por cuenta propia.

El asegurado es la persona titular del interés asegurado, la que está expuesta al riesgo. Puede ser una persona determinada o determinable por acuerdo de las partes.

Siendo personas distintas el tomador del seguro y el asegurado, las obligaciones y deberes que derivan del contrato corresponderán al tomador, excepto que por su naturaleza deban cumplirse por el asegurado. No obstante, si el asegurado cumple las obligaciones y deberes que corresponden al tomador del seguro, el asegurador no podrá rechazar dicho cumplimiento.

En cuanto a los **derechos derivados del contrato de seguro ¿a quién corresponderán?** Al asegurado o, cuando proceda, al beneficiario a excepción de los especiales derechos del tomador en los seguros de vida.

CUESTIÓN

En una comunidad de propietarios, ¿el copropietario demandado como causante de los daños tiene la condición de asegurado en la póliza de seguros de la comunidad o, por el contrario, tendrá la consideración de tercero?

Para dar respuesta a esta cuestión resulta interesante la sentencia del Tribunal Supremo n.º 530/2022, de 5 de julio, ECLI:ES:TS:2022:2904, de la que se infiere:

– El pago de la prima le corresponde al tomador del seguro (art. 14 de la LCS), de modo que en un seguro de comunidad la paga la comunidad de propietarios y no los copropietarios.

> – En tanto que la cualidad de tomador del seguro le corresponde a la comunidad de propietarios, esta tiene también la condición de asegurada respecto de los elementos comunes del inmueble; mientras que los copropietarios únicamente serían asegurados respecto de sus elementos privativos si los mismos fueran objeto de cobertura en la póliza.
>
> – Por lo tanto, como regla general, a efectos de la responsabilidad por daños ejercida por vía de subrogación, el copropietario no es asegurado sino tercero responsable, salvo que otra cosa resulte de la propia póliza concertada por la comunidad.

|| Beneficiario

Esta figura existe solo en determinados seguros, como el seguro de vida o el de accidentes. Se designa por el tomador del seguro y es la persona que tiene derecho a la indemnización.

El beneficiario no es parte del contrato, no teniendo derechos, deberes ni obligaciones dentro del mismo.

Elementos reales del contrato de seguro

Como elementos reales del contrato de seguro cabe distinguir entre:

a) El riesgo asegurado: constituye la posibilidad de que se produzca el suceso que provoque un daño o necesidad pecuniaria, es un elemento esencial para este tipo de contratos. Ahora bien, no puede tratarse de un riesgo ilícito ni extraordinario o catastrófico. Debe estipularse en la póliza y, además, como se infiere del artículo 11 de la LCS, el tomador del seguro o el asegurado deberán durante la vigencia del contrato comunicar al asegurador, tan pronto como le sea posible, la alteración de los factores y las circunstancias declaradas en el cuestionario previsto en el artículo 10 de la LCS que agraven el riesgo y sean de tal naturaleza que si hubieran sido conocidas por aquel en el momento de la perfección del contrato no lo habría celebrado o lo habría concluido en condiciones más gravosas.

> **A TENER EN CUENTA.** El artículo 10 de la LCS ha sido modificado por el Real Decreto-ley 5/2023, de 28 de junio, dentro de la regulación del denominado «olvido oncológico».

En cuanto al carácter esencial del riesgo como elemento del contrato de seguro la **sentencia de la Audiencia Provincial de Córdoba n.º 547/2024, de 31 de mayo, ECLI:ES:APCO:2024:571**, señala:

> «B) Desde un punto de vista general, se considera conveniente comenzar recordando, que el contrato de seguro se sustenta fundamentalmente en el concepto de riesgo. Riesgo de que suceda un hecho como consecuencia del cual el asegurado puede sufrir un daño patrimonial o corporal.
>
> Por consiguiente, para que exista contrato de seguro en necesario que exista ese riesgo y también, naturalmente, que no haya ocurrido el siniestro con anterioridad a su perfección (artículo 4 LCS). El siniestro debe ser, pues, posterior; pero no sólo eso, sino que también debe ser imprevisible».

b) La prima: es la cantidad que debe pagar el tomador del seguro para obtener la cobertura del riesgo.

c) El interés asegurado: supone una relación de contenido económico entre la persona del asegurado y el objeto asegurado, susceptible de valoración pecuniaria, que puede sufrir un daño en el caso de que se produzca un suceso determinado.

JURISPRUDENCIA

Doctrina sobre el artículo 10 de la Ley de Contrato de Seguro.

Sentencia del Tribunal Supremo n.º 394/2020, de 1 de julio, ECLI:ES:TS:2020:2067

«3.-La reciente sentencia núm. 7/2020, de 8 de enero, sintetiza la jurisprudencia de esta sala sobre el art. 10 LCS (con cita de las sentencias 572/2019, de 4 de noviembre, 106/2019, de 19 de febrero, 81/2019, de 7 de febrero, 53/2019, de 24 de enero, 37/2019, de 21 de enero, 621/2018, de 8 de noviembre, 562/2018, de 10 de octubre, 563/2018, de 10 de octubre, 528/2018, de 26 de septiembre, 426/2018, de 4 de julio, 323/2018 de 30 de mayo, 273/2018, de 10 de mayo, 542/2017, de 4 de octubre, 222/2017, de 5 de abril, 726/2016, de 12 de diciembre, 157/2016, de 16 de marzo, y 72/2016, de 17 de febrero, entre otras), de la que resultan los siguientes parámetros interpretativos:

(i) el deber de declaración del riesgo ha de ser entendido como un deber de contestación o respuesta a lo que pregunte el asegurador, sobre el que además recaen las consecuencias que derivan de su no presentación o de la presentación de un cuestionario incompleto, demasiado genérico o ambiguo, con preguntas sobre la salud general del asegurado claramente estereotipadas que no permitan al asegurado vincular dichos antecedentes con la enfermedad causante del siniestro;

(ii) el asegurado no puede justificar el incumplimiento de su deber de respuesta por la sola circunstancia de que el cuestionario sea rellenado o cumplimentado materialmente por el personal de la aseguradora o de la entidad que actúe por cuenta de aquella si está probado que fue el asegurado quien proporcionó las contestaciones a las preguntas sobre su salud formuladas por dicho personal;

(iii) el cuestionario no ha de revestir una forma especial de la que deba depender su eficacia, admitiéndose también como cuestionario las 'declaraciones de salud' que a veces se incorporan a la documentación integrante de la póliza; y

(iv) lo que esta sala debe examinar es si el tipo de preguntas formuladas al asegurado eran conducentes a que este pudiera representarse a qué antecedentes de salud conocidos por él o que pudiera conocer se referían, es decir, si las preguntas le permitían ser consciente de que, al no mencionar sus patologías, estaba ocultando intencionadamente datos relevantes para la exacta valoración del riesgo y causalmente relacionados con el siniestro».

Sentencia del Tribunal Supremo n.º 661/2020, de 10 de diciembre, ECLI:ES:TS:2020:4265

«CUARTO.-De la doctrina de esta sala sobre el art. 10 LCS (contenida, entre otras, en las sentencias 394/2020, de 1 de julio, 390/2020, de 1 de julio, 378/2020, de 30 de junio, 345/2020, de 23 de junio, 333/2020, de 22 de junio, 7/2020, de 8 de enero, 572/2019, de 4 de noviembre, 106/2019, de 19 de febrero, 81/2019, de 7 de febrero, 53/2019, de 24 de enero, 37/2019, de 21 de enero, 621/2018, de 8 de noviembre, 562/2018, de 10 de octubre, 563/2018, de 10 de octubre, 528/2018, de 26 de septiembre, 426/2018, de 4 de julio, 323/2018 de 30 de mayo, 273/2018, de 10 de mayo, 542/2017, de 4 de octubre, 222/2017, de 5 de abril, 726/2016, de 12 de diciembre, 157/2016, de 16 de marzo, y 72/2016, de 17 de febrero) se desprende, en síntesis: (i) que el deber de declaración del riesgo ha de ser entendido como un deber de contestación o respuesta a lo que pregunte el asegurador, sobre el que además recaen las consecuencias que derivan de su no

---

presentación o de la presentación de un cuestionario incompleto, demasiado genérico o ambiguo, con preguntas sobre la salud general del asegurado claramente estereotipadas que no permitan al asegurado vincular dichos antecedentes con la enfermedad causante del siniestro; (ii) que el asegurado no puede justificar el incumplimiento de su deber por la mera circunstancia de que el cuestionario sea rellenado o cumplimentado materialmente por el personal de la aseguradora o de la entidad que actúe por cuenta de aquella, si está probado que fue el asegurado quien proporcionó las contestaciones a las preguntas sobre su salud formuladas por dicho personal; (iii) que el cuestionario no ha de revestir una forma especial de la que deba depender su eficacia, aceptándose también como cuestionario las 'declaraciones de salud' que a veces se incorporan a la documentación integrante de la póliza; y (iv) que lo que esta sala debe examinar es si el tipo de preguntas formuladas al asegurado eran conducentes a que este pudiera representarse a qué antecedentes de salud conocidos por él o que pudiera conocer se referían, es decir, si las preguntas le permitían ser consciente de que, al no mencionar sus patologías, estaba ocultando datos relevantes para la exacta valoración del riesgo y causalmente relacionados con el siniestro (sobre la relación de causalidad entre la circunstancia omitida y el riesgo cubierto se pronuncian expresamente las sentencias 345/2020, de 23 de junio, y 53/2019, de 24 de enero, con cita de otras anteriores)».

Elementos formales del contrato de seguro

En cuanto a la **forma del contrato de seguro** destaca el artículo 5 de la LCS del que se infiere la obligación de que el propio contrato y sus modificaciones o adiciones se formalicen **por escrito**. Así, el asegurador está obligado a entregar al tomador del seguro la póliza o, al menos, el documento de cobertura provisional. ¿Qué sucede en los casos de seguros en que por disposiciones especiales no se exige la emisión de la póliza? En estos casos el asegurador debe entregar el documento establecido en dichas disposiciones.

Además de la póliza, que se examina a continuación, cabe hacer referencia a otros documentos en el contrato de seguro:

- La solicitud del seguro: proporciona información sobre lo que se quiere asegurar. No vincula al solicitante (art. 6 de la LCS).
- La proposición de seguro: propuesta del asegurador determinando las características del contrato. Será vinculante para el proponente durante un plazo de 15 días.
- El documento de cobertura provisional.

> **A TENER EN CUENTA.** Por acuerdo de las partes, podrán retrotraerse los efectos del seguro al momento en que se presentó la solicitud o se formuló la proposición (art. 6, párrafo segundo, de la LCS).

|| Póliza

Es el documento en el que se formaliza el contrato de seguro constituyendo elemento probatorio del mismo. A ella se refiere el artículo 8 de la LCS que comienza diciendo:

«La póliza del contrato deberá redactarse, a elección del tomador del seguro, en cualquiera de las lenguas españolas oficiales en el lugar donde aquélla se formalice. Si el tomador lo solicita, deberá redactarse en otra lengua distinta, de conformidad con la Directiva 92/96, del Consejo de la Unión Europea, de 10 de noviembre de 1992 (...)».

> **A TENER EN CUENTA.** La Directiva 92/96/CEE del Consejo, de 10 de noviembre de 1992, ha sido derogada por la Directiva 2002/83/CE del Parlamento Europeo y del Consejo, de 5 de noviembre de 2002, sobre el seguro de vida, si bien esta última también ha sido sustituida por la actualmente vigente Directiva 2009/138/CE del Parlamento Europeo y del Consejo, de 25 de noviembre de 2009, sobre el seguro de vida, el acceso a la actividad de seguro y de reaseguro y su ejercicio (Solvencia II).

¿Cuál es el contenido mínimo de la póliza? Deberá contener, como mínimo, las siguientes indicaciones:

- Nombre y apellidos o denominación social de las partes contratantes y su domicilio, así como la designación del asegurado y beneficiario, en su caso.
- El concepto en el cual se asegura.
- Naturaleza del riesgo cubierto, describiendo, de forma clara y comprensible, las garantías y coberturas otorgadas en el contrato, así como respecto a cada una de ellas, las exclusiones y limitaciones que les afecten destacadas tipográficamente.
- Designación de los objetos asegurados y de su situación.
- Suma asegurada o alcance de la cobertura.
- Importe de la prima, recargos e impuestos.
- Vencimiento de las primas, lugar y forma de pago.
- Duración del contrato, con expresión del día y la hora en que comienzan y terminan sus efectos.
- Si interviene un mediador en el contrato, el nombre y tipo de mediador.

Si se trata de una póliza flotante, se especificará, además, la forma en que debe hacerse la declaración del abono.

> **CUESTIÓN**
>
> **¿Qué sucede si el contenido de la póliza difiere de la proposición de seguro o de las cláusulas acordadas?**
>
> Conforme al último párrafo del artículo 8 de la LCS, si existe esta divergencia el tomador del seguro podrá reclamar a la entidad aseguradora en el plazo de un mes desde la entrega de la póliza para la subsanación de aquella. Si no reclama en plazo, se estará a lo previsto en la póliza. Lo anterior deberá incorporarse en toda póliza del contrato de seguro.

El artículo 9 de la LCS distingue entre la póliza del seguro nominativa, a la orden o al portador. Cualquiera que sea, su transferencia efectuada, atendiendo a la clase del título, provoca la del crédito contra el asegurador con los mismos efectos que produciría su cesión.

Dentro de la póliza también cabe hacer referencia a las condiciones del contrato de seguro distinguiendo entre las **condiciones generales y las particulares**. Unas y otras habrán de redactarse de forma clara y precisa.

Las condiciones generales del contrato de seguro son aquellas comunes a los contratos del mismo tipo que concierte la entidad aseguradora, tienen la finalidad de regular la relación jurídica aseguradora estableciendo una cierta igualdad entre los distintos contratantes. Por su parte, las condiciones particulares son las que determinan las características propias del seguro que se contrata y pertenecen al mismo, siendo diferentes en cada caso particular.

El artículo 3 de la LCS hace referencia a las condiciones generales señalando:

- No podrán tener carácter lesivo para los asegurados.

- Deben incluirse por el asegurador en la proposición de seguro si existe y necesariamente en la póliza del contrato o en un documento complementario, suscrito por el asegurado al que se le entregará una copia.

- Estarán sometidas a la vigilancia de la Administración pública.

Si el **Tribunal Supremo declarase la nulidad de alguna de las cláusulas de las condiciones generales de un contrato ¿qué ocurrirá?** En tal caso, la Administración pública competente obligará a los aseguradores a modificar las cláusulas idénticas que se contengan en sus pólizas.

Como particularidad formal de las cláusulas limitativas de los derechos de los asegurados cabe destacar que deben ser específicamente aceptadas por escrito.

CUESTIÓN

La firma del tomador del seguro al final de las condiciones particulares del contrato de seguro, con una remisión a las cláusulas limitativas contenidas en las condiciones generales no firmadas expresamente, ¿es suficiente para cumplir el requisito exigido en el artículo 3 de la LCS de la específica aceptación por escrito de las referidas cláusulas limitativas para su validez?

Para dar respuesta a esta cuestión resulta especialmente relevante la sentencia del Tribunal Supremo n.º 140/2020, de 2 de marzo, ECLI:ES:TS:2020:705, que, con cita a otras sentencias, concluye que no será suficiente la firma en las condiciones particulares con remisión a las generales para entender aceptadas las cláusulas limitativas de los derechos de los asegurados en aquellas contenidas. Será necesario para la validez de las citadas cláusulas, que las mismas aparezcan destacadas de modo esencial en la póliza y además que se acepten específicamente por escrito, esto es, que se firme expresamente en donde se contengan, aunque eso suponga firmar las condiciones generales y las particulares y, sin perjuicio de la remisión que a ellas se pueda contener.

Señala así el Tribunal Supremo que «De esta doctrina jurisprudencial se desprende que si, como sucede en el presente caso, las condiciones particulares se remiten a las cláusulas limitativas que aparezcan en las condiciones generales que se entregan al tomador/asegurado, este deberá firmar también estas condiciones generales».

Para terminar, respecto de las cláusulas del contrato de seguro cabe distinguir entre las **cláusulas lesivas, las limitativas de derechos y las delimitadoras del riesgo. ¿Qué se entiende por cada una de ellas?** En primer lugar, la jurisprudencia define la **cláusula lesiva** como «(...) aquella que reduce considerablemente y de manera desproporcionada el derecho del asegurado, vaciándolo de contenido, de manera que es prácticamente imposible acceder a la cobertura del siniestro; en definitiva, que impide la eficacia de la póliza (...)» (STS n.º 259/2022, de 29 de marzo, ECLI:ES:TS:2022:1310).

En segundo lugar, respecto de las **cláusulas limitativas de derechos señala la sentencia del Tribunal Supremo n.º 548/2020, de 22 de octubre, ECLI:ES:TS:2020:3415,** que son las que «(...) se dirigen a condicionar o modificar el derecho del asegurado y por tanto la indemnización, cuando el riesgo objeto del seguro se hubiere producido. Deben cumplir los requisitos formales previstos en el art. 3 LCS (...)».

La diferencia entre las cláusulas lesivas y limitativas se concreta en la **sentencia de la Audiencia Provincial de Jaén n.º 497/2023, de 16 de mayo, ECLI:ES:APJ:2023:506,** cuando dice:

> «La jurisprudencia del Tribunal Supremo (entre otras la Sentencia de 22 de abril de 2016) ha resaltado la diferenciación que hace el art. 3 LCS entre cláusulas lesivas y **limitativas,** en tanto que éstas últimas **son válidas, aun cuando no sean favorables para el asegurado, cuando éste presta su consentimiento,** y de modo especial, al hacer una declaración de su conocimiento; mientras que, las **cláusulas lesivas son inválidas siempre.** Es decir, el concepto de condición lesiva es más estricto que el de cláusula limitativa, ya que hay cláusulas limitativas válidas, pero las lesivas son siempre inválidas (sentencia 303/2003, de 20 de marzo)».

Por último, en lo que se refiere al concepto de **cláusulas delimitadoras del riesgo y su distinción con las limitativas de derechos,** la **STS n.º 1479/2023, de 23 de octubre, ECLI:ES:TS:2023:4405,** con cita, entre otras, a la **STS n.º 548/2020, de 22 de octubre, ECLI:ES:TS:2020:3415,** establece:

> «1.- En cuanto a la distinción entre **cláusulas de delimitación de cobertura** y cláusulas limitativas, las primeras **concretan el objeto del contrato** y fijan los riesgos que, en caso de producirse, hacen surgir en el **asegurado el derecho a la prestación** por constituir el objeto del seguro. Mientras que **las cláusulas limitativas restringen, condicionan o modifican el derecho del asegurado a la indemnización o a la prestación garantizada en el contrato,** una vez que el riesgo objeto del seguro se ha producido.
>
> La sentencia 853/2006, de 11 de septiembre, sienta una doctrina, recogida posteriormente en otras muchas resoluciones de esta sala, (verbigracia sentencias núm. 1051/2007, de 17 de octubre; 598/2011, de 20 de julio; y 661/2019, de 12 de diciembre), según la cual **son estipulaciones delimitadoras del riesgo aquellas que tienen por finalidad delimitar el objeto del contrato,** de modo que concretan: (i) qué riesgos constituyen dicho objeto; (ii) en qué cuantía; (iii) durante qué plazo; y (iv) en que ámbito temporal.

Se trata, pues, como advertimos en las sentencias 273/2016, de 22 de abril, y 548/2020, de 22 de octubre, de individualizar el riesgo y de establecer su base objetiva, eliminar ambigüedades y concretar la naturaleza del riesgo en coherencia con el objeto del contrato o con arreglo al uso establecido, siempre que no delimiten el riesgo en forma contradictoria con las condiciones particulares del contrato o de manera infrecuente o inusual (cláusulas sorprendentes)».

1.3. Derechos, deberes y obligaciones de las partes

Cabe aquí distinguir entre el asegurador y el tomador o asegurado, pudiendo estos dos últimos ser la misma o diferentes personas. Sin perjuicio del estudio más detallado que se hará a continuación de los distintos derechos, deberes y obligaciones de las partes en el contrato de seguro contenidos en los artículos 1 a 21 de la LCS, destacan dos obligaciones fundamentales en este contrato para su existencia, de un lado, el pago de la prima que corresponde al tomador del seguro y, de otro lado, el pago de la indemnización o, en su caso, capital, renta o prestación, que corresponderá al asegurador.

Tomador y asegurado

Pudiendo ser el tomador y el asegurado la misma persona o personas diferentes se examinarán conjuntamente. Si bien, antes de determinar cuáles son sus derechos, deberes y obligaciones en el contrato de seguro, cabe traer a colación lo previsto en el artículo 7 de la LCS, conforme al cual:

«El tomador del seguro puede contratar el seguro por cuenta propia o ajena. En caso de duda se presumirá que el tomador ha contratado por cuenta propia. El tercer asegurado puede ser una persona determinada o determinable por el procedimiento que las partes acuerden.

Si el tomador del seguro y el asegurado son personas distintas, las obligaciones y los deberes que derivan del contrato corresponden al tomador del seguro, salvo aquellos que por su naturaleza deban ser cumplidos por el asegurado. No obstante, el asegurador no podrá rechazar el cumplimiento por parte del asegurado de las obligaciones y deberes que correspondan al tomador del seguro.

Los derechos que derivan del contrato corresponderán al asegurado o, en su caso, al beneficiario, salvo los especiales derechos del tomador en los seguros de vida».

Como resulta del artículo 1 de la LCS, se puede señalar como **derecho principal** del tomador y, en su caso, del asegurado el de **cobrar, si se produce el evento asegurado, la indemnización** establecida o el de ser satisfecho en un capital, renta u otra prestación que se haya convenido.

Las obligaciones pueden concretarse en las siguientes:

a) Pago de la prima (art. 14 de la LCS):

El tomador del seguro está obligado a pagar la prima en las condiciones estipuladas en la póliza.

> **CUESTIONES**
>
> **1. En el caso de primas periódicas ¿cuándo será exigible la primera?**
>
> Conforme al artículo 14 de la LCS, si se pactan primas periódicas, la primera de ellas será exigible una vez se haya firmado el contrato.
>
> **2. No fijando la póliza el lugar de pago de la prima ¿dónde se hará?**
>
> Se entiende que, a falta de lugar de pago de la prima en la póliza, debe hacerse en el domicilio del tomador del seguro.

En caso de **incumplimiento** de la obligación de pagar la prima se pueden distinguir los siguientes supuestos (art. 15 de la LCS):

- Falta de pago de la **primera prima o de la prima única** a su vencimiento: el asegurador tendrá derecho a la resolución del contrato o a exigir el pago de la prima debida en vía ejecutiva con base en la póliza.

- Falta de pago de la prima **anterior al siniestro**: salvo pacto en contrario, el asegurador queda liberado de su obligación. A título de ejemplo resulta interesante la sentencia del Tribunal Supremo n.º 144/2020, de 2 de marzo, ECLI:ES:TS:2020:707.

- Falta de pago de **alguna de las primas siguientes**: la cobertura del asegurador queda suspendida un mes después del día de su vencimiento y si no reclama el pago en los 6 meses siguientes al vencimiento se extingue el contrato. Mientras dure la suspensión el asegurador solo puede exigir el pago de la prima del período en curso. En este sentido la jurisprudencia, como refleja la STS n.º 294/2022, de 6 de abril, ECLI:ES:TS:2022:1382, ha sintetizado las consecuencias del impago de las primas sucesivas en los términos siguientes:

> «Según esta jurisprudencia, desde el impago de la prima sucesiva, durante **el primer mes el contrato continúa vigente y con ello la cobertura del seguro,** por lo que si acaece el siniestro en este periodo de tiempo, la compañía está obligada a indemnizar al asegurado en los términos convenidos en el contrato y responde frente al tercero que ejercite la acción directa del art. 76 LCS.
>
> A partir del **mes siguiente al impago de la prima, y durante los cinco siguientes,** mientras el tomador siga sin pagar la prima y el asegurador no haya resuelto el contrato, la **cobertura del seguro queda suspendida.** Esto significa que **entre las partes no despliega efectos,** en el sentido de que acaecido el siniestro en este tiempo, la aseguradora no lo cubre frente a su asegurada. Sin embargo, la suspensión de la cobertura del seguro no opera frente al tercero que ejercite la acción directa del art. 76 LCS, en la medida en que este mismo precepto prevé que "La acción directa es

inmune a las excepciones que puedan corresponder al asegurador contra el asegurado".

Transcurridos los seis meses desde el impago de la prima, sin que el asegurador hubiera reclamado su pago, el contrato de seguro quedará **extinguido de forma automática** y por efecto de la propia disposición legal, sin que sea preciso instar la resolución por alguna de las partes. Lógicamente, el siniestro acaecido con posterioridad a la extinción del contrato no queda cubierto por el seguro, y por ello el asegurador no sólo **no responderá de la indemnización** frente al asegurado, sino que tampoco lo hará frente al tercero que pretenda ejercitar la acción directa.

A diferencia de lo que sucede con el art. 15.1 LCS, el art. 15.2 **no prevé** la posibilidad de que el régimen legal expuesto pueda quedar sustituido por un pacto en contrario».

A TENER EN CUENTA. No resuelto o extinguido el contrato por los incumplimientos vistos, la cobertura vuelve a tener efecto a las 24 horas del día en que el tomador pagó su prima.

---

b) Comunicación del siniestro (art. 16 de la LCS):

El tomador del seguro o el asegurado o, en su caso, el beneficiario, deben **comunicar al asegurador** el acaecimiento del siniestro en el **plazo máximo de siete días** desde que lo conozcan, salvo que la póliza señale un plazo más amplio. ¿Qué sucede en caso de incumplimiento? El asegurador podrá reclamar los daños y perjuicios causados por la falta de declaración. No obstante, el efecto anterior no se producirá si se prueba que el asegurador tuvo conocimiento del siniestro por otro medio.

Asimismo, en relación con esta obligación de comunicar el siniestro, el tomador o el asegurado deberá dar al asegurador toda clase de información relativa a las circunstancias y consecuencias de aquel. Si se viola este deber, la pérdida del derecho a la indemnización solo ocurrirá en caso de dolo o culpa grave.

c) Aminoración de las consecuencias del siniestro (art. 17 de la LCS):

Constituye obligación del asegurado o tomador del seguro el **emplear los medios de que dispongan para aminorar las consecuencias del siniestro**. Si no lo hiciesen así, el asegurador tendrá **derecho a reducir su prestación** en la proporción oportuna, atendiendo a la importancia de los daños derivados de aquel y al grado de culpa del asegurado.

¿Existe algún caso de exoneración absoluta del asegurador por este incumplimiento? Sí, en el supuesto de que el mismo se haga con la intención manifiesta de perjudicar o engañar al asegurador, en tanto, este quedará liberado de toda prestación que derive del siniestro.

CUESTIÓN

¿Quién se hace cargo de los gastos originados al cumplir la obligación de utilizar los medios disponibles para aminorar las consecuencias del siniestro?

Conforme al artículo 17 de la LCS, los gastos que se originen en cumplimiento de dicha obligación, si no son inoportunos o desproporcionados a los bienes salvados

---

serán de cuenta del asegurador hasta el límite que se fije en el contrato, aun cuando no hayan tenido resultados efectivos o positivos. No existiendo pacto al respecto se indemnizarán los gastos efectivamente originados, si bien la indemnización no puede exceder de la suma asegurada.

A TENER EN CUENTA. Si el asegurador, conforme al contrato, solo tiene que indemnizar una parte del daño causado por el siniestro, deberá reembolsar la parte proporcional de los gastos de salvamento, salvo que el asegurado o el tomador del seguro hayan actuado siguiendo las instrucciones del asegurador.

Finalmente, cabe hacer referencia en relación con el tomador o el asegurado a una serie de **deberes**.

a) En primer lugar, el deber de declaración de las circunstancias del artículo 10 de la LCS, el cual comienza señalando: «El tomador del seguro tiene el deber, antes de la conclusión del contrato, de declarar al asegurador, de acuerdo con el cuestionario que éste le someta, todas las circunstancias por él conocidas que puedan influir en la valoración del riesgo (...)».

A TENER EN CUENTA. El artículo 10 de la LCS ha sido modificado por el Real Decreto-ley 5/2023, de 28 de junio, dentro de la regulación del denominado «olvido oncológico».

Puede el tomador exonerarse del referido deber si el asegurador no le ha sometido cuestionario o cuando, aun sometiéndoselo, se trate de circunstancias que puedan influir en la valoración del riesgo y que no se comprendan en él.

En caso de reserva o inexactitud del tomador del seguro tendrá el **asegurador derecho a rescindir el contrato, pero ¿cómo?** Mediante declaración dirigida a aquel en el plazo de un mes desde el conocimiento de la reserva o inexactitud. Le corresponderán al asegurador, salvo dolo o culpa grave, las primas del período en curso en el momento que haga la declaración.

En relación con la interpretación del artículo 10 de la LCS resulta interesante la **sentencia del Tribunal Supremo n.º 681/2023, de 8 de mayo, ECLI:ES:TS:2023:1900**, que con cita a muchas otras como la STS n.º 235/2021, de 29 de abril, ECLI:ES:TS:2021:1533, o la STS n.º 611/2020, de 16 de noviembre, ECLI:ES:TS:2020:3798, señala:

«De la muy copiosa jurisprudencia de esta sala sobre la interpretación del art. 10 LCS (entre las más recientes, las referidas sentencias 839/2021, 785/2021, 235/2021 y 108/2021, con cita de las sentencias 661/2020, de 10 de diciembre, 647/2020, de 30 de noviembre, 639/2020 y 638/2020, las dos de 25 de noviembre, 611/2020, de 11 de noviembre, 345/2020, de 23 de junio, y 333/2020, de 22 de junio), resulta de interés para el recurso:

(i) que el **deber de declaración del riesgo ha de ser entendido como un deber de contestación o respuesta a lo que pregunte el asegurador**, sobre el que además recaen las consecuencias que derivan de su no presentación o de la presentación de un cuestionario incompleto, demasiado genérico o ambiguo, con preguntas sobre la salud general del asegurado claramente estereotipadas que no permitan al asegurado vincular dichos antecedentes con la enfermedad causante del siniestro;(ii) que **el asegurado no puede justificar el incumplimiento de su deber por la mera circunstancia de que el cuestionario sea rellenado o cumplimentado materialmente por el personal de la aseguradora o de la entidad que actúe por cuenta de aquella, siempre que esté probado que fue el asegurado quien facilitó las contestaciones** a las preguntas sobre su salud formuladas por dicho personal; y (iii) que lo que esta sala **debe examinar es si el tipo de preguntas formuladas al asegurado eran conducentes a que este pudiera representarse a qué antecedentes de salud conocidos por él o que pudiera conocer se referían**, es decir, si las preguntas le permitían ser consciente de que, al no mencionar sus patologías, estaba ocultando o silenciando datos relevantes para la exacta valoración del riesgo y causalmente relacionados con el siniestro.

A) Sobre su **validez formal**, la jurisprudencia (p.ej. sentencias 378/2020, de 30 de junio, y 638/2020) viene declarando que:

"[...] la **eficacia del cuestionario de salud** a los efectos del art. 10 LCS no depende, ni de la forma que revista, ni de quien lo cumplimente materialmente (tomador o un empleado de la aseguradora o de la entidad que actuara por cuenta de ella -como ocurre normalmente con seguros vinculados a préstamos, con el personal de la entidad bancaria, a veces del mismo grupo), sino de que el **cuestionario se redacte con las respuestas facilitadas por el tomador/asegurado**. De manera que lo verdaderamente relevante para descartar la infracción del deber de declarar el riesgo por parte del tomador es que, "por la forma en que se rellenó, pueda concluirse que el tomador del seguro no fue preguntado por esa información relevante" (sentencias 72/2016, de 17 de febrero; 726/2016, de 12 de diciembre; 562/2018, de 10 de octubre; y 222/2017, de 5 de abril)".

(...)

B) Sobre su **validez material**, la jurisprudencia también precisa que **lo determinante de la liberación del pago de la prestación a cargo del asegurador** no es la mera inexactitud en las respuestas del asegurado sino **el dolo o la culpa grave**, es decir, "la inexactitud intencionada o debida a una culpa o negligencia de especial intensidad" (sentencia 333/2020), y en cuanto a la relevancia de la relación causal entre el dato omitido y el riesgo cubierto (sentencia 345/2020, con cita, entre otras, de las sentencias 323/2018 de 30 de mayo, y 53/2019, de 24 de enero), que **el incumplimiento del deber de declaración leal del art. 10 LCS precisa que concurran los siguientes requisitos:**

"1) que se haya **omitido o comunicado incorrectamente un dato relevante**; 2) que dicho dato hubiera sido requerido por la aseguradora mediante el correspondiente cuestionario y de manera clara y expresa; 3) que el riesgo declarado sea distinto del real; 4) que el dato omitido o comunicado con inexactitud **fuera conocido o debiera haber sido conocido con un mínimo de diligencia** por el solicitante en el momento de realizar la declaración; 5) que el **dato sea desconocido para la aseguradora en ese mismo momento**; y 6) que exista una relación causal entre la circunstancia omitida y el riesgo cubierto"».

¿Qué sucede si el siniestro sobreviene antes de que el asegurador haga la declaración citada? Entonces su prestación se reducirá proporcionalmente a la diferencia entre la prima convenida y la que se hubiese aplicado de haberse conocido la verdadera entidad del riesgo, quedando el asegurador liberado del pago de la prestación si concurre dolo o culpa grave del tomador del seguro.

Concluye el artículo 10 de la LCS, tras la modificación operada por el Real Decreto-ley 5/2023, de 28 de junio:

> «El tomador de un seguro sobre la vida no está obligado a declarar si él o el asegurado han padecido cáncer una vez hayan transcurridos cinco años desde la finalización del tratamiento radical sin recaída posterior. Una vez transcurrido el plazo señalado, el asegurador no podrá considerar la existencia de antecedentes oncológicos a efectos de la contratación del seguro, quedando prohibida toda discriminación o restricción a la contratación por este motivo».

Y relacionada con la prohibición de discriminación señalada, **la DA 5.ª de la LCS**, también modificada por la citada norma con efectos desde el 30 de junio de 2023, añade:

> «1. No se podrá discriminar a las personas que tengan VIH/SIDA, ni por otras condiciones de salud. En particular, se prohíbe la denegación de acceso a la contratación, el establecimiento de procedimientos de contratación diferentes de los habitualmente utilizados por el asegurador o la imposición de condiciones más onerosas, por razón de tener VIH/SIDA, o por otras condiciones de salud, salvo que se encuentren fundadas en causas justificadas, proporcionadas y razonables, que se hallen documentadas previa y objetivamente.
>
> 2. En ningún caso podrá denegarse el acceso a la contratación, establecer procedimientos de contratación diferentes de los habitualmente utilizados por el asegurador, imponer condiciones más onerosas o discriminar de cualquier otro modo a una persona por haber sufrido una patología oncológica, una vez transcurridos cinco años desde la finalización del tratamiento radical sin recaída posterior.
>
> 3. El Gobierno, mediante real decreto, podrá modificar los plazos establecidos en el apartado anterior y en el último párrafo del artículo 10 conjuntamente o para patologías oncológicas específicas, en función de la evolución de la evidencia científica».

b) En segundo lugar, el deber de comunicar la alteración de las circunstancias —art. 11 de la LCS—. Durante la vigencia del contrato, tomador o asegurado, deberán comunicar al asegurador, en cuanto sea posible, la alteración de los factores y circunstancias declaradas previamente que agraven el riesgo y que sean de tal naturaleza que conocidas por aquel al tiempo de la perfección del contrato no lo habría celebrado o lo habría concluido en condiciones más gravosas.

A TENER EN CUENTA. En los seguros de personas el tomador o el asegurado no tienen obligación de comunicar la variación de las circunstancias relativas al estado de salud del asegurado, que en ningún caso se considerarán agravación del riesgo.

Para terminar, como **potestad del tomador o del asegurado**, contempla el **artículo 13 de la LCS** que podrán, durante el contrato, poner en conocimiento del asegurador aquellas circunstancias que disminuyan el riesgo y sean de tal naturaleza que conocidas por él al tiempo de la perfección lo habría concluido en condiciones más favorables. En este caso, finalizado el período en curso cubierto por la prima, deberá **reducirse el importe de la prima futura** en la proporción correspondiente. En caso contrario, el tomador tendrá derecho a la resolución del contrato y a la devolución de la diferencia entre la prima satisfecha y la que le hubiera correspondido pagar, desde el momento de la puesta en conocimiento de la disminución del riesgo.

Asegurador

La obligación fundamental del asegurador es la de **satisfacer la indemnización del daño producido** al asegurado o satisfacer un capital, una renta u otras prestaciones convenidas. Entonces ¿cuándo surge la obligación de satisfacer la indemnización para el asegurador? Conforme al artículo 18 de la LCS surgirá al término de las investigaciones y peritaciones necesarias para establecer la existencia del siniestro y, en su caso, el importe de los daños que resulten del mismo.

Y ¿cuándo ha de hacer el pago? En cualquier caso, el asegurador debe pagar el importe mínimo de lo que pueda deber, según las circunstancias por él conocidas, dentro de los 40 días, a partir de la recepción de la declaración del siniestro.

Asimismo, es posible, si la naturaleza del seguro lo permite y el asegurado lo consiente, que el asegurador sustituya el pago de la indemnización por la reparación o la reposición del objeto siniestrado.

El Tribunal Supremo en su **sentencia n.º 630/2020, de 24 de noviembre, ECLI:ES:TS:2020:3909**, en un análisis conjunto de los artículos 18 y 20.3 de la LCS, señala:

> «5.- La consideración conjunta de ambos preceptos muestra que la Ley del Contrato de Seguro **impone al asegurador una celeridad y diligencia extrema en la realización** "de las investigaciones y peritaciones necesarias para establecer la existencia del siniestro y, en su caso, el importe de los daños que resulten del mismo", **así como en el cumplimiento de su prestación**. De este modo, si no anticipa en el plazo de cuarenta días desde la recepción de la notificación del siniestro el importe mínimo que "pueda deber" según las circunstancias por él conocidas, y no cumple su prestación (generalmente, el pago de una indemnización) en el plazo de tres meses desde la producción del siniestro, **incurre en mora en los términos previstos en el art. 20 de la Ley del Contrato de Seguro**, salvo que "la falta de satisfacción de la indemnización o de pago del importe mínimo esté fundada en una causa justificada o que no le fuere imputable" (art. 20.8.º de la Ley del Contrato de Seguro).
>
> 6.- En el presente caso, la existencia del siniestro era conocida por Mapfre desde el momento en que el mismo se produjo, dada su repercusión pública, y los daños, al menos los daños personales consistentes en el

fallecimiento de un número elevado de pasajeros, también fueron conocidos inmediatamente, sin que la aseguradora cumpliera su obligación de indemnizar en el plazo fijado en el citado precepto legal.

(...)

9.- La mera existencia de un proceso judicial no constituye causa que justifique por sí sola el retraso en la indemnización, o permita presumir la racionalidad de la oposición. El proceso no es un óbice para imponer a la aseguradora los intereses, a no ser que se aprecie una auténtica necesidad de acudir al litigio para resolver una situación de incertidumbre o duda racional en torno al nacimiento de la obligación misma de indemnizar».

Otra obligación del asegurador se prevé en el artículo 19 de la LCS conforme al cual estará **obligado a pagar la prestación**, salvo cuando el siniestro se haya causado por mala fe del asegurado.

En lo que se refiere al término «mala fe», la **sentencia del Tribunal Supremo n.º 799/2022, de 22 de noviembre, ECLI:ES:TS:2022:4251**, establece:

«La inasegurabilidad (palabra que, si bien no está reconocida en el diccionario de la Real Academia, es utilizada habitualmente en el argot asegurador) de los actos intencionados es consustancial al contrato de seguro, en el que el **componente aleatorio debe ser ajeno a la voluntad e intencionalidad del asegurado**, puesto que de lo contrario se elimina la incertidumbre del riesgo a que se refiere el art. 1 LCS (sentencia 517/1999, de 8 de junio).

(...)

(...) la jurisprudencia de esta sala ha **equiparado esta mención a la mala fe al dolo, en la acepción más amplia** que incluye también el dolo civil, expresado como la intención maliciosa de causar un daño contrario a derecho, un daño antijurídico (sentencias 837/1994, de 1 de octubre; y 631/2005, de 20 de julio). Como indicó la sentencia 639/2006, de 9 de junio, para la interpretación del concepto de mala fe a que se refiere el art. 19 LCS, "lo relevante es que ha de tratarse de un acto consciente y voluntario del asegurado. Ha de ser un acto intencional y malicioso del asegurado".

(...)

4.- En todo caso, la mala fe ha de ser causa del siniestro, esto es, ha de existir una relación o nexo de causalidad entre la actuación del asegurado y el siniestro (...)».

¿Qué ocurrirá cuando el asegurador incurra en mora en el cumplimiento de la prestación? En este caso, la indemnización de daños y perjuicios, no obstante, se entiendan válidas las cláusulas contractuales más beneficiosas para el asegurado, se ajustará a las reglas previstas en el artículo 20 de la LCS, cuales son:

- Afectará, con carácter general, a **la mora del asegurador** respecto del tomador del seguro o asegurado y, con carácter particular, a la **mora respecto del tercero perjudicado** en el seguro de responsabilidad civil y del beneficiario en el seguro de vida.

- Será aplicable a la mora en la satisfacción de la indemnización, mediante pago o por la reparación o reposición del objeto siniestrado, y también a la mora en el pago del importe mínimo de lo que el asegurador pueda deber.

- ¿Cuándo se entiende que incurre en mora el asegurador? Cuando no hubiere cumplido su prestación en el plazo de tres meses desde la producción del siniestro o no hubiere procedido al pago del importe mínimo de lo que pueda deber dentro de los cuarenta días a partir de la recepción de la declaración del siniestro.

- Indemnización por mora: se impondrá de oficio por el órgano judicial y consistirá en el pago de un interés anual igual al del interés legal del dinero vigente en el momento en que se devengue, incrementado en el 50 %, estos intereses se considerarán producidos por días, sin necesidad de reclamación judicial. Una vez pasados dos años desde la producción del siniestro, el interés anual no podrá ser inferior al 20 %.

- En la reparación o reposición del objeto siniestrado la base inicial de cálculo de los intereses será el importe líquido de tal reparación o reposición, sin que la falta de liquidez impida que comiencen a devengarse intereses en la fecha determinada en el siguiente punto. En los demás casos será base inicial de cálculo la indemnización debida, o bien el importe mínimo de lo que el asegurador pueda deber.

- El término inicial para el cómputo de los intereses es la fecha del siniestro. No obstante, si no se ha cumplido el deber de comunicar el siniestro en plazo, el término inicial del cómputo será el día de la comunicación de aquel.

> **A TENER EN CUENTA.** Respecto del tercero perjudicado o sus herederos la regla que fija el término inicial en la fecha del siniestro queda exceptuada cuando el asegurador pruebe que no tuvo conocimiento del siniestro con anterioridad a la reclamación o al ejercicio de la acción directa por el perjudicado o sus herederos, en cuyo caso será término inicial la fecha de dicha reclamación o la del citado ejercicio de la acción directa.

- En cuanto al término final del cómputo de intereses:

  • En los casos de falta de pago del importe mínimo de lo que el asegurador pueda deber, será el día en que comiencen a devengarse intereses por el importe total de la indemnización, salvo que con anterioridad sea pagado por el asegurador dicho importe mínimo, en cuyo caso será término final la fecha de este pago.

  • En los demás casos, el término final del plazo de la obligación de abono de intereses de demora por la aseguradora será el día en que efectivamente satisfaga la indemnización, mediante pago, reparación o reposición, al asegurado, beneficiario o perjudicado.

- No habrá lugar a la indemnización por mora del asegurador cuando la falta de satisfacción de la indemnización o de pago del importe mínimo esté fundada en una causa justificada o que no le fuere imputable.

Respecto de la regla 8.ª del artículo 20 de la LCS es necesario traer a colación la jurisprudencia existente al respecto. En este sentido es interesante la **sentencia del Tribunal Supremo n.º 853/2024, de 11 de junio, ECLI:ES:TS:2024:3299**, que señala:

> «1.- Con carácter general, las sentencias 110/2021, de 2 de marzo, 234/2021, de 29 de abril, y 57/2024, de 18 de enero, sintetizan la jurisprudencia sobre el art. 20.8 LCS y establecen que **no concurre causa justificada, que ampare la pasividad de la aseguradora en la liquidación del siniestro,** cuando: (i) no cuestiona su realidad; (ii) tampoco la responsabilidad del asegurado; (iii) ni la existencia de cobertura derivada del contrato de seguro.
>
> Asimismo, **cuando únicamente se discrepa de la cuantía de la indemnización postulada en la demanda, ese desacuerdo cuantitativo tampoco constituye causa justificada para la elusión de los intereses** (sentencias 328/2012, de 17 de mayo; 641/2015, de 12 de noviembre; 317/2018, de 30 de mayo; 47/2020, de 22 de enero; y 643/2020, de 27 de noviembre; entre otras muchas)».

Asimismo, la **sentencia del Tribunal Supremo n.º 204/2024, de 19 de febrero, ECLI:ES:TS:2024:822**, añade:

> «Esta sala ha proclamado que **sólo concurre la causa justificada del art. 20.8 de la LCS, en los específicos supuestos en que se hace necesario acudir al proceso para resolver una situación de incertidumbre o duda racional en torno al nacimiento de la obligación de indemnizar;** esto es, cuando la resolución judicial deviene imprescindible para despejar las dudas existentes en torno a la realidad del siniestro o su cobertura (sentencias 252/2018, de 10 de octubre; 56/2019, de 25 de enero, 556/2019, de 22 de octubre; 570/2019, de 4 de noviembre, 47/2020, de 22 de enero, 116/2020, de 19 de febrero, 419/2020, de 13 de julio, 503/2020, de 5 de octubre y 563/2021, de 26 de julio, entre otras muchas).
>
> También, hemos sostenido que **no constituye tal causa justificada las diferencias entre el perjudicado y la aseguradora con respecto al importe indemnizatorio del daño sufrido,** pues tales discrepancias plausibles, desde luego, no impiden a la compañía consignar la cantidad que considere debida.
>
> (…)
>
> Hemos señalado que **la simple pendencia de un proceso no puede constituir, por sí sola, causa justificada para obviar la imposición de los intereses moratorios;** pues entonces las compañías de seguros no liquidarían los siniestros y esperarían a que se promovieran acciones judiciales contra ellas, lo que conduciría a la frustración de la finalidad perseguida por el art. 20 de la LCS, que se convertiría en papel mojado en contra de la voluntad del legislador de garantizar la pronta liquidación de los siniestros.
>
> Ahora bien, en este caso, el conocimiento del siniestro por la compañía aseguradora se produce con la reclamación que se le efectúa el 15 de mayo de 2014, por lo que es, desde esta fecha, cuando comienzan a devengarse los intereses del art. 20 LCS, por la aplicación de su numeral sexto».

En los casos en que **corresponda al Consorcio de Compensación de Seguros, como fondo de garantía, satisfacer la indemnización,** hay que tener en cuenta las reglas siguientes:

- Se entiende que incurre en mora solo en el caso de que haya transcurrido el plazo de 3 meses desde que se le reclame la satisfacción de la indemnización sin que la haya pagado conforme a su normativa específica.

- No le será de aplicación la obligación de indemnizar por mora en la falta de pago del importe mínimo.

- En lo demás, cuando actúa como fondo de garantía, y, sin excepción, cuando contrate como asegurador directo, será íntegramente aplicable lo previsto en el artículo 20 de la LCS.

Para terminar el artículo 20 de la LCS, regla 10.ª, señala:

«En la determinación de la indemnización por mora del asegurador no será de aplicación lo dispuesto en el artículo 1108 del Código Civil, ni lo preceptuado en el párrafo cuarto del artículo 921 de la Ley de Enjuiciamiento Civil, salvo las previsiones contenidas en este último precepto para la revocación total o parcial de la sentencia».

A TENER EN CUENTA. La referencia contenida en la regla anterior al artículo 921 de la Ley de Enjuiciamiento Civil, se refiere a la antigua Ley de 1881, sustituida actualmente por la Ley 1/2000, de 7 de enero, de Enjuiciamiento Civil.

CUESTIÓN

¿Los intereses a los que hace referencia el Código Civil (art. 1100 del CC, art. 1101 del CC y art. 1108 del CC) coinciden con los previstos en el artículo 20 de la LCS?

No, los intereses a que alude el CC en relación con los citados preceptos son distintos de los previstos en el artículo 20 de la LCS. Los primeros se devengan a partir de la reclamación, judicial o extrajudicial, y se fijan anualmente en los presupuestos generales del Estado, mientras que los segundos se devengan desde la producción del siniestro y son, según el art. 20 de la LCS, el interés legal del dinero, incrementado en el 50 %. En este sentido se pronuncia la **sentencia del Tribunal Supremo n.º 794/2022, de 21 de noviembre, ECLI:ES:TS:2022:4249,** conforme a la cual:

«Es evidente que los intereses del art. 20 de la LCS son distintos a los establecidos en los arts. 1100, 1101 y 1108 del CC. Los primeros, ascienden a un "interés anual igual al del interés legal del dinero vigente en el momento en que se devengue, incrementado en el 50 por 100; que se considerarán producidos por días, sin necesidad de reclamación judicial; no obstante, transcurridos dos años desde la producción del siniestro, el interés anual no podrá ser inferior al 20 por 100". Además, se devengan desde el momento en que se produjo el siniestro.

Los intereses de los arts. 1100, 1101 y 1108 del CC, se devengan a partir de la reclamación judicial o extrajudicial, y son los fijados anualmente en los presupuestos generales del Estado, manifiestamente inferiores a los del art. 20 de la LCS».

Además de las obligaciones ya examinadas, del artículo 5 de la LCS se infiere como obligación del asegurador la de entregar al tomador del seguro la póliza o, al menos, el documento de cobertura provisional y, si se trata de un seguro que no exige póliza la obligación se refiere al documento establecido en las disposiciones especiales del seguro.

Por lo que se refiere a los **derechos y facultades del asegurador** y haciendo una interpretación de las obligaciones y deberes del tomador del seguro o asegurado, cabe concretar los siguientes:

— Posibilidad del asegurador de **rescindir el contrato** en caso de reserva o inexactitud del tomador del seguro en el cuestionario relativo a las circunstancias que puedan influir en la valoración del riesgo. La rescisión la hará mediante declaración dirigida al tomador en el plazo de 1 mes desde que conozca la reserva o inexactitud (art. 10 de la LCS).

— A falta de pago de la primera prima o de la prima única por culpa del tomador, surge el **derecho del asegurador a la resolución del contrato o a exigir el pago de la prima debida** en vía ejecutiva (art. 15 de la LCS).

— Si el tomador, asegurado o beneficiario, cuando corresponda, no cumplen la obligación de comunicar el siniestro en el plazo establecido, el asegurador tendrá **derecho a reclamar los daños y perjuicios causados por la falta de declaración,** salvo que se pruebe que lo ha conocido por otro medio (art. 16 de la LCS).

— En caso de que el asegurado o tomador del seguro no empleen los medios a su alcance para aminorar las consecuencias del siniestro, el asegurador tendrá **derecho a reducir la prestación en la proporción oportuna,** atendiendo a la importancia de los daños derivados de aquel y al grado de culpa del asegurado (art. 17 de la LCS).

Asimismo, del artículo 12 de la LCS se infiere la **posibilidad del asegurador de proponer una modificación del contrato** en el plazo de 2 meses desde el día en que la agravación le haya sido declarada. En estos casos, el tomador tiene 15 días desde la recepción de la proposición para aceptarla o rechazarla. Pero ¿qué sucede en caso de rechazo o silencio del tomador? El asegurador podrá rescindir el contrato previa advertencia al tomador al que le dará un nuevo plazo de 15 días para que conteste, transcurrido el cual y dentro de los 8 días siguientes le comunicará la rescisión definitiva.

Puede, también, el asegurador rescindir el contrato comunicándolo por escrito al asegurado dentro de un mes, a partir del día en que tuvo conocimiento de la agravación del riesgo.

> **CUESTIÓN**
>
> **En caso de agravación del riesgo, si el tomador o el asegurado no ha efectuado la declaración y sobreviene el siniestro ¿qué sucede?**
>
> En estos supuestos, si el tomador o el asegurado han actuado con mala fe, el asegurador queda liberado de su prestación. En otro caso, la prestación del asegurador se reducirá proporcionalmente a la diferencia entre la prima convenida y la que se hubiera aplicado de haberse conocido la verdadera entidad del riesgo.

Finalmente, como cláusula de cierre, el **artículo 21 de la LCS** señala:

> «Las comunicaciones efectuadas por un corredor de seguros al asegurador en nombre del tomador del seguro surtirán los mismos efectos que si la realizara el propio tomador, salvo indicación en contrario de éste.

En todo caso se precisará el consentimiento expreso del tomador del seguro para suscribir un nuevo contrato o para modificar o rescindir el contrato de seguro en vigor».

2.
TIPOS DE SEGUROS

La LCS en su regulación clasifica el contrato de seguro en dos grandes grupos, cuales son, el **seguro contra daños** regulado en su título II y el **seguro de personas** regulado en el título III de la citada ley. A su vez dentro de cada uno de estos grupos contempla los diferentes tipos de contratos que pueden darse y que se verán a continuación.

En relación con las distintas modalidades del contrato de seguro, el artículo 2 de la LCS declara que le serán de aplicación las normas contenidas en dicha norma, en defecto de ley que les sea aplicable. Los preceptos de la LCS tendrán carácter imperativo, salvo que en ellos se prevea otra cosa, si bien se entienden válidas las cláusulas contractuales que sean más beneficiosas para el asegurado.

Tipos de seguros contra daños

Regulado el seguro contra daños en el título II de la LCS, artículos 25 a 79, cabe distinguir las siguientes modalidades:

Seguro de incendios	Arts. 45 a 49 de la LCS	Indemnizar los daños producidos por incendio en el objeto asegurado.
Seguro contra el robo	Arts. 50 a 53 de la LCS	Indemnizar los daños derivados de la sustracción ilegítima por parte de terceros de las cosas aseguradas.
Seguro de transportes terrestres	Arts. 54 a 62 de la LCS	Indemnizar los daños materiales que puedan sufrir con ocasión o consecuencia del transporte las mercancías porteadas, el medio utilizado u otros objetos asegurados.
Seguro de lucro cesante	Arts. 63 a 67 de la LCS	Indemnizar al asegurado la pérdida del rendimiento económico que se hubiera alcanzado si no se hubiese producido el siniestro.
Seguro de caución	Art. 68 de la LCS	Indemnizar al asegurado como resarcimiento o penalidad los daños patrimoniales sufridos.

Seguro de crédito	Arts. 69 a 72 de la LCS	Indemnizar al asegurado las pérdidas finales consecuencia de la insolvencia definitiva de sus deudores.
Seguro de responsabilidad civil	Arts. 73 a 76 de la LCS	Cubrir el riesgo de nacimiento a cargo del asegurado de la obligación de indemnizar a un tercero los daños y perjuicios causados por un hecho del que el asegurado sea responsable civilmente.
Seguro de defensa jurídica	Arts. 76 a) a 76 g) de la LCS	Cubrir los gastos del asegurado como consecuencia de su intervención en un procedimiento administrativo, judicial o arbitral y prestarle los servicios de asistencia judicial y extrajudicial derivados del seguro.
Reaseguro	Arts. 77 a 79 de la LCS	Reparar la deuda que nace en el patrimonio del reasegurado a consecuencia de la obligación por él asumida como asegurador en un contrato de seguro.

A TENER EN CUENTA. En la regulación del seguro de defensa jurídica, el artículo 76 e) de la LCS ha sido declarado inconstitucional y nulo por la sentencia del Tribunal Constitucional n.º 1/2018, de 11 de enero, ECLI:ES:TC:2018:1.

Tipos de seguros de personas

Regulado el seguro de personas en el título III de la LCS, artículos 80 a 106 quáter, cabe distinguir las siguientes modalidades:

Seguro sobre la vida	Arts. 83 a 99 de la LCS	Para el caso de muerte o de supervivencia del asegurado, o de ambos eventos juntos.
Seguro de accidentes	Arts. 100 a 104 de la LCS	Para el caso de accidente ajeno a la intención del asegurado que cause invalidez temporal o permanente o muerte.
Seguros de enfermedad y de asistencia sanitaria	Arts. 105 y 106 de la LCS	Cubren los casos de enfermedad asumiendo los gastos de asistencia médica y farmacéutica o con prestación directa de los servicios médicos y quirúrgicos.
Seguros de decesos y dependencia	Arts. 106 bis a 106 quáter de la LCS	El seguro de decesos cubre los servicios funerarios para el caso de fallecimiento del asegurado. El seguro de dependencia cubre las prestaciones convenidas para la atención del asegurado en caso de encontrarse en tal situación.

2.1. Seguro de personas

El seguro de personas se regula en el **título III de la LCS, artículos 80 a 106 quáter** distribuidos en cinco secciones, la primera de las cuales —artículos 80 a 82 de la LCS— contiene las disposiciones comunes.

¿Qué se entiende por seguro de personas? Es aquel contrato de seguro que comprende los riesgos que puedan afectar a la existencia, integridad corporal o salud del asegurado (art. 80 de la LCS).

Una de las características generales de los seguros de personas es que el contrato ha de determinar, por regla general, la suma o la prestación que ha de pagar el asegurador si se verifica el evento asegurado, y es por ello que se denominan seguros de sumas o seguros de abstracta cobertura de necesidad.

> **RESOLUCIONES RELEVANTES**
>
> **Sentencia de la Audiencia Provincial de Barcelona n.º 215/2018, de 5 de abril, ECLI:ES:APB:2018:2763**
>
> **El seguro de personas como seguro de sumas o seguro de abstracta cobertura de necesidad.**
>
> *«(...) El artículo 83 LCS sobre el seguro sobre la vida señala que por éste el asegurador se obliga, mediante el cobro de la prima estipulada y dentro de los límites establecidos en la Ley y en el contrato, a satisfacer al beneficiario un capital, una renta u otras prestaciones convenidas, en el caso de muerte o bien de supervivencia del asegurado, o de ambos eventos conjuntamente. La Ley hace especial hincapié en la conceptualización de este seguro como un seguro de sumas, en contraposición al seguro de daños. Esto quiere decir que la prestación del asegurador consiste en el pago de una determinada suma de dinero previamente fijada en el contrato, por lo que ni es necesario que se calcule mediante su referencia a un daño necesita inferirse directamente a un daño ni necesita ser probada».*
>
> **Sentencia de la Audiencia Provincial de Asturias n.º 228/2003, de 8 de abril, ECLI:ES:APO:2003:1391**
>
> *«(...) nos encontramos ante un seguro de personas. Seguro que se diferencia del de daños por el hecho de que, en aquél, la prestación del asegurador se halla fijada de antemano, en una suma concreta o que puede ser calculada de acuerdo con las técnicas actuariales, mientras que, en el seguro de daños, la prestación del asegurador se establece, teniendo en cuenta el daño realmente sufrido por el asegurado, o por el beneficiario. Seguro de abstracta cobertura de necesidad el primero (el de personas), y de concreta cobertura de necesidad el de daños (...)».*

Junto a la **contratación individual o aislada** de los seguros de personas, aparece la **colectiva o de grupo**. En este sentido, el **artículo 81 de la LCS** nos dice que el contrato puede celebrarse con «referencia a riesgos relativos a una persona o a un grupo de ellas. Este grupo deberá estar delimitado por alguna característica común extraña al propósito de asegurarse». Esta modalidad, que puede suponer una importante rebaja en el costo del ejercicio de la actividad aseguradora para quien la suscribe, hace referencia habitualmente a miembros de una asociación profesional o deportiva, trabajadores de una determinada empresa, funcionarios de un organismo, etc.

Un supuesto de seguro colectivo se plantea en la **sentencia del Tribunal Supremo n.º 570/2019, de 4 de noviembre, ECLI:ES:TS:2019:3419,** de la cual se infiere que este tipo de seguros aparecen contemplados en el citado artículo 81 de la LCS «(...) cuando norma que el contrato puede celebrarse con referencia a riesgos relativos a una persona o a un grupo de ellas».

En cuanto a la **diferenciación entre los seguros colectivos y los seguros individuales,** la sentencia del Tribunal Supremo n.º 541/2016, de 14 de septiembre, ECLI:ES:TS:2016:4058, con cita a la **sentencia del Tribunal Supremo n.º 1058/2007, de 18 de octubre, ECLI:ES:TS:2007:6421,** señala:

> «A su vez, hemos de tener presente que la póliza de seguro objeto de litigio no fue individual, sino colectiva. Y en los seguros colectivos, no sólo el tomador del seguro, sino cada asegurado, debe tener conocimiento y aceptar especialmente las cláusulas limitativas de derechos en los términos del artículo 3 LCS (sentencia núm. 715/2013, de 25 de noviembre). Diferenciación entre seguros individuales y colectivos que fue tratada extensamente en la sentencia núm. 1058/2007, de 18 de octubre, al decir:
> "En los seguros colectivos o de grupo **no hay coincidencia entre el tomador del seguro y el asegurado porque la póliza se contrata con la aseguradora por aquél para facilitar la incorporación de quienes forman parte del grupo,** unidos por alguna circunstancia ajena a la mera voluntad de asegurarse, los cuales manifiestan ordinariamente su voluntad de incorporarse mediante la firma de un boletín de adhesión y reciben una certificación individual expresiva de las condiciones del aseguramiento (STS 6 de abril de 2001, rec. 878/1996).
> (...)
> En los seguros colectivos, según se desprende de la jurisprudencia invocada (SSTS de 14 de junio de 1994 y 24 de junio de 1994), el **tomador del seguro debe tener conocimiento y aceptar especialmente las cláusulas limitativas.** Esta exigencia resulta adecuada a la posición del tomador del seguro, en cuanto al contratar contrae obligaciones como tal tomador, aunque el seguro tenga un carácter genérico y requiera para su perfección respecto de los distintos asegurados la declaración de voluntad individual en que consiste la adhesión.
> Sin embargo, la exigencia de transparencia contractual, especialmente en lo que afecta a las cláusulas limitativas, exige que, al menos cuando la perfección del contrato está subordinada a un acto de voluntad por parte de solicitante, consistente en su adhesión al seguro colectivo, el asegurador cumpla con el deber de poner en conocimiento del asegurado dichas cláusulas limitativas con la claridad y énfasis exigido por la ley y recabe su aceptación especial, para lo cual constituye instrumento idóneo la solicitud de adhesión que se prevé para este tipo de seguros.
> Así lo declara la STS 27 de julio de 2006, rec. 2294/1999, la cual, en un supuesto de seguro colectivo en que "los únicos documentos que fueron facilitados al demandante fueron el boletín de adhesión y el certificado de seguro", declara la imposibilidad de oponer al asegurado el contenido de

las cláusulas delimitadoras del riesgo incluidas en las cláusulas generales de la póliza, "por cuanto a ellas ha de proyectarse la voluntad contractual, en la medida en que integran el objeto del contrato, y sobre ellas ha de recaer el consentimiento que lo perfecciona, lo que se resume en la necesidad de aceptación de las mismas previo su conocimiento."

Es menester, pues, que **cuando la aseguradora interviene expidiendo un documento individual en favor del solicitante que se adhiere a un seguro colectivo y con ello presta su consentimiento para la perfección del contrato, haga constar en el expresado documento con suficiente claridad no sólo la cobertura del seguro, sino también la existencia de cláusulas limitativas,** con los requisitos formales exigidos por el artículo 3 LCS».

Con relación a la subrogación, establece el **artículo 82 de la LCS** que «en los seguros de personas el asegurador, aun después de pagada la indemnización, no puede subrogarse en los derechos que en su caso correspondan al asegurado contra un tercero como consecuencia del siniestro. Se exceptúa de lo dispuesto en el párrafo anterior lo relativo a los gastos de asistencia sanitaria». Esto obedece a su carácter de **seguros de sumas.**

Los diferentes seguros de personas tratados en la Ley del Contrato de Seguro son:

- Seguro sobre la **vida** (arts. 83 a 99 de la LCS).
- Seguro de **accidentes** (arts. 100 a 104 de la LCS).
- Seguro de **enfermedad y asistencia sanitaria** (arts. 105 a 106 de la LCS).
- Seguro de **decesos y dependencia** (arts. 106 bis a 106 quáter de la LCS).

2.1.1. Seguro de vida

El contrato de seguro sobre la vida se encuentra regulado en los artículos 83 a 99 de la LCS siendo una modalidad del seguro de personas.

Por el **seguro de vida** el asegurador se obliga, mediante el cobro de la prima estipulada y dentro de los límites establecidos en la ley y en el contrato, a satisfacer al beneficiario un capital, una renta u otras prestaciones convenidas, en el caso de muerte o bien de supervivencia del asegurado, o de ambos eventos conjuntamente.

CUESTIÓN

El seguro de vida ¿debe estipularse siempre sobre la vida propia?

No, el segundo párrafo del artículo 83 de la LCS da la posibilidad de que el seguro de vida pueda estipularse sobre la vida propia o sobre la de un tercero, tanto para el caso de muerte como para el caso de supervivencia o ambos conjuntamente, así como sobre una o varias cabezas.

Asimismo, en los seguros para caso de muerte, **si son distintas las personas del tomador del seguro y del asegurado, será preciso el consentimien-**

to de este, dado por escrito, salvo que pueda presumirse de otra forma su interés por la existencia del seguro.

Pero ¿qué ocurre en caso de que el asegurado de un seguro de vida sea menor de edad? Será necesaria, además, la autorización por escrito de sus representantes legales. Si bien, no se podrá contratar un seguro para caso de muerte para menores de 14 años o de personas con discapacidad, a excepción, de los contratos de seguros en los que la cobertura de muerte resulte inferior o igual a la prima satisfecha por la póliza o al valor de rescate.

Resolución del contrato de seguro de vida

De acuerdo con el artículo 83 a) de la LCS, el **tomador del seguro de un contrato de seguro individual de duración superior a 6 meses** que haya estipulado el contrato sobre la vida propia o la de un tercero tendrá la **facultad unilateral de resolver el contrato sin indicación de los motivos y sin penalización alguna** dentro del **plazo de 30 días siguientes a la fecha en la que el asegurador le entregue la póliza o documento de cobertura provisional.**

¿Hay excepciones? Sí, no tendrán la facultad de resolución unilateral de resolución los contratos de seguro en los cuales:

- El tomador asume el riesgo de la inversión.

- Los contratos en los que la rentabilidad garantizada esté en función de inversiones asignadas en los mismos.

CUESTIÓN

¿Quién deberá ejercitar la resolución unilateral del contrato?

El tomador mediante comunicación dirigida al asegurador a través de un soporte duradero, disponible y accesible para este y que permita dejar constancia de la notificación. La referida comunicación deberá expedirse por el tomador del seguro antes de que venza el plazo de los 30 días siguientes a la fecha en la que el asegurador le entregue la póliza o documento de cobertura provisional.

Asimismo, **a partir de la fecha en que se expida la comunicación dirigida al asegurador cesará la cobertura del riesgo por parte del asegurador** y el tomador del seguro tendrá derecho a la devolución de la prima que hubiera pagado, salvo la parte correspondiente al período de tiempo en que el contrato hubiera tenido vigencia. El asegurador dispondrá para ello de un **plazo de 30 días** a contar desde el día que reciba la comunicación de rescisión.

¿Cómo se llevará a cabo la designación del beneficiario?

La designación del beneficiario se encuentra recogida en el artículo 84 de la LCS conforme al que «el **tomador del seguro podrá designar beneficiario o modificar la designación anteriormente realizada, sin necesidad de consentimiento del asegurador** (...)».

¿Dónde se realizará la designación del beneficiario? Podrá hacerse en:

- La póliza.

- Posterior declaración escrita comunicada al asegurador.
- Testamento.

CUESTIÓN

¿Qué ocurrirá si en el momento del fallecimiento del asegurado no hubiere un beneficiario concretamente designado, ni reglas para su designación?

El capital del seguro formará parte del patrimonio del tomador (art. 84 de la LCS).

Por lo que se refiere a la designación como beneficiarios cabe tener presente las siguientes reglas (art. 85 de la LCS):

- **Designación genérica** como beneficiarios **de los hijos de una persona**: se entiende como tales a todos sus descendientes con derecho a la herencia.
- Designación **en favor de los herederos del tomador, del asegurado o de otra persona**: los que lo sean en el momento del fallecimiento del asegurado.
- Designación **en favor de los herederos sin mayor especificación**: se entiende como tales los del tomador del seguro que tengan esa condición en el momento del fallecimiento del asegurado.
- En cuanto a la **designación del cónyuge**, tendrá la condición de beneficiario el que lo sea en el momento del fallecimiento del asegurado.

CUESTIÓN

¿Qué ocurrirá si los beneficiarios que tengan la condición de herederos renuncian a la herencia?

La respuesta a la anterior cuestión la podemos extraer del artículo 85 de la LCS que dispone que los herederos que renuncien a la herencia no perderán la condición de beneficiarios.

Pero ¿qué ocurrirá si la designación se hace en favor de varios beneficiarios? De acuerdo con el artículo 86 de la LCS, la prestación convenida se distribuirá, salvo estipulación en contrario, por partes iguales.

Si bien, en caso de que la **designación se haga a favor de los herederos**, la distribución tendrá lugar en **proporción a la cuota hereditaria**, salvo pacto en contrario y, la parte no adquirida por un beneficiario acrecerá a los demás.

¿Es posible revocar la designación del beneficiario? Sí, además en cualquier momento, siempre y cuando no se haya renunciado expresamente y por escrito a tal facultad. Asimismo, la revocación deberá hacerse en la misma forma establecida para la designación.

Por otro lado, el **tomador perderá los derechos de rescate, anticipo, reducción y pignoración de la póliza si renuncia a la facultad de revocación**.

RESOLUCIÓN RELEVANTE

Sentencia de la Audiencia Provincial de Madrid n.º 18/2020, de 17 de enero, ECLI:ES:APM:2020:1021

Consideración como beneficiaria de la póliza de seguro de vida en caso de desheredación.

«(...) si D.ª Ana, hija del difunto desheredada en el testamento, debe ser considerada como beneficiaria de la póliza de seguro de vida que el fallecido tenía con BANKIA, y los efectos que conllevaría.

Partimos de una póliza de seguro de vida realizada por el fallecido, en la que designó como beneficiarios Opción Póliza, es decir lo dispuesto en el condicionado de la póliza, artículo 8, que establece el orden de preferencia, siendo primero el cónyuge, segundo hijos del asegurado, por partes iguales, tercero padres del asegurado por partes iguales o el superviviente de los dos, y en cuarto lugar los herederos del asegurado.

En este caso no existiendo cónyuge, resultan beneficiados los hijos del asegurado por partes iguales.

(...)

El artículo 85 de la LCS dice que en caso de designación genérica de los hijos de una persona como beneficiarios, se entenderán como hijos todos sus descendientes con derecho a herencia.

Con arreglo a todo ello, D.ª Ana al constar por el propio reconocimiento del testador fallecido su condición de hija de este mismo, resultaría beneficiaria al igual que los actores.

BANKIA MAPFRE alegó que conforme a la condición de hija de D.ª Ana del causante debía de litigar conjuntamente con los actores alegando así un Litis consorcio activo necesario. Sin embargo, este motivo de recurso debe ser desestimado, el hecho de que no haya procedido esta última a reclamar la indemnización ni judicial ni extrajudicialmente, no puede ser impedimento para que la entidad aseguradora cumpla con la obligación del artículo 88 de la LCS, toda vez que nadie puede ser compelido a litigar o a reclamar un derecho si no quiere, lo que impide apreciar la excepción de litisconsorcio activo, que procesalmente no existe como excepción.

(...)

El hecho de la desheredación expresa de D.ª Ana queda acreditado en el testamento aportado, en el que consta la disposición testamentaria de desheredación expresa con alegación de causa como exige el artículo 849 y 851 del Código Civil para la validez de la misma. Testamento que no consta impugnado, y que por ello hay que darle la validez al documento.

Es cierto que tampoco consta que se haya aceptado la herencia, pero eso no es óbice para la cuestión que aquí nos ocupa, pues se trata de determinar si D.ª Ana tiene derecho a la herencia a los efectos de ser considerada como beneficiaria, sin que sea necesario el que se haya aceptado la herencia.

Con arreglo a lo expuesto, siendo un testamento válido y no constando impugnación, queda acreditado que la D.ª Ana no tiene derecho a la herencia y por ello no es beneficiaria de la indemnización objeto de este pleito (...)».

¿Cómo debe ser la entrega de la prestación al beneficiario?

De acuerdo con el **artículo 88 de la LCS**, la prestación del asegurador deberá ser entregada al beneficiario, en cumplimiento del contrato, aun contra las reclamaciones de los herederos legítimos y acreedores de cualquier clase del tomador del seguro. Unos y otros podrán, sin embargo, exigir al beneficiario el reembolso del importe de las primas abonadas por el contratante en fraude de sus derechos.

¿Qué ocurre en el caso de que el tomador del seguro sea declarado en concurso? Los órganos de representación de los acreedores podrán exigir al asegurador la reducción del seguro.

¿Qué ocurrirá en el caso de reticencia o inexactitud en las declaraciones del tomador?

Si tales declaraciones influyen en la estimación del riesgo, se estará a lo establecido en las disposiciones generales de la LCS.

Si bien, hay que tener en cuenta que el asegurador no podrá impugnar el contrato una vez transcurrido el plazo de 1 año, a contar desde la fecha de su conclusión, a no ser que las partes hubieran fijado un término más breve en la propia póliza y, en todo caso, salvo que el tomador del seguro haya actuado con dolo.

Pero ¿hay alguna excepción a lo dispuesto anteriormente? Sí, tal y como señala el artículo 89 de la LCS, en el supuesto de declaración inexacta de la edad del asegurado, en cuyo caso el asegurador solo podrá impugnar el contrato si la verdadera edad del asegurado en el momento de la entrada en vigor del contrato excede de los límites de admisión establecidos por aquel.

Asimismo, si como consecuencia de la declaración inexacta de la edad:

– **La prima pagada es inferior a la que correspondería pagar**: la prestación del asegurador se reducirá en proporción a la prima recibida.

– **La prima pagada es superior a la que correspondería pagar**: el asegurador está obligado a restituir el exceso de las primas percibidas sin intereses.

Seguro para el caso de muerte

En el seguro para caso de muerte el asegurador solo se **libera de su obligación si el fallecimiento del asegurado tiene lugar por alguna de las circunstancias expresamente excluidas en la póliza**.

Asimismo, **la muerte del asegurado, causada dolosamente por el beneficiario**, privará a este del derecho a la prestación establecida en el contrato, quedando esta integrada en el patrimonio del tomador.

CUESTIÓN

¿El riesgo de suicidio del asegurado quedará cubierto?

Sí, y salvo pacto en contrario quedará cubierto a partir del transcurso de 1 año del momento de la conclusión del contrato y se entiende, a estos efectos, por suicidio la muerte causada consciente y voluntariamente por el propio asegurado (art. 93 de la LCS).

Además, en la póliza de seguro se regularán los derechos de rescate y reducción de la suma asegurada, de modo que el asegurado pueda conocer en todo momento el correspondiente valor del rescate o de reducción.

¿Qué ocurrirá en caso de falta de pago de la prima?

Una vez transcurrido el plazo previsto en la póliza, que **no podrá ser superior a 2 años desde la vigencia del contrato**, no se aplicará el párrafo segundo del artículo 15 de la LCS sobre falta de pago de la prima, que reza como sigue:

> «En caso de falta de pago de una de las primas siguientes, la cobertura del asegurador queda suspendida un mes después del día de su vencimiento. Si el asegurador no reclama el pago dentro de los seis meses siguientes al vencimiento de la prima se entenderá que el contrato queda extinguido. En cualquier caso, el asegurador, cuando el contrato esté en suspenso, sólo podrá exigir el pago de la prima del período en curso».

A partir de los referidos 2 años, **la falta de pago de la prima producirá la reducción del seguro** conforme a la tabla de valores inserta en la póliza.

La reducción del seguro se producirá igualmente cuando lo solicite el tomador, una vez transcurridos los 2 años.

Asimismo, el tomador tiene derecho a la rehabilitación de la póliza, en cualquier momento, antes del fallecimiento del asegurado, debiendo cumplir para ello las condiciones establecidas en la póliza.

JURISPRUDENCIA

Sentencia del Tribunal Supremo n.º 793/2008, de 22 de julio, ECLI:ES:TS:2008:4123

Falta de pago de la prima. Compañía de seguros no cumplió con las exigencias contractuales derivadas de la notificación del impago de los recibos de las primas.

«La decisión de la Audiencia Provincial descansa en la interpretación armónica y sistemática del clausulado general y particular de la póliza, de la que deduce la aplicación al supuesto contemplado de la estipulación quinta del clausulado general con preferencia a lo dispuesto en las condiciones sexta y séptima del mismo, la cual establecía el procedimiento que debía seguirse en los casos de domiciliación bancaria de los recibos correspondientes a las segundas y sucesivas primas y para cuando, pasados los recibos al cobro en el mes siguiente al de su vencimiento, éstos no fueran atendidos. Como resultado de esa labor exegética, el tribunal de instancia ha considerado que la suspensión de la cobertura del seguro establecida en el artículo 15.2 de la Ley de Contrato de Seguro y en la condición séptima del clausulado general de la póliza, consecuencia de la falta de pago de la prima en la fecha de su vencimiento, estaba subordinada al cumplimiento por la compañía aseguradora de la obligación de notificar por correo certificado el hecho de la devolución del recibo, de forma que, al no haberse acreditado el cumplimiento de dicha obligación por la aseguradora, no cabía anudar a dicho hecho la consecuencia de la suspensión de la cobertura del seguro, que, consecuentemente, mantenía su vigencia al tiempo de producirse el siniestro.

(...)

Como razonables, y, por ende, ajustadas a la lex contractus y a la Ley resultan ser también las consecuencias que el tribunal sentenciador hace derivar del resultado de su labor interpretativa, ya que si por razón de no haberse notificado debidamente el impago de los recibos no entró en juego la suspensión de la cobertura del seguro, la compañía aseguradora debe cumplir la obligación principal del pago de la indemnización convenida para el caso de que el siniestro se produjera durante la vigencia del contrato, como así sucedió, pues el hecho de que al tiempo del fallecimiento del asegurado no se hubiesen abonado los recibos correspondientes a los anteriores trimestres no puede equipararse, como parece perseguir la recurrente, a los casos de inexistencia o desaparición del riesgo asegurado al tiempo de concertarse el seguro o de pretender su exigibilidad, ni tampoco a los casos de extinción por inexistencia del riesgo asegurado, produciéndose una situación que, en cambio, cabe asimilar a la que resulta de producirse el siniestro durante el plazo de gracia previo a la suspensión de la cobertura del seguro».

Seguro de vida. Falta de pago de la prima de forma voluntaria por disconformidad con su importe.

Sentencia del Tribunal Supremo n.º 655/2019, de 11 de diciembre, ECLI:ES:TS:2019:3913

«(...) Dicha estipulación convencional tiene su razón de ser en el supuesto de devolución de los recibos del importe de la prima por falta de fondos, en cuyo caso, con la finalidad de dar una nueva oportunidad al asegurado y que éste tome constancia efectiva del impago, nace la correlativa obligación contractual de la compañía aseguradora de notificarle que tiene el precitado recibo a su disposición. Sin embargo, en el caso analizado por la Audiencia de Pamplona, es el propio cliente quien ordena la devolución del recibo de la prima.

Ya no estamos, por lo tanto, ante un supuesto de falta de fondos, sino que, por una discrepancia con el importe de la prima, el asegurado, voluntaria y conscientemente, no atiende a su fundamental obligación contractual de abonar la prima pactada, con lo que la notificación de su impago carece de sentido y no encuentra cobijo en la mentada previsión contractual.

(...)

En definitiva, qué mayor conocimiento de la situación de impago de la prima del seguro que la devolución voluntaria y consciente de tres recibos consecutivos de la póliza, de 20 de marzo de 2011, 20 de septiembre de 2011 y 20 de marzo de 2012, sin abono tampoco de primas sucesivas en coherencia con tal comportamiento, desligándose del vínculo contractual pactado. La finalidad buscada con la notificación del saldo carece de sentido en el contexto expuesto, que es el criterio resolutorio de la Audiencia.

Por lo tanto, hemos de concluir que el contrato se encontraba en suspenso, y, por ende, se extinguiría automáticamente de no reclamarse el importe de las primas dentro de los seis meses siguientes (art. 15 II LCS). Supuesto que no concurre, toda vez que la entidad demandada sí reclamó antes del transcurso de dicho plazo el importe de las primas. No obstante, una vez que el contrato se encontraba en suspenso, la vigencia del mismo quedaba condicionada a que el tomador pagara la prima, como resulta del párrafo tercero de dicho precepto, que norma que:

'[...] si el contrato no hubiere sido resuelto o extinguido conforme a los párrafos anteriores, la cobertura vuelve a tener efecto a las veinticuatro horas del día en que el tomador pagó su prima'.

Y esta circunstancia no podía ser desconocida por el asegurado, toda vez que voluntariamente devolvió tres recibos consecutivos reclamándole el importe de la prima. Tampoco se trata de un nuevo contrato, que nazca cada seis meses coincidiendo con el giro de las primas, sino del mismo contrato de seguro que, por las razones expuestas, se encontraba en suspenso, produciéndose el siniestro bajo tal situación jurídica, más de dos años después desde que dicha suspensión desencadenase sus efectos jurídicos, por lo que tampoco el fallecimiento del asegurado se produjo dentro del plazo de gracia del mes al que se refiere el art. 15 LCS. No nos encontramos ante el impago de la primera prima, sino de un reiterado incumplimiento de primas sucesivas de las que la parte asegurada era perfectamente consciente».

En cuanto al **derecho a rescate**, atendiendo a lo dispuesto en el artículo 96 de la LCS, el tomador que haya pagado las dos primeras anualidades de la prima a la que corresponda el plazo inferior previsto en la póliza podrá ejercitarlo mediante la oportuna solicitud, conforme a las tablas de valores fijadas en la póliza.

CUESTIONES

1. ¿La aseguradora está obligada a conceder al tomador anticipos sobre la prestación asegurada?

Sí, así se encuentra previsto en el artículo 97 de la LCS, deberá hacerlo siempre conforme a las condiciones fijadas en la póliza y una vez pagadas las dos primeras anualidades de la prima.

2. ¿El tomador del seguro podrá ceder o pignorar la póliza del seguro de vida?

Sí, tal posibilidad se encuentra recogida en el artículo 99 de la LCS, pero siempre y cuando no haya sido designado beneficiario con carácter irrevocable, ya que la cesión o pignoración de la póliza implica la revocación del beneficiario.

Si la póliza se emite a la orden, la cesión o pignoración se realizarán mediante endoso.

El tomador deberá comunicar por escrito fehacientemente al asegurador la cesión o pignoración realizada.

A TENER EN CUENTA. En los seguros de supervivencia y en los seguros temporales para caso de muerte no será de aplicación los artículos 94 a 97 de la LCS, si bien los aseguradores podrán conceder los derechos de rescate, reducción y anticipos en los términos del contrato.

JURISPRUDENCIA

Sentencia del Tribunal Supremo n.º 661/2020, de 10 de diciembre, ECLI:ES:TS:2020:4265

Seguro de vida. Deber de declaración del riesgo por el asegurado. Doctrina jurisprudencial. Precedentes jurisprudenciales sobre la declaración del riesgo en relación con patologías de tipo mental. Ocultación de datos relevantes para valorar el riesgo.

«(...) la aplicación de la jurisprudencia sobre el art. 10 LCS ha llevado a soluciones distintas, justificadas en cada caso por las diferencias de contenido, el presente caso se asemeja a los de las sentencias 572/2019, de 4 de noviembre, 37/2019, de 21 de enero, 621/2018, de 8 de noviembre, 563/2018, de 10 de octubre, 273/2018, de

10 de mayo, 542/2017, de 4 de octubre, 726/2016, de 12 de diciembre, y 72/2016, de 17 de febrero, que *apreciaron dolo, o cuando menos culpa grave* (sentencia 542/2017), pues también en este caso las circunstancias concurrentes acreditan, al margen del carácter genérico de algunas preguntas, la realización de preguntas concretas sobre antecedentes de salud y la concurrencia de elementos objetivos que el asegurado tenía que representarse necesariamente como influyentes para valorar el riesgo.

3.ª) *Así, aunque no se le preguntara específicamente sobre patologías de tipo mental, lo relevante es que la razón decisoria de la sentencia recurrida no se opone a la jurisprudencia, al radicar en que el asegurado faltó conscientemente a la verdad tanto al negar haber estado o seguir estando bajo tratamiento médico durante el último año como al negar haber sido hospitalizado en los últimos tres años* anteriores a la firma de la póliza, ya que de la documentación médica resultaba que, debido a las enfermedades mentales diagnosticadas muchos años antes, estuvo sometido a seguimiento facultativo (siendo tratado tanto por los servicios públicos de salud como por entidades privadas), se le prescribió tratamiento farmacológico que siguió administrándosele en los doce meses anteriores a la firma de la póliza (a comienzos de 2011 se le recetó "Risperdal", que está considerado un antipsicótico y siguió tomando durante 2011, y mensualmente se le administraban inyecciones, constando una última dosis en fecha posterior a la firma del seguro), y fue ingresado en varias ocasiones por intentos de autolisis, una de ellas en diciembre de 2010 y, por lo tanto, dentro de los tres últimos años anteriores a la fecha de la póliza.

4.ª) *En consecuencia, la sentencia recurrida es ajustada a la jurisprudencia al concluir que el asegurado faltó a la verdad al contestar a dos preguntas que permitían objetivar datos sobre su salud,* como la medicación que tomaba con regularidad —que probaba el padecimiento de una enfermedad mental crónica que exigía control médico constante— o sus ingresos hospitalarios por intentos de autolisis, antecedentes ambos relevantes para la exacta valoración del riesgo de fallecimiento que, además, en este caso estaban causalmente relacionados con el siniestro, pues el fallecimiento tuvo etiología suicida por intoxicación medicamentosa. *De no haberse ocultado esos datos, la aseguradora podría haber valorado exactamente la influencia que podían tener para valorar el riesgo de fallecimiento,* pues ponían de manifiesto la alta probabilidad de que los intentos de autolisis se repitieran y el asegurado pudiera acabar con su vida.

(...)

(...) *lo relevante es que la infracción del deber de declarar el riesgo no deriva de la ocultación de su enfermedad mental, pues no fue específicamente preguntado por ella,* sino, como se ha dicho, de la ocultación del tratamiento y de los ingresos hospitalarios, por los que sí fue preguntado y que conocía o no podía desconocer por más que para seguir el tratamiento contara con la ayuda de su madre, ya que llevaba muchos años bajo supervisión médica y tomando medicación, y fueron muy reiterados sus intentos de autolisis con los consiguientes ingresos hospitalarios, el último de ellos solo año y medio antes de firmarse la póliza. *No se puede olvidar que, pese a sus problemas de salud, el asegurado era una persona plenamente capaz,* por lo que pudo contratar por sí mismo el seguro, de modo que no deja de ser un contrasentido alegar la incapacidad del asegurado para declarar válidamente sobre su salud y, al mismo tiempo, no poner en duda su capacidad para celebrar un contrato de seguro cuya eficacia no se cuestiona desde el momento que en la demanda se pide su cumplimiento.

(...) *la sentencia recurrida libera de pago a la aseguradora* demandada por considerar que la ocultación de los datos de salud determinaba, conforme a la jurisprudencia que cita, la aplicación del último inciso del párrafo tercero del art. 10 LCS, *y por más que no precisara si la conducta del asegurado fue dolosa o gravemente culposa, lo relevante es que la apreciación de la infracción del deber de declarar el riesgo por parte del asegurado se motivó mediante las razones fácticas y jurídicas pertinentes, ajustadas a la jurisprudencia, y que esas razones descartan tanto la tesis de la hoy recurrente de que la ocultación fue una mera consecuencia de la presentación de un cuestionario/declaración de salud incompleto o genérico como de la falta de conciencia de la realidad por parte del asegurado».*

Sentencia del Tribunal Supremo n.º 1045/2005, de 21 de diciembre, ECLI:ES:TS:2005:7516

Ocultación de una grave enfermedad al suscribir una póliza de seguro de vida.

«En efecto, los datos de hecho plasmados en la sentencia recurrida y que son incontrovertidos, dicen: A don Guillermo el día 25-3-1994 se le practica fibrogastroscopia y biopsia gástrica con la sospecha de neoplasia. El día 31 de marzo de 1994 suscribe el contrato de seguro con la entidad "Estalvida". El día 2-4-1994 se confirma anatomopatologicamente un carcinoma difuso infiltrante. El día 5-4-94 es intervenido quirúrgicamente y el 12-5-1994 fallece.

De ello se infiere paladinamente que Guillermo al suscribir la póliza en cuestión realizó una ocultación de enfermedad gravísima y persistente. Pues no se puede olvidar que una persona a la que le someten a determinadas pruebas muy específicas de una posible grave enfermedad, que dieron como resultado al analizarlas una enfermedad cuyo alcance es conocido en su gravedad, y que incluso por ello fué sometido a una intervención quirúrgica; por lo que con todo ello no se puede hablar de ignorancia en la persona afectada.

De lo antedicho se infiere que dicho asegurado, por lo menos, incurrió en culpa grave en ocultación de una enfermedad, lo que hace, a tenor de lo dispuesto en el artículo 10 de la Ley de Contrato de Seguro, que el asegurador en este caso quede liberado del pago de la prestación».

2.1.2. Seguros de decesos y dependencia

La regulación sobre el **seguro de decesos y dependencia** es introducida por la Ley 20/2015, de 14 de julio, de ordenación, supervisión y solvencia de las entidades aseguradoras y reaseguradoras, con efectos a partir del 01/01/2016. Concretamente se ocupan de este tipo de seguros, los artículos 106 bis a 106 quáter de la Ley del Contrato de Seguro.

Antes de entrar en el concepto mismo del seguro de decesos y del seguro de dependencia hay que tener en cuenta lo previsto, con carácter general, en el artículo 106 quáter de la LCS respecto de los seguros de asistencia sanitaria, dependencia y decesos. Se prevé en dicho precepto la **libertad de elección del prestador del servicio por parte de los asegurados**, libertad que ha de garantizar la entidad aseguradora. Corresponde a esta, además, poner a disposición del asegurado de forma fácilmente accesible, una relación de prestadores de servicios que garantice una efectiva libertad de elección, salvo en aquellos contratos en los que se prevea expresamente un único prestador.

A TENER EN CUENTA. En el seguro de decesos se estará a lo previsto en el artículo 106 bis de la LCS, apartado segundo, en el caso de que los herederos contratasen los servicios por medios diferentes a los ofrecidos por la aseguradora conforme al artículo 106 quáter de la LCS.

El seguro de decesos

El **seguro de decesos** es aquel por el que el asegurador se obliga a prestar los servicios funerarios pactados en la póliza para el caso en que se produzca el fallecimiento del asegurado, es decir, aquel seguro que «(...) trata de prevenir la consecuencia económica derivada del fallecimiento del asegurado, a fin de evitar que pesen sobre terceros o lo herederos del finado los correspondientes gastos funerarios» (sentencia de la **Audiencia Provincial de Córdoba n.º 547/2024, de 31 de mayo, ECLI:ES:APCO:2024:571**).

Siendo el riesgo uno de los elementos necesarios del contrato de seguro señala la citada **SAP de Córdoba n.º 547/2024, de 31 de mayo, ECLI:ES:APCO:2024:571**:

> «(...) si estas primeras consideraciones generales las trasladamos al **seguro de decesos en cuanto modalidad del seguro de personas**; la consecuencia ante la inevitabilidad de la muerte debe serla de considerar, que el riesgo en dicha tipología de seguro **consiste en la imprevisibilidad del fallecimiento del asegurado y si, dicha imprevisibilidad no concurre** por cuanto que dicho fallecimiento es previsible en un lapso temporal relativamente corto, lo cierto y relevante a los concretos efectos que aquí nos ocupan, es que el **contrato adolece de uno de sus elementos consustanciales: el riesgo**.
>
> En definitiva, en dicha tesitura de siniestro previsible en el momento de la perfección del contrato (previsibilidad que se traduce en el conocimiento de su posible o casi seguro acaecimiento, situación a la que hay que asimilar aquella otra en la que ese conocimiento pueda obtenerse empleando una mínima diligencia, o exista sospecha razonables de que sucederá) **el contrato es nulo**».

El **exceso de la suma asegurada sobre el coste del servicio** prestado por el asegurador corresponderá al tomador o, en su defecto, a los herederos.

En el supuesto de que el asegurador **no hubiera podido proporcionar la prestación por causas ajenas a su voluntad, fuerza mayor o por haberse realizado el servicio a través de otros medios distintos a los ofrecidos por la aseguradora**, el asegurador quedará obligado a satisfacer la suma asegurada a los herederos del asegurado fallecido, no siendo responsable de la calidad de los servicios prestados. En relación con lo anterior y por lo que se refiere a la suma asegurada establecida en el seguro de decesos, la sentencia mencionada anteriormente indica que la misma solo debe ser atendida de modo subsidiario, esto es, cuando concurra alguno de los supuestos específicamente contemplados en el artículo 106 bis de la LCS, apartado segundo.

En caso de concurrencia de seguros de decesos en una misma aseguradora, el asegurador estará obligado a devolver, a petición del tomador, las primas pagadas de la póliza que haya decidido anular desde que se produjo la concurrencia.

En caso de fallecimiento, si se hubiera producido la concurrencia de seguros de decesos en más de una aseguradora, el asegurador que no hubiera podido cumplir con su obligación de prestar el servicio funerario en los términos y condiciones previstos en el contrato, vendrá obligado al pago de la suma asegurada a los herederos del asegurado fallecido.

En este tipo de seguro, la oposición a la prórroga del mismo solo podrá ser ejercida por el tomador.

El seguro de dependencia

Respecto al **seguro de dependencia**, el asegurador se obliga, para el caso de que se produzca la situación de dependencia, al cumplimiento de la prestación convenida con la finalidad de atender, total o parcialmente, directa o indirectamente, las consecuencias perjudiciales para el asegurado que se deriven de dicha situación.

Constituye esta modalidad de seguro, como ya hemos dicho, una novedad introducida por la Ley 20/2015, de 14 de julio, si bien ello no implica que, con anterioridad, no pudiera concertarse un contrato de este tipo y respecto del mismo riesgo y ello es así dado el carácter abierto de los riesgos que pueden cubrir los contratos de seguro sobre las personas; así lo establece el **TSJ de Madrid en su sentencia n.º 624/2024, de 16 de septiembre, ECLI:ES:TSJM:2024:11047**.

Por situación de dependencia se entiende la prevista en la normativa reguladora de la promoción de la autonomía personal y atención a las personas en situación de dependencia, Ley 39/2006, de 14 de diciembre.

La **prestación del asegurador** podrá consistir en:

- **Abonar** al asegurado el capital o la renta convenida.
- **Reembolsar** al asegurado los gastos derivados de la asistencia.
- **Garantizar** al asegurado la prestación de los servicios de asistencia, debiendo el asegurador poner a disposición del asegurado dichos servicios y asumir directamente su coste.

CUESTIÓN

¿Quién tendrá la facultad de ejercer la oposición a la prórroga del seguro de dependencia?

Únicamente podrá ser ejercitada por el tomador del seguro.

En la **sentencia de la Audiencia Provincial de Barcelona n.º 669/2017, de 10 de octubre, ECLI:ES:APB:2017:10343**, se recoge un supuesto relativo al seguro de dependencia. Se trata de un hombre que presenta demanda contra la entidad aseguradora con la que **tiene contratado un seguro de dependencia que cubre el pago de una prestación mensual vitalicia para el caso de que el demandante se encuentre en situación de dependencia**.

Así pues, declarada judicialmente la **gran invalidez del demandante** y reconocido un **grado de discapacidad del 77 %**, de modo que, sí necesita el concurso de otra persona para realizar los actos esenciales de la vida y que no supera el baremo que determina la existencia de dificultades de movilidad, **reclamó frente a la entidad aseguradora**. Esta, inicialmente, **calificó la situación del deman-**

dante como dependencia moderada, que no da derecho al reconocimiento de ninguna prestación. Presentado recurso, este es estimado y se reconoce que el actor es acreedor de una **prestación de dependencia severa** al corresponderle una puntuación de 53 puntos en la escala de evaluación.

El actor alegó que la entidad aseguradora calificó su situación de dependencia severa mediante la aplicación de la normativa vigente en materia de prestaciones por invalidez de la Tesorería General de la Seguridad Social, si bien, entiende que esa normativa no era de aplicación al presente caso y que **el contrato de seguro era netamente civil y cubría el riesgo definido** en el objeto de dicho contrato cuya descripción se contenía en el título XIII del Reglamento de Seguro, **que no hacía ninguna remisión ni referencia a la normativa laboral como complementaria para la determinación del riesgo o la limitación de la cobertura pactada.**

Según entendió el demandante, con arreglo al Baremo vigente de Valoración de Deficiencias, la calificación de su grado de discapacidad del 77 % reconoce que requiere el apoyo personal de terceras personas para la realización de las actividades básicas de la vida diaria en la gran mayoría de las ocasiones, lo que comporta la clasificación de su **situación como gran dependencia a los efectos del seguro contratado con la entidad demandada.**

La demandada se opuso a ello alegando que lo relevante a efectos de dependencia no era el grado de discapacidad del 77 % sino la necesidad del concurso de otra persona para realizar los actos de la vida diaria a la que corresponde una puntuación de 53 que supone la calificación de **dependencia severa** reconocida por la entidad aseguradora.

El juzgado de primera instancia desestimó la demanda entendiendo que la puntuación reconocida al demandante era de 53 puntos, subsumible en la situación de dependencia severa.

Contra ella el recurrente en apelación denunció ante la Audiencia Provincial de Barcelona una **incongruencia omisiva** que consistía en que no se había dicho que en la audiencia previa se fijó como **hecho controvertido que el seguro de gran invalidez tenía un carácter netamente civil,** donde la definición del riesgo venía contenida única y exclusivamente en las cláusulas del mismo. Y criticaba que la sentencia de instancia resolviera la litis aplicando una norma laboral a un contrato civil.

Pues bien, la AP de Barcelona entendió que eso no era una incongruencia omisiva, puesto que no se refería a una pretensión respecto de la cual la sentencia no se hubiera pronunciado, sino que aludía, como mucho, a la falta de exhaustividad de un antecedente de hecho, ni siquiera de un fundamento jurídico. Desestimando, por tanto, este motivo de apelación y confirmando la sentencia de primera instancia.

2.1.3. Seguros de enfermedad y asistencia sanitaria

Dispone el artículo 105 de la Ley de Contrato de Seguro (LCS) que cuando el **riesgo asegurado sea la enfermedad**, el asegurador podrá obligarse, siempre dentro de los límites de la póliza, en caso de siniestro, al pago de ciertas sumas y de los **gastos de asistencia médica y farmacéutica**.

Si el asegurador asume directamente la prestación de los servicios médicos y quirúrgicos, **la realización de tales servicios se efectuará dentro de los límites y condiciones que las disposiciones reglamentarias determinan.**

En cuanto a los intereses cabe advertir que las entidades de seguros de asistencia sanitaria son deudoras de los intereses contemplados en el artículo 20 de la LCS; así lo señala el Tribunal Supremo, entre otras, en su **sentencia n.º 234/2021, de 29 de abril, ECLI:ES:TS:2021:1708:**

> «La obligación asumida por la demandada se enmarca en el art. 105 de la LCS, (...). La entidad demandada responde de los servicios prestados dentro del marco del precitado seguro con la **obligación de garantizar a los beneficiarios una correcta atención.**
>
> Esta Sala ha establecido que **las entidades de seguros de asistencia sanitaria son deudoras de los intereses del art. 20 de la LCS**, como manifestación más próxima podemos citar las sentencias 556/2019, de 22 de octubre y 503/2020, de 5 de octubre, que reproduce la anterior, en aquélla razonamos:
>
> "(...)
>
> Tras un análisis detallado de los precedentes más significativos (especialmente la sentencia 438/2009, de 4 de junio, citada por la parte recurrente) el pleno de la sala concluyó que, tratándose de seguros de asistencia sanitaria (no de reintegro de los gastos médico-quirúrgicos) y existiendo una condena firme de la aseguradora sanitaria con base en el art. 1903.4 CC, pero por razón del contrato de seguro y fundada en el incumplimiento de sus obligaciones contractuales -en tanto que estas comprendían no solo la obligación de prestar los servicios médicos a sus afiliados sino también "la obligación de garantizarles una correcta atención"-, **la consecuencia de todo ello y de la producción de un daño resarcible en el patrimonio del asegurado tras la verificación del siniestro o la materialización del riesgo debía serla aplicación del recargo por mora del art. 20 LCS a los seguros de asistencia sanitaria,** porque este precepto "no piensa únicamente en el incumplimiento de la prestación característica e inmediata del asegurador, sino que alcanza a todas las prestaciones convenidas vinculadas al contrato de seguro de asistencia, en virtud del cual se la condena"».

A TENER EN CUENTA. Los seguros de enfermedad y de asistencia sanitaria quedarán sometidos a las normas contempladas en el seguro de accidentes (arts. 100 a 104 de la LCS) siempre y cuando sean compatibles con este tipo de seguros.

Sobre el seguro de asistencia sanitaria, la **sentencia del Tribunal Supremo n.º 438/2009, de 4 de junio, ECLI:ES:TS:2009:3490,** prevé que las prestaciones de dicho contrato de seguro no se limitan a facilitar los servicios sanitarios a través de facultativos, clínicas e instalaciones adecuadas, sino que el artículo 105 de la LCS le da un carácter más amplio diferenciándolo del seguro de enfermedad. En este sentido, el Tribunal Supremo declara que en esta clase de contratos:

> «Al asegurado **se le garantiza la asistencia médica, quirúrgica y hospitalaria** que proceda, en los términos que autoriza la Ley de Contrato de

Seguro y lo convenido en el contrato, y esta relación que se establece entre una y otra parte garantiza al asegurado el pago por la aseguradora no solo el coste económico de las operaciones médicas, y los gastos de estancia y manutención del enfermo, medicación y tratamientos necesarios, sino **también las prestaciones sanitarias incluidas en la Póliza** por medio de médicos, servicios o establecimientos propios [...] que de esa forma vienen a actuar como auxiliares contractuales para la realización de las prestaciones (...).

La obligación del asegurador no termina con la gestión asistencial, sino que va más allá, en atención a la garantía de la calidad de los servicios que afectan al prestigio de la compañía y consiguiente captación de clientela. El médico no es elegido por el paciente, sino que viene impuesto por la aseguradora, y desde esta relación puede ser condenada por la actuación de quien presta el servicio en las condiciones previstas en la póliza, en razón de la existencia o no de responsabilidad médica con arreglo a los criterios subjetivos u objetivos mediante los cuales debe apreciarse en este tipo de responsabilidad médica o sanitaria. Estamos ante unas prestaciones que resultan del contrato de seguro, contrato que no se limita a cubrir los daños que se le producen al asegurado cuando tiene que asumir los costes para el restablecimiento de su salud, sino que se dirige a facilitar los servicios sanitarios incluidos en la Póliza a través de facultativos, clínicas e instalaciones adecuadas, (...)».

Asimismo, el Alto Tribunal reconoce que posiblemente sea necesaria una mejor delimitación de los artículos 105 y 106 de la LCS estableciendo el alcance de las respectivas obligaciones de las partes y su posición frente a los errores médicos y hospitalarios, si bien, con la redacción actual, no cabe atender a otros criterios de aplicación que los resultantes de la reiterada jurisprudencia existente sobre el «(...) contenido y alcance de la norma y la responsabilidad que asumen las aseguradoras con ocasión de la defectuosa ejecución de las prestaciones sanitarias por los centros o profesionales, como auxiliares de las mismas en el ámbito de la prestación contractualmente convenida, en unos momentos en que la garantía y calidad de los servicios mediante sus cuadros médicos se oferta como instrumento de captación de la clientela bajo la apariencia y la garantía de un servicio sanitario atendido por la propia entidad».

Destacamos respecto a este tipo de seguros, el caso resuelto por nuestro Alto Tribunal en **sentencia n.º 45/2020, de 22 de enero, ECLI:ES:TS:2020:242** en el que el Servicio Público de Salud del País Vasco reclama a una entidad aseguradora los gastos por el tratamiento dispensado a una recién nacida, en aplicación de lo dispuesto en el art. 103 de la LCS y en el art. 83 de la Ley 14/1986, de 25 de abril, General de Sanidad, al entender la parte recurrente que la menor estaba incluida en la póliza de seguros de su progenitora.

El juzgado de primera instancia niega lo anterior y desestima la pretensión del ahora recurrente en casación, ya que la menor no había sido dada de alta voluntaria en la póliza de seguros, dentro del plazo de los treinta días siguientes al nacimiento, como tampoco con posterioridad a tal fecha, y ello condujo al juzgado, examinando el condicionado de la póliza de asistencia sanitaria suscrita, a la desestimación de la acción deducida.

La AP ratifica la sentencia del juzgado de primera instancia y contra esta resolución el Servicio Público de Salud del País Vasco interpone un recurso de casación por interés casacional por el que el Tribunal Supremo resuelve —siguiendo la línea de las dos instancias anteriores— la denegación del derecho de repetición del servicio público de salud contra la entidad aseguradora. Para el Alto Tribunal:

«La **asegurada optó por acudir a la sanidad privada para dar a luz a su hija**, desarrollándose el parto sin incidencias. El **hospital concertado no negó la atención**, que precisaba la menor, cuando tres días después de su nacimiento presenta una patología tributaria de atención pediátrica. Es más, fueron los propios facultativos de dicho centro quienes indicaron la necesidad del traslado de la niña a un hospital público para el tratamiento de la enfermedad que presentaba. La razón para ello derivaba de la carencia de los medios terapéuticos necesarios para proceder al tratamiento de la recién nacida.

La **madre no dio de alta a la menor, en la póliza suscrita**, dentro del plazo contractual pactado, para que la cobertura adquiriese efectos retroactivos, conforme al art. 8 apartado quinto de su condicionado general antes transcrito, ni tampoco lo hizo con posterioridad.

Un proceder de tal clase no puede interpretarse de otra forma de que la **madre ejerció su derecho de elección, para que el tratamiento médico de la patología que sufría su hija le fuera dispensada en la sanidad pública**, así como para las otras enfermedades que le fueron descubiertas u otras que pudiera padecer en el futuro.

En definitiva, al ser **titular de una doble cobertura, optó por la sanidad pública**, una vez que consideró que ésta le ofrecía mayores garantías y confianza.

Por otra parte, la elección de la madre fue clara, como resulta de sus concluyentes actos posteriores, de inequívoca significación jurídica, sin que, de su conducta de llevar a su hija inicialmente al centro privado, podamos obtener conclusiones jurídicas favorables al derecho de repetición del servicio público de salud al amparo del art. 83 de la LGS, puesto que no llegó a nacer obligación contractual de la aseguradora demandada de hacerse cargo de los gastos de la asistencia médica de la niña, con los efectos retroactivos que la póliza garantizaba y que no fueron activados».

Otro supuesto destacado respecto a este seguro lo encontramos en la **sentencia de la Audiencia Provincial de Madrid n.° 435/2018, de 11 de octubre, ECLI:ES:APM:2018:12918**, en la que una persona con un seguro de asistencia sanitaria reclama a la mutua que se haga cargo del coste de la prótesis y de su implantación, ya que sí había asumido el coste de la estancia hospitalaria.

Si bien, en la póliza del seguro, en el apartado que se refiere a las exclusiones se menciona «Las prótesis de cualquier clase o naturaleza, salvo las prótesis relacionadas en el apartado Descripción de la Cobertura». Y como se refiere en la sentencia «(...) Estas exclusiones aparecen destacadas en letra negrita y, como se indicó, al final del documento de Extracto están las firmas de la Mutua y del asegurado».

La juzgadora de instancia a la vista de esta exclusión consideró que «(...) la cláusula de exclusión era delimitadora del riesgo, pero que, aun de haberse considerado limitativa de los derechos del asegurado, es válida por cumplir con los requisitos del artículo 3 de la Ley de Contrato de Seguro (Ley 50/1980, de 8 de octubre). Al no haber cobertura de la prótesis y de su implantación, desestimó totalmente la demanda».

Esta persona interpone un recurso de apelación contra la resolución de instancia y, entre los motivos alegados, defiende la «urgencia» de la actuación.

> «(...) que la implantación de la prótesis TAVI fue una actuación urgente que no puede ser excluida de la cobertura por imperativo legal. Pese a que el ingreso hospitalario tuvo lugar el 14 de abril de 2016 y la prótesis no fue implantada hasta once días después, el 25 de abril de 2016, el apelante alega que esos días fueron necesarios para estabilizar al paciente, permitir que cogiera fuerzas y afrontara el lance de la intervención (...)».

Además, alega que era la «(...) única alternativa y que la asistencia fue "sin solución de continuidad", debiendo interpretarse el concepto de urgencia de forma flexible y no limitarlo a un período corto de tiempo, sino "dentro del concepto global de asistencia"».

Por su parte, la parte contraria se opone «(...) aduciendo, por un lado, que la colocación de la prótesis TAVI estaba programada, como se reconoce en la demanda, lo que descartaría que fuese una actuación de urgencia. Por otro, que transcurrieron once días entre el 'episodio de agudización' que motivó el ingreso hospitalario (14 de abril de 2016) y la colocación de la prótesis (25 de abril siguiente), lapso temporal que impediría hablar de actuación urgente del artículo 103 de la Ley de Contrato de Seguro».

La AP de Madrid, respecto al concepto de «urgencia» —y respecto al caso concreto— entiende lo siguiente, con desestimación del recurso de apelación:

> «Las condiciones generales de la póliza definen "urgencia" como "aquella situación que requiere atención médica inmediata, dado que un retraso en la misma puede derivar en un compromiso vital o daño irreparable en la integridad física del paciente".
>
> Que la intervención estuviera programada con antelación puede suponer que la misma no sea urgente: cuando se lleva a cabo en cumplimiento de esa programación. Pero no si se ha de anticipar por un súbito o inesperado empeoramiento. Esto es, la programación, de por sí, no descarta en todo caso el carácter de 'urgencia', y este es el supuesto de autos; no estaba programada de antemano la colocación de la prótesis el día 25 de abril de 2016, sino que surgió la necesidad de hacerlo a la vista del estado del paciente a partir del cuadro de empeoramiento que motivó su asistencia a urgencias el 14 de abril anterior.
>
> El concepto de urgencia que da la póliza pone el acento en la inmediatez de la atención médica para evitar un daño grave en la salud del paciente. Pero no debe confundirse "urgencia" con "urgencia vital", pues al menos conceptualmente no se requiere que la actuación tienda a salvar la vida al paciente o que la vida esté en peligro para que estemos ante una actuación de urgencia. De ahí que no puedan equipararse —como parece

pretender el apelante— intervención urgente e intervención necesaria para salvar la vida del paciente.

En cambio, el período de tiempo transcurrido entre la puesta a disposición del paciente y la intervención médica es crucial para saber si la actuación es urgente. De forma similar a la definición de la póliza, se sostiene en la doctrina que "es urgente toda atención médica cuya inmediatez sea imprescindible para evitar consecuencias graves o muy graves para el asegurado" (...).

Urgente sería, en definitiva, toda aquella atención médica que se presta a una persona de forma inmediata e inaplazable desde que está a disposición del personal sanitario porque así lo exige la situación, esto es, que no consiente demora en función del estado de salud del paciente. Es difícil precisar ningún lapso temporal, dado que las necesidades médicas o de estado de salud del paciente pueden imponer una cierta demora en la actuación urgente; pero parece claro que en ningún caso puede considerarse "urgente" una actuación médica que se ha demorado once días desde el ingreso del paciente en el hospital. Podrá ser una intervención imprescindible o decisiva para la salud del paciente, pero no urgente. De ahí que no pueda ampararse el recurso para comprender en la cobertura con la Mutua demandada tanto la prótesis en sí como el procedimiento para su implantación. Se desestima, en consecuencia, el motivo».

2.1.4. Seguro de accidentes

El seguro de accidentes se regula en los **artículos 100 a 104 de la LCS,** y en relación con él, resulta especialmente esclarecedora la **sentencia del Tribunal Supremo n.º 426/2020, de 15 de julio, ECLI:ES:TS:2020:2501.**

> **A TENER EN CUENTA.** Al seguro de accidentes les serán aplicables las disposiciones contenidas en relación con el seguro de vida en los artículos 83 a 86 de la LCS y en el artículo 87 de la LCS, párrafo primero.

El ámbito objetivo del seguro de accidentes se extiende en la actualidad a diversas clases de accidentes producidos en distintos ámbitos sectoriales de la actividad humana (deportes, viajes, algunas profesiones...). Por ello resulta necesario distinguirlo de otras modalidades de seguros:

- Mientras que el **seguro de responsabilidad civil** pretende la indemnidad patrimonial del asegurado ante la eventualidad de daños sufridos por personas o cosas de los que deba responder, el seguro de accidentes da cobertura a la circunstancia de haber sufrido el asegurado u otra persona una lesión corporal o la muerte derivada de un supuesto calificado como accidente.

- Se distingue del **seguro de daños** ya que no cubre un eventual y posible daño patrimonial, sino corporal. Su objeto no es el daño a una cosa sino el sufrido por una persona. El seguro de accidentes es un seguro de personas en el que la póliza contiene una valoración anticipada de las sumas aseguradas, según las lesiones, incapacidades o muerte sufridas y derivadas del accidente.

– Tampoco puede confundirse con el **seguro de vida**, pues en este es la muerte o la supervivencia, o ambas, las que constituyen el objeto de la cobertura que obliga a la compañía aseguradora a satisfacer al beneficiario un capital, renta o prestaciones convenidas. Por su parte en el seguro de accidentes se cubre la lesión corporal que puede llegar a producir la muerte o la invalidez temporal o permanente del asegurado derivadas del accidente en sí.

– También se distingue del **seguro de enfermedad**, en este el riesgo asegurado es la presencia de la enfermedad, de modo que esta queda cubierta por el seguro cualquiera que sea su causa. No obstante, la enfermedad también puede quedar cubierta en el caso del seguro de accidentes, en él la enfermedad que deriva en la muerte o invalidez del asegurado ha de traer causa en un accidente. En relación con este caso señala la **STS n.º 426/2020, de 15 de julio, ECLI:ES:TS:2020:2501**:

> «(...) el seguro de accidentes no queda delimitado negativamente por la inexistencia de una enfermedad, sino que lo determinante es si la lesión corporal sufrida, y que deriva en resultado de muerte o invalidez, ha sido causada por un "accidente" en el sentido que a esta expresión le da el art. 100 LCS. En esta medida no existe una dicotomía excluyente entre accidente y enfermedad, pues la lesión corporal causada por el accidente puede derivar en un proceso patológico temporal o permanente. Lo relevante es la causa eficiente que provoca dicho resultado, y si dicha causa puede o no subsumirse en el concepto legal de "accidente" (...)».

A la vista de lo anterior, cabe reseñar que el contrato de seguro de accidentes gira en torno al propio concepto de «accidente» que es necesario concretar.

El concepto de «accidente» y sus elementos definitorios

Para determinar el concepto de accidente como elemento esencial del tipo de seguro que estamos examinando hay que partir de lo previsto en el artículo 100 de la LCS, párrafo primero, conforme al cual:

> «Sin perjuicio de la delimitación del riesgo que las partes efectúen en el contrato, se entiende por accidente la **lesión corporal que deriva de una causa violenta súbita, externa y ajena a la intencionalidad del asegurado, que produzca invalidez temporal o permanente o muerte**».

El concepto de accidente ha sido ampliamente debatido por la doctrina, suscitándose controversias ya que las pólizas suelen incluir con frecuencia modificaciones, exclusiones, etc., que suponen una distorsión del concepto mismo. Ello responde al deseo de las aseguradoras de reducir y delimitar al máximo su responsabilidad.

La jurisprudencia (STS n.º 426/2020, de 15 de julio, ECLI:ES:TS:2020:2501) atendiendo al concepto legal señalado determina que «(...) para que se produzca el siniestro típico es necesario la **confluencia de una cadena o sucesión de hechos con relevancia jurídica**, íntimamente **conectados entre sí**, que la doctrina denomina "desgracia accidental", consistentes en la concurrencia de: (i) un **evento violento, súbito, externo e involuntario** (causa inicial, originadora o eficiente); (ii) que genere una **lesión corporal** (efecto de la causa inicial y causa secundaria del resultado final); (iii) que, a su vez, produzca **invalidez temporal, permanente o la muerte** (resultado final)».

Corresponde a continuación analizar los distintos elementos definitorios del concepto de accidente como base del seguro de accidentes.

‖ Evento violento, súbito, externo e involuntario

Atendiendo al concepto legal y a la jurisprudencia, la causa originadora del accidente ha de reunir las notas siguientes:

– **Evento violento y súbito**: significa esto que ha de operar con fuerza contra el cuerpo humano, ha de ser imprevisto y ha de operar con rapidez e intensidad sobre la persona que lo sufre. Esto exige, según la doctrina, que el daño haya sobrevenido de un modo súbito, momentáneo, inopinado y no como consecuencia de un estado permanente o de una reiteración de hechos.

– **Evento externo**: es decir, exterior al cuerpo de la víctima, de modo que no ha de proceder el hecho de un proceso patológico interno. La **STS n.° 426/2020, de 15 de julio, ECLI:ES:TS:2020:2501,** prevé que «La jurisprudencia es constante cuando exige que la lesión ha de tener su origen en una causa diversa a un padecimiento orgánico, de manera tal que no sea desencadenada, de forma exclusiva, o, fundamentalmente, por una enfermedad».

– **Evento involuntario**: ha de tratarse de una causa ajena a la intencionalidad del asegurado, lo que pone de manifiesto que se vincula dicho concepto a la ausencia de provocación por parte del que experimenta el daño.

‖ Lesión corporal

El accidente ha de desencadenar una lesión corporal que afecte a la integridad de una persona con eficacia lesiva directa. Entonces ¿qué se entiende por lesión corporal? Ha de entenderse toda la alteración de la integridad del cuerpo humano, tanto en el aspecto físico como en el psíquico.

‖ Consecuencia de muerte o invalidez, temporal o permanente.

Además de la lesión derivada del evento violento, súbito, externo e involuntario, es necesario para que se aprecie que concurre un accidente como tal que aquella cause la muerte o la invalidez temporal o permanente.

La **sentencia de la Audiencia Provincial de Granada n.° 377/2024, de 28 de junio, ECLI:ES:APGR:2024:1443,** con cita a la **STS n.° 39/1995, de 6 de febrero, ECLI:ES:TS:1995:550,** establece:

> «(...) el evento dañoso se refiera a un proceso integrado por diversas fases que, en tanto en cuanto no se completa su realización, no se da el siniestro y

así, para que la lesión pueda ser calificada como accidente, a efectos de su aseguramiento, ha de producir ya la invalidez, temporal o permanente, o la muerte del sujeto. Es decir, que no podrá hablarse de siniestro causante de indemnización si no se produce la invalidez o muerte, pero ello no implica que el momento que haya de tenerse en cuenta para determinar si el siniestro está excluido del deber de indemnizar por no haber precedido en treinta días a la fecha de la póliza, sea el de la muerte del asegurado, sino que ha de tenerse como tal aquél en que se produjo la causa determinante de la lesión corporal y en que dio comienzo el evento dañoso; dado el tiempo que normalmente transcurre entre el momento en que se produce la lesión y aquél en que puede entenderse consolidada la invalidez, temporal o definitiva, o se produce el resultado de muerte, otra interpretación conduciría a la inoperancia del plazo de carencia, salvo en aquellos supuestos en que la muerte se produjese inmediatamente al accidente».

CUESTIÓN

¿Es lo mismo accidente y lesión?

No, accidente y lesión son dos términos que no pueden confundirse. Si bien la lesión es la consecuencia de la concurrencia de una causa violenta, súbita, externa y ajena a la voluntad del asegurado, no es menos cierto que por sí sola no constituye un accidente ya que para ello debe producir la muerte o la invalidez temporal o permanente. En este sentido la **STS n.º 426/2020, de 15 de julio, ECLI:ES:TS:2020:2501**, determina:

«(...) De manera tal que, desde la perspectiva del seguro, no puede haber accidente sin la existencia de una lesión corporal; quedando también al margen de la cobertura las lesiones que no respondan a un evento causante que reúna los requisitos del art. 100 de la LCS. Es igualmente preciso que la lesión sufrida produzca la muerte, la invalidez temporal o permanente.

Sólo la concurrencia de todos estos factores determinará la obligación de la compañía de hacerse cargo del siniestro asegurado, por conformar conjuntamente los elementos constitutivos del accidente objeto de cobertura (...)».

A título de ejemplo, respecto del **concepto de accidente**, resulta interesante la **STS n.º 264/2015, de 11 de mayo, ECLI:ES:TS:2015:1737**. En ella se plantea el caso de una persona, el asegurado de su seguro de accidentes, que fallece mientras pernoctaba en el interior de la cabina del camión que conducía en el ejercicio de su profesión. La autopsia confirmó la causa natural de la muerte súbita, si bien los progenitores del asegurador formularon demanda contra la aseguradora reclamando la cantidad prevista en el contrato de seguro.

En primera instancia, se estimó la demanda por entender que el fallecimiento deriva de una situación de cansancio y estrés del asegurado que podría estar motivada por las condiciones laborales, si bien en segunda instancia se revoca la sentencia y se desestima la demanda centrando la cuestión en el concepto de accidente en relación con el caso y partiendo del artículo 100 de la LCS y de la prueba practicada en relación con el nexo de causalidad. Esta resolución motiva el recurso de casación planteado y que se centra en la interpretación del citado precepto en relación con el concepto de accidente.

En este sentido, la póliza del seguro de accidentes hacía referencia expresa a la indemnización para el caso de fallecimiento o invalidez, así recoge la sentencia:

«(...) Es una póliza de seguro de accidentes: así lo dice expresamente, para caso de fallecimiento o invalidez. Vigente al tiempo del suceso. El importe por el riesgo es: "fallecimiento accidental: 100.000 €" y añade:
"No tendrán la consideración de accidente los sucesos producidos como consecuencia de enfermedad, aunque el elemento que lo desencadene sea excepcional, ni las lesiones cuyo origen sea anterior a la entrada en vigor de la póliza, aunque las consecuencias se manifiesten posteriormente"».

Así pues, en relación con lo anterior y el concepto de accidente del artículo 100 de la LCS concluye el Alto Tribunal desestimando el recurso lo siguiente:

«El primero (apartado A) se refiere esencialmente al artículo 100 de la ley de contrato de seguro y su interpretación. Más que interpretación (...) se trata de la aplicación al caso concreto del concepto de accidente que da esta norma: **lesión corporal que deriva de una causa violenta súbita, externa y ajena a la intencionalidad del asegurado.** (...)
En éste no aparece causa externa alguna, se trata de una **muerte por causa natural, que no tiene relación de causalidad con el trabajo,** lo que ha declarado probado la sentencia de instancia y ha dicho explícitamente que la parte **demandante no ha probado que se produjera por la causa externa consistente en el estrés que produce su trabajo.**
No aparece, pues, infringido el artículo 100 de la ley de contrato de seguro ni tampoco los demás que citan de esta ley y del Código civil ya que se trata de preceptos generales que sólo podrían aplicarse en el caso de que se reconociera el carácter de accidente del siniestro, lo que niega como situación fáctica la sentencia recurrida. En este apartado se recoge un párrafo de ésta, pero obvia lo que sigue al mismo que es, precisamente, la negativa o falta de prueba de los presupuestos que permitan mantener la calificación de accidente».

Otro supuesto destacado con referencia a la jurisprudencia examinada se contempla en la **sentencia de la Audiencia Provincial de Madrid n.º 289/2024, de 17 de junio, ECLI:ES:APM:2024:9770.** En este caso se plantea la duda de si entra dentro del concepto de accidente el caso de contagio de enfermedades por el ejercicio de una profesión, así establece:

«En el supuesto de autos, la póliza de seguro de accidentes litigiosa define como accidente entre otros riesgos cubiertos como "las inoculaciones infecciosas o pinchazos que sufran los profesionales en el ejercicio de su profesión".
Aplicando los requisitos del "accidente", conforme a la jurisprudencia del Tribunal Supremo referida, es evidente, en primer lugar, que **no se puede hablar de evento intencionado,** lo que ni tan siquiera se sugiere por parte de la compañía aseguradora.
En segundo lugar, debemos analizar si estamos ante un evento externo, violento y súbito. En nuestro caso **el desencadenante del fallecimiento**

deriva de una acción exterior al sujeto, como es una infección por el COVID.

Conforme a la Real Academia de la Lengua Española, el término "inocular" se define con "transmisión de una enfermedad por lo general infecciosa", que es lo que aquí se produjo. La transmisión de una enfermedad no implica acción de ninguna persona o accidente (causa violenta súbita), sino que se produce por el mero contacto.

Estamos ante un seguro de accidentes que no cubre el fallecimiento por "enfermedades", que se excluyen expresamente en las cláusulas limitativas de la póliza (enfermedades de cualquier naturaleza) y el COVID es una enfermedad, tal y como la define la OMS (enfermedad causada por el coronavirus).

En este marco, el hecho de que un facultativo sufra un pinchazo, inoculación o inyección del germen de una enfermedad si reviste los caracteres de accidentalidad y violencia súbita, pero en nuestro caso, la transmisión del COVID 19 se realiza por contacto con pacientes o compañeros sanitarios y no tiene carácter accidental, ni puede considerarse, en los términos de la póliza como una "inoculación infecciosa".

(...)

Por último, la calificación de accidente de trabajo del contagio por COVID establecida en el Real Decreto Ley 6/2020 tiene efectos para la consideración como contingencia profesional y para otorgar las prestaciones correspondientes, pero no modifica ni altera el concepto de accidente de la L.C.S.».

Otras particularidades del seguro de accidentes

En cuanto al seguro de accidentes prevé el artículo 101 de la LCS la obligación del tomador de comunicar al asegurador la celebración de otro seguro de accidentes respecto de la misma persona, pero ¿qué sucede si incumple tal deber? En ese caso el incumplimiento dará lugar a una reclamación por los daños y perjuicios que originen, sin que el asegurador pueda deducir de la suma asegurada cantidad alguna por tal concepto.

Como hemos visto, el accidente ha de ser involuntario, pero si no es así, es decir, si el asegurado provoca el accidente ¿qué ocurrirá? En ese caso el asegurador se libera del cumplimiento de su obligación. Si es el beneficiario el que causa dolosamente el siniestro, la designación hecha a su favor será nula. ¿A quién corresponde la indemnización en este caso? Corresponderá al tomador o, en su caso, a los herederos de este (art. 102 de la LCS).

JURISPRUDENCIA

Sentencia del Tribunal Supremo n.º 659/2015, de 23 de noviembre, ECLI:ES:TS:2015:4892

Voluntariedad en la causación del accidente por parte del asegurado

«En suma existe doctrina que entiende como relevante la ausencia de la provocación voluntaria de la lesión, esto es, que la causa de la lesión ha de ser ajena al propósito o intención del asegurado.

*5. El Tribunal de instancia, con criterio metodológico acertado, **distingue entre el siniestro y su resultado**, para concluir que aquel consistió en un accidente sufrido de forma involuntaria - al tratar de salir por una ventana en el curso de un robo, se hizo un corte con la arista de unos azulejos en la zona pretibial de la pierna izquierda-, mientras que el resultado, consistente en su fallecimiento por schok hipovolémico, obedeció a su propia voluntad, por negarse libre y conscientemente a recibir asistencia médica que le hubiese liberado del fatal desenlace por cuanto murió desangrado. **Consecuencia de ello es que por propia decisión del asegurado se produjo una ruptura del nexo causal entre el accidente sufrido y el resultado final.***

*6. **Discrepa la Sala de tal valoración**, y de ahí que se estime el motivo, por las siguientes razones:*

(i) La sentencia de instancia incurre en el error patente al omitir toda referencia a las Diligencias de manifestaciones que contiene el atestado, que no puede olvidarse que se levanta en los primeros momentos de la aparición del cadáver, no siendo razonable que las vecinas que declaran estén inducidas por motivos espúreos;

(ii) Tanto doña Amanda como doña Elsa manifiestan cómo oyeron al varón pedir auxilio y quejarse, a la par que decía que estaba sangrando.

(iii) La propia brigada de policía insinúa la posible intervención de terceros que intentasen sacarlo de la chimenea, aunque sin conseguirlo, pues también consta lo laborioso que resultó su extracción.

(iv) Mucho más razonable y lógico que su voluntaria desidia a recibir asistencia sanitaria, es que el asegurado, con el perfil delincuencial que tenía, tras perpetrar el robo con fuerza en las cosas, abortase su consumación por razones que se ignoran, y que su única representación fuese huir para no ser detenido y tener que sufrir las consecuencias penales de su acción. En el curso de la huida sufre el accidente ya descrito, y teniendo en cuenta sus circunstancias personales, resulta más lógico deducir que se representase seguir con la cuida y, puesto a salvo, acudir a ser curado de su herida a algún ambulatorio o centro hospitalario, en vez de inferir que lo que se representase fuese fallecer desangrado y que así lo aceptase. Circunstancia esta última que no se compadece con su conducta de pedir auxilio al comprobar que su huida ya no era posible.

(v) No existe, por tanto desconexión y ruptura del nexo causal entre el accidente y el desgraciado resultado final, más propio del atolondrado pensamiento del sujeto que de la provocación voluntaria del mismo».

En caso de accidente ¿qué ocurre con los gastos de asistencia sanitaria? El artículo 103 de la LCS prevé al respecto que los gastos de asistencia sanitaria serán por cuenta del asegurador, si bien para ello es necesario que se haya establecido su cobertura expresamente en la póliza y que tal asistencia se haya efectuado en las condiciones previstas en el contrato. No obstante, estas condiciones **no podrán excluir las necesarias asistencias de carácter urgente**.

Finalmente, en cuanto a la **invalidez consecuencia de un accidente cabe preguntarse en qué momento debe determinarse el grado de la misma**. Al respecto hay que traer a colación el artículo 104 de la LCS, conforme al cual **se efectuará después de la prestación del certificado médico de incapacidad**.

Así pues, el asegurador notificará por escrito al asegurado la cuantía de la indemnización que le corresponde, de acuerdo con el grado de invalidez que deriva del certificado médico y de los baremos fijados en la póliza. Si el asegurado no acepta la proposición del asegurador en lo referente al grado de invalidez, las partes se someterán a la decisión de peritos médicos, conforme a lo dispuesto en el artículo 38 de la LCS.

JURISPRUDENCIA

Sentencia del Tribunal Supremo, rec. 200/1999, de 1 de febrero del 2000, ECLI:ES:TS:2000:646

Determinación del grado de invalidez como consecuencia del accidente

«(...) *desde la perspectiva mercantil,* los seguros se establecen como cobertura del riesgo de accidente, aunque el daño indemnizado se refiera a determinadas secuelas derivadas del mismo *(incapacidad temporal, incapacidad permanente o muerte). Esto queda claro en el artículo 100 de la Ley de Contrato de Seguro:* el riesgo asegurado es el accidente -la lesión corporal- que se manifiesta en unas secuelas de invalidez temporal o permanente y muerte. Estas secuelas ya no son el riesgo, sino los efectos de su actualización, *como se advierte en el artículo 104 de la citada Ley. Por ello, lo decisivo es que cuando ocurre un accidente la póliza que asegura este riesgo esté vigente. Si es así,* se aplicará la cobertura, aunque la determinación de la invalidez a partir de la presentación del certificado médico de incapacidad se haya producido con posterioridad y la póliza ya no esté vigente. *Lo importante es la relación de causalidad entre el accidente y sus secuelas; no la fecha en que se manifiesten éstas, ni mucho menos la de su constatación administrativa o médica. La cobertura se establece en función del riesgo asegurado, aunque proteja el daño indemnizable derivado de éste, que puede manifestarse con posterioridad al siniestro. Así lo afirma la jurisprudencia civil que distingue claramente entre el accidente, como riesgo asegurado, y el daño derivado del mismo: "la declaración de la invalidez, lejos de significar el hecho de la causación del daño o del siniestro, es meramente una formalidad administrativa determinante, entre otras, de las consecuencias económicas en diversos aspectos del accidente, pero en modo alguno puede identificarse con éste" (sentencia de la Sala Primera del Tribunal Supremo de 17 de junio de 1993 en el mismo; sentido sentencia de 6 de febrero de 1995).*

Otra solución sería además imposible de articular, pues conforme a los artículos 1 y 4 de la Ley de Contrato de Seguro el contrato de seguro es nulo, salvo en los casos previstos por la Ley, si en el momento de su conclusión no existía el riesgo o había ocurrido el siniestro. Lo que quiere decir que si el accidente se ha producido en una determinada fecha, no podrá asegurarse su cobertura con posterioridad a la misma, aunque una determinada secuela (la incapacidad permanente o la muerte) se manifieste o se constate administrativamente después. *Es cierto que en determinados supuestos puede existir un margen de aleatoriedad en la conversión de la lesión producida por el accidente en un efecto invalidante o en la muerte. Pero, aparte de que en la mayoría de los casos, esos efectos suelen ser previsibles de acuerdo con los estándares generales, se trata de un supuesto anormal que habría de pactarse así con el lógico incremento de la prima».*

2.2. Seguro contra daños

Al seguro contra daños se refiere el **título II de la LCS, artículos 25 a 79,** dentro de los cuales se distinguen nueve secciones, la primera de ellas relativa a unas disposiciones generales, artículos 25 a 44 de la LCS, y el resto relativas a los distintos tipos de seguros contra daños.

Seguro de incendios	Arts. 45 a 49 de la LCS
Seguro contra el robo	Arts. 50 a 53 de la LCS
Seguro de transportes terrestres	Arts. 54 a 62 de la LCS
Seguro de lucro cesante	Arts. 63 a 67 de la LCS
Seguro de caución	Art. 68 de la LCS
Seguro de crédito	Arts. 69 a 72 de la LCS
Seguro de responsabilidad	Arts. 73 a 76 de la LCS
Seguro de defensa jurídica	Arts. 76 a) a 76 g) de la LCS
Reaseguro	Arts. 77 a 79 de la LCS

A TENER EN CUENTA. El artículo 75 de la LCS que se encuentra dentro de la sección octava relativa al seguro de responsabilidad civil ha sido derogado por la **Ley 20/2015, de 14 de julio.** El artículo 76 e) de la LCS ha sido declarado inconstitucional por la sentencia del TC n.º 1/2018, de 11 de enero, ECLI:ES:TC:2018:1.

Además de los tipos de seguros contra daños que contempla la ley, existen otras modalidades como pueden ser los seguros combinados para el hogar, para actividades de comercio, empresariales, etc.

Características del seguro contra daños

En cuanto a su función jurídica, estos seguros tienen como nota común que **tienden al resarcimiento completo del daño que efectivamente ha sufrido el asegurado.** La estructura y funcionamiento de esta clase de contrato están dominados por el cálculo de la valoración del daño que efectivamente produce el siniestro, y su ideal es llegar a una total indemnización, aunque por razones de orden práctico se ha procurado tradicionalmente que esa cobertura no sea completa, sino que una parte de las consecuencias del daño sean sufridas directamente por el asegurado.

|| Interés asegurado y suma asegurada

La efectividad de la indemnización tiene como límite el valor real del daño, de forma que el asegurado no pueda obtener una situación patrimonial más favorable, es decir, **el seguro no puede ser objeto de enriquecimiento injusto para el asegurado.** Así, establece el artículo 26 de la LCS que, a los efectos de determinar el daño, se **atenderá al valor del interés asegurado en el momento inmediatamente anterior a la realización del siniestro.**

Aunque el interés es un elemento común a todas las clases de contrato de seguro, tiene singular relevancia en los seguros de indemnización efectiva, dado que el interés no solo es importante como presupuesto para la validez del contrato, sino también para el cálculo de la indemnización cuando se produce el siniestro.

El **artículo 25 de la LCS** se refiere a la necesidad, para que surja un contrato válido, de que **exista un interés del asegurado a la indemnización del daño** en el momento de la conclusión, no refiriéndose sin embargo el citado precepto a que exista una necesidad de que el interés subsista en el momento de la producción del daño.

En lo que respecta a la **suma asegurada** se puede decir que es el importe máximo del interés asegurado cubierto por el asegurador, o como establece el artículo 27 de la LCS «(...) representa el límite máximo de la indemnización a pagar por el asegurador en cada siniestro».

Dado que el interés se mide a través de la asignación de un valor al bien asegurado, este valor, que ha de ser calculado con relación al bien y a la naturaleza del interés, puede sufrir variaciones a lo largo del contrato, y de ahí que se distinga entre:

- **Valor inicial**: a la firma del contrato, valor asegurable.
- **Valor sucesivo**: en cualquier momento de la vida del contrato.
- **Valor final**: antes del siniestro.
- **Valor residual**: después del siniestro.

No obstante, lo previsto en el artículo 26 de la LCS, y con el fin de evitar las discusiones a la hora de liquidar el siniestro sobre la relación entre el valor del interés y la suma asegurada, prevé el artículo 28 de la LCS que **las partes, de común acuerdo, puedan fijar en la póliza, o con posterioridad a la celebración del contrato, el valor del interés asegurado** que habrá de tenerse en cuenta a la hora del cálculo de la indemnización.

Al respecto, es interesante la aclaración que se encuentra en la **sentencia del Tribunal Supremo n.º 376/2019, de 1 de julio, ECLI:ES:TS:2019:2181**, que dispone que el tenor dispositivo del artículo 28 de la LCS, comporta una excepción a lo previsto en el artículo 26 de la LCS, pues elimina la regla de que en la determinación del daño deba tenerse en cuenta el valor del interés asegurado en el momento inmediatamente anterior a la producción del siniestro, por lo que **lo relevante para el cálculo de la indemnización no será el valor final del interés asegurado, sino el que las partes asignaron o fijaron. Con lo que, si el daño o menoscabo del interés asegurado es total, no será preciso probar la cuantía del daño sufrido.**

¿Cuándo se entiende estimada la póliza? Cuando el asegurador y el asegurado hayan aceptado expresamente en ella el valor asignado al interés asegurado.

CUESTIÓN

Aceptado el valor asignado al interés asegurado por el asegurador y el asegurado ¿podrá el asegurador impugnar el valor estimado?

Sí, conforme al artículo 28, párrafo tercero, de la LCS podrá el asegurador impugnar el valor estimado en dos casos:

- Cuando su aceptación se haya prestado por violencia, intimidación o dolo.
- Cuando por error la estimación sea notablemente superior al valor real, correspondiente al momento del acaecimiento del siniestro, fijado pericialmente.

El hecho de que las partes puedan fijar el valor del interés asegurado en los términos anteriores simplifica y agiliza las operaciones de liquidación de los daños y la concreción de la indemnización a cargo de la entidad aseguradora. Así lo establece la **sentencia del Tribunal Supremo n.º 376/2019, de 1 de julio, ECLI:ES:TS:2019:2181**:

> «(...) Con arreglo a la denominada póliza estimada, las partes, de común acuerdo, fijan el valor del interés asegurado que habrá de ser tenido en cuenta para el cálculo de la indemnización, por lo que se simplifica y agiliza las operaciones de liquidación de los daños y la concreción de la indemnización a cargo de la entidad aseguradora. De esta forma, la póliza estimada, encuadrable en el tenor dispositivo del art. 28 LCS, comporta una excepción a lo previsto en el art. 26 LCS, pues elimina la regla de que en la determinación del daño deba tenerse en cuenta el valor del interés asegurado en el momento inmediatamente anterior a la producción del siniestro, por lo que lo relevante para el cálculo de la indemnización no será el valor final del interés asegurado, sino el que las partes asignaron o fijaron. Con lo que, si el daño o menoscabo del interés asegurado es total, no será preciso probar la cuantía del daño sufrido (entre otras, STS 1059/2007, de 18 de octubre; y STS 953/2006, de 9 de octubre).
>
> La interpretación del segundo párrafo del art. 28 LCS, fuera del supuesto en que la póliza contemple un pacto expreso de estimación, permite presumir el carácter estimado de la póliza cuando la asignación del valor del interés asegurado se realice de un modo específico y particularizado en el contenido de la póliza suscrita».

Asimismo, atendiendo a la relación entre la suma asegurada y el valor del interés, puede hablarse de:

a) **Seguro pleno o total**: cuando el valor del interés asegurado coincide con la suma asegurada. En este caso, cuando por pacto expreso las partes acuerden que la suma asegurada cubra totalmente el valor del interés durante la vigencia del contrato, la póliza deberá contener obligatoriamente los criterios y el procedimiento para adecuar la suma asegurada y las primas a las oscilaciones del valor de interés (art. 29 de la LCS).

b) **Infraseguro**: si la suma asegurada es inferior al valor del interés asegurado. A este supuesto se refiere el artículo 30 de la LCS conforme al cual cuando al tiempo de la producción del siniestro la suma asegurada sea inferior al valor del interés, el asegurador indemnizará el daño causado en la misma proporción en la que aquella cubre el interés asegurado. La aplicación de la regla anterior podrá ser excluida por las partes de común acuerdo en la póliza o con posterioridad a la celebración del contrato.

c) **Sobreseguro**: si la suma asegurada es superior al valor del interés. En el caso de que la **suma asegurada supere notablemente el valor del interés asegurado ¿qué sucederá?** Pues, según el artículo 31 de la LCS, cualquiera de las partes podrá exigir la reducción de la suma y de la prima, con obligación del asegurador de restituir el exceso de las primas percibidas. Producido el siniestro, la indemnización del asegurador se extenderá al daño efectivamente causado. En el sobreseguro si existe mala fe del asegurado, el contrato será ineficaz, si bien el asegurador de buena fe puede retener las primas vencidas y la del período en curso.

|| Pluralidad de contratos

Conforme al artículo 32 de la LCS, cuando en **dos o más contratos estipulados por el mismo tomador con distintos aseguradores se cubran los efectos que un mismo riesgo puede producir sobre el mismo interés y durante idéntico período de tiempo**, el tomador del seguro o el asegurado tendrán, salvo pacto en contrario, el deber de comunicar a cada asegurador los demás seguros que estipule. Si se omite la comunicación por dolo y en caso de sobreseguro se produjera el siniestro, los aseguradores no están obligados a pagar la indemnización.

¿Cómo ha de procederse en caso de siniestro? Una vez producido, el tomador del seguro o el asegurado deben comunicarlo a cada asegurador conforme a las normas generales del artículo 16 de la LCS y con indicación del nombre de los demás.

En los casos de varios aseguradores ¿cómo se hará el abono de la indemnización? Los aseguradores contribuirán al abono en proporción a la suma asegurada, no pudiendo exceder de la cuantía del daño. Dentro del límite anterior, puede el asegurado pedir a cada asegurador la indemnización debida, según el respectivo contrato. Pero ¿qué pasa si un asegurador paga más de lo que le corresponde? En este caso podrá repetir contra el resto de los aseguradores.

> **A TENER EN CUENTA.** Si el importe total de las sumas aseguradas superase notablemente el valor del interés se aplicará lo previsto en el artículo 31 de la LCS.

Por otro lado, el artículo 33 de la LCS se refiere al caso de que, mediante uno o varios contratos de seguros, relativos al mismo interés, riesgo y tiempo, se reparten cuotas determinadas entre varios aseguradores previo acuerdo entre ellos y el tomador. Pues bien, en este supuesto cada asegurador queda obligado, salvo pacto en contrario, a pagar la indemnización en proporción a la cuota respectiva. De la misma forma que en el artículo 32 de la LCS, el asegurador que paga más de lo que le corresponde puede repetir contra el resto.

> **CUESTIÓN**
>
> **¿Qué sucede cuando en el pacto de coaseguro existe un encargo a favor de uno o varios aseguradores para actuar en nombre del resto?**
>
> A este respecto se infiere del artículo 33 de la LCS que si en el pacto de coaseguro se contiene el encargo a favor de uno o varios aseguradores para suscribir los documentos contractuales o para pedir el cumplimiento del contrato o contratos al asegurado en nombre del resto de los aseguradores, se entenderá que durante toda la vigencia de la relación aseguradora los aseguradores delegados están legitimados para ejercitar todos los derechos y para recibir cuantas declaraciones y reclamaciones correspondan al asegurado.

‖ Transmisión del objeto asegurado

Si se transmite el objeto asegurado, el adquirente **se subroga** en el momento de la enajenación en los derechos y obligaciones que correspondían en el contrato de seguro **al anterior titular** (art. 34 de la LCS). ¿Existe alguna excepción? Sí, el caso de las pólizas nominativas para riesgos no obligatorios, existiendo en las condiciones generales pacto en contrario.

El asegurado tendrá obligación de comunicar por escrito al adquirente la existencia del contrato de seguro de la cosa transmitida y, una vez verificada la transmisión, deberá comunicarla por escrito al asegurador o a sus representantes en el plazo de 15 días. ¿A quién corresponderá el pago de las primas? El pago de las primas vencidas en el momento de la transmisión será responsabilidad, de forma solidaria, del adquirente y del anterior titular o, en caso de fallecimiento de este, de sus herederos.

Conocida la transmisión verificada, tendrá el asegurador **derecho a rescindir el contrato** en el plazo de los 15 días siguientes a dicho conocimiento (art. 35 de la LCS). Ejercitado el derecho anterior y notificado por escrito al adquirente, el asegurador queda obligado durante un mes desde la notificación, el cual deberá restituir la parte de prima que corresponda a períodos de seguro, por los que, como consecuencia de la rescisión, no haya soportado el riesgo.

¿Puede el adquirente de cosa asegurada rescindir el contrato? Sí, si lo comunica por escrito al asegurador en el plazo de 15 días contados desde que conoció la existencia del contrato, en cuyo caso el asegurador adquirirá el derecho a la prima correspondiente al período que hubiera comenzado a correr cuando se produce la rescisión.

Conforme al artículo 36 de la LCS quedan excluidas de la posibilidad de rescisión por transmisión del objeto asegurado las pólizas a la orden o al portador.

A TENER EN CUENTA. El artículo 37 de la LCS declara aplicables las normas anteriores —arts. 34 a 36 de la LCS— al caso de muerte del tomador del seguro o del asegurado y, declarado el concurso de uno de ellos, al caso de apertura de la fase de liquidación.

‖ Deber de comunicación (art. 38 de la LCS)

Producido el siniestro, en el plazo de 5 días desde la notificación del mismo, el asegurado o el tomador deberán comunicar por escrito al asegurador la relación de los objetos existentes al tiempo del siniestro, la de los salvados y la estimación de los daños. ¿A quién corresponde probar la preexistencia de los objetos? Al asegurado, si bien, el contenido de la póliza constituye una presunción a favor del asegurado cuando razonablemente no puedan aportarse pruebas más eficaces.

Se distinguen dos supuestos según exista o no acuerdo de las partes sobre el importe y la forma de la indemnización:

- **Hay acuerdo** cualquier que sea el momento del mismo, el asegurador debe pagar la suma convenida o realizar las operaciones necesarias para reemplazar el objeto asegurado si lo permite su naturaleza.

- **A falta de acuerdo**, en el plazo de 40 días para la declaración del siniestro (art. 18 de la LCS) cada parte designará un perito cuya aceptación debe constar por escrito.

> **CUESTIÓN**
>
> **¿Qué sucede si una de las partes no designa perito?**
>
> En este caso, la parte en cuestión tiene obligación de hacer la designación en los ocho días siguientes a la fecha en que sea requerida por la que hubiere designado el suyo, pues si no lo hace se entenderá que acepta el dictamen que emita el perito de la otra parte al que quedará vinculado.

Por lo que se refiere a la **actuación de los peritos** cabe señalar:

- En caso de que **lleguen a acuerdo este se reflejará en un acta conjunta** con el siguiente contenido:

  - Las causas del siniestro.

  - La valoración de los daños.

  - Las demás circunstancias que influyan en la determinación de la indemnización, atendiendo a la naturaleza del seguro.

  - La propuesta del importe líquido de la indemnización.

- Si **no llegan a acuerdo**, entonces, ambas partes designarán un **tercer perito de conformidad** y, en su defecto, podrá promoverse expediente conforme a la Ley de Jurisdicción Voluntaria o la legislación notarial. El plazo para emitir el dictamen pericial será, en este caso, el fijado por las partes o, en su defecto, el de 30 días desde la aceptación del nombramiento por el perito tercero.

El dictamen de peritos, por unanimidad o por mayoría, se notificará a las partes inmediata e indubitadamente, siendo vinculante salvo que se impugne judicialmente por alguna de las partes. ¿Cuál es el plazo para impugnarlo? Computado desde la fecha de la notificación, será:

- Un plazo de 30 días para el asegurador.

- Un plazo de 180 días para el asegurado.

Si no se impugna en plazo, el dictamen pericial deviene inatacable. La obligación del asegurador se concreta, en caso de impugnación, en abonar el importe mínimo del artículo 18 de la LCS y, a falta de impugnación, en abonar el importe de la indemnización señalado por los peritos en un plazo de 5 días.

Concluye el artículo 38 de la LCS que:

> «En el supuesto de que por demora del asegurador en el pago del importe de la indemnización devenida inatacable el asegurado se viere obligado a reclamarlo judicialmente, la indemnización correspondiente se verá incrementada con el interés previsto en el artículo veinte, que, en este caso, empezará a devengarse desde que la valoración devino inatacable para el asegurador y, en todo caso, con el importe de los gastos originados al asegurado por el proceso, a cuya indemnización hará expresa condena la sentencia, cualquiera que fuere el procedimiento judicial aplicable».

CUESTIÓN

¿A quién corresponde satisfacer los honorarios de los peritos?

Conforme al artículo 39 de la LCS, cada parte satisfará los honorarios de su perito, en caso del perito tercero y los demás gastos originados por la tasación pericial serán de cuenta y cargo por mitad del asegurado y del asegurador. Cuando cualquiera de las partes hubiera hecho necesaria la peritación por haber mantenido una valoración del daño manifiestamente desproporcionada, será ella la única responsable de esos gastos.

Así, el **alcance y la naturaleza del procedimiento extrajudicial contemplado en el artículo 38 de la LCS,** es la de facilitar una liquidación del siniestro lo más rápida posible cuando las partes, asegurada y aseguradora. discrepen en la cuantificación económica de los daños derivados del mismo, articulando, en función de dicha finalidad, un procedimiento imperativo para los litigantes, si bien dicho rasgo de imperatividad desaparece cuando la discrepancia no se centre únicamente en la cuantificación, como sucede en los casos en que el asegurador discrepa respecto del fondo de la reclamación, por cuestionar la existencia misma del siniestro, su cobertura por la póliza de seguro, u otras circunstancias que pudieron influir en su causación o en el resultado (STS n.º 536/2016, de 14 de septiembre, ECLI:ES:TS:2016:4056).

‖ Supuesto especial de hipoteca, prenda o privilegio

El **artículo 40 de la LCS** extiende el derecho de los acreedores hipotecarios, pignoraticios o privilegiados sobre bienes especialmente afectos a las indemnizaciones que corresponden al propietario por razón de los bienes afectos de hipoteca, prenda o privilegio, pero ¿cuándo se produce tal extensión? En los casos en que el siniestro acaeciere después de la constitución de la garantía real o del nacimiento del privilegio. A los efectos anteriores, el tomador del seguro o el asegurado tienen el deber de comunicar al asegurador la constitución de la hipoteca, prenda o privilegio cuando conozcan su existencia.

¿Cómo ha de proceder el asegurador en estos casos? Pues cuando se le notifique la existencia de los citados derechos, el asegurador no podrá pagar la indemnización debida sin consentimiento del titular del derecho real o del privilegio. Si existe contienda entre los interesados o la indemnización ha de hacerse efectiva antes del vencimiento de la obligación garantizada, se depositará su importe conforme a lo convenido por los interesados, y, en su defecto, conforme a los artículos 1176 del CC y siguientes. Pagada la indemnización por el asegurador, una vez transcurridos 3 meses desde la notificación del siniestro a los acreedores sin que se hayan presentado, quedará liberado de su obligación.

No podrá oponerse al acreedor hipotecario, pignoraticio o privilegiado la extinción del contrato de seguro hasta que haya pasado un mes desde que se le comunicó el hecho determinante de la extinción (art. 41 de la LCS). Los referidos acreedores podrán pagar la prima impagada por el tomador del seguro o por el asegurado, aun cuando estos se opongan, a cuyo efecto, el asegurador deberá notificarles el impago en que ha incurrido el asegurado.

Para el caso específico de que la indemnización haya de emplearse para reconstruir las cosas siniestradas, prevé el artículo 42 de la LCS que el asegurador no pagará la indemnización si el asegurado y los acreedores referidos no llegan a un acuerdo sobre las garantías con las que aquellas han de quedar afectadas a la reconstrucción. A falta de acuerdo se procederá a depositar la indemnización en la forma ya vista.

‖ Derecho de subrogación del asegurador (art. 43 de la LCS)

Pagada la indemnización, el asegurador podrá ejercitar los derechos y las acciones que por el siniestro correspondieran al asegurado frente a las personas responsables del mismo hasta el límite de la indemnización, si bien no podrá ejercitar en perjuicio de aquel los derechos en que se haya subrogado.

El asegurado será responsable de los perjuicios que, con sus actos u omisiones, pueda causar al asegurador en su derecho a subrogarse.

En cuanto al **concepto** de la acción subrogatoria en este ámbito el **auto del Tribunal Supremo, rec. 35/2023, de 30 de mayo, ECLI:ES:TS:2023:7510A**, la define como «(...) la acción de repetición ejercitada por sociedad aseguradora por las cantidades abonadas (...)». En la misma línea, respecto de su **naturaleza jurídica**, el Tribunal Supremo, en su **sentencia n.º 699/2013, de 19 de noviembre, ECLI:ES:TS:2013:6633**, señala:

> «(...) Aunque se sostiene por algunos que la subrogación constituye una cesión de créditos, o un supuesto atípico de sucesión en el crédito del asegurado frente al tercero responsable, o un supuesto particular de subrogación por pago, es lo cierto que el art. 43 LCS establece una subrogación legal —aunque no se produzca automáticamente—. Como destaca la doctrina, mientras la cesión es el cauce para realizar el interés de la circulación del crédito, la subrogación atiende a la satisfacción de un interés subrogado para recuperar, por vía de regreso, un desembolso patrimonial efectuado por el asegurador».

La acción subrogatoria en materia de seguros viene **justificada** jurisprudencialmente (STS n.º 148/2021, de 16 de marzo, ECLI:ES:TS:2021:974, con cita a la STS n.º 699/2013, de 19 de noviembre, ECLI:ES:TS:2013:6633) por las razones siguientes:

- Evitar que el asegurado que, como consecuencia del siniestro, tiene una doble vía de resarcimiento del daño —contra el asegurador y contra el causante del daño—, pueda enriquecerse ejercitando ambos derechos.

- Impedir que el tercero responsable se vea libre de su obligación de resarcir el daño por la protección que obtiene el asegurado por el contrato de seguro.

- Asimismo, supone un beneficio para el asegurador ya que obtiene unos recursos que favorecen una mejor explotación del negocio, pero también para el asegurado ya que no verá incrementada la prima que, en caso de insolvencia del responsable del daño, debiera soportar.

Las citadas sentencias señalan, además, los **presupuestos normativos que condicionan el ejercicio exitoso de la acción subrogatoria**, cuales son:

- Que el asegurador haya cumplido la obligación de satisfacer al asegurado la indemnización dentro de la cobertura prevista en el contrato.
- Que exista un crédito de resarcimiento del asegurado frente al tercero causante del daño, de manera que cuando no existe deuda resarcitoria por parte de un tercero no opera la subrogación.
- La voluntad del asegurador de subrogarse, como una potestad que puede hacer valer o no según le convenga.

¿Existe alguna excepción del derecho de subrogación del asegurador? Sí, ya que no tendrá el citado derecho, conforme al párrafo tercero del artículo 43 de la LCS:

- Contra ninguna de las personas cuyos actos u omisiones den origen a responsabilidad del asegurado conforme a la ley.
- Contra el causante del siniestro que sea, respecto del asegurado, pariente en línea directa o colateral dentro del tercer grado civil de consanguinidad, progenitor adoptante o hijo adoptivo que convivan con el asegurado.

La norma anterior no tiene efecto si la responsabilidad proviene de dolo o si la responsabilidad está amparada mediante un contrato de seguro. En este último caso, la subrogación estará limitada en su alcance conforme a los términos del contrato.

¿Qué sucede si concurren asegurador y asegurado frente a tercero responsable? En este supuesto, el recobro obtenido se repartirá entre ambos en proporción a su respectivo interés.

Para terminar el artículo 44 de la LCS prevé:

> «**El asegurador no cubre los daños por hechos derivados de conflictos armados**, haya precedido o no declaración oficial de guerra, ni los derivados de riesgos extraordinarios sobre las personas y los bienes, salvo pacto en contrario.
>
> No será de aplicación a los contratos de seguros por grandes riesgos, tal como se delimitan en esta Ley, el mandato contenido en el artículo 2 de la misma».

A TENER EN CUENTA. La exclusión de la aplicación del artículo 2 de la LCS, de modo que los seguros por grandes riesgos no están sometidos al régimen imperativo que aquel contempla, supone una mayor libertad de contratación en estos casos con preferencia en la aplicación del principio de la autonomía de la voluntad y con una gran capacidad negociadora a la hora de fijar los términos del contrato (STS n.º 545/2020, de 20 de octubre, ECLI:ES:TS:2020:3492).

2.2.1. Seguro de incendios

El seguro de incendios regulado en la **sección segunda, título II, artículos 45 a 49 de la LCS**, se define como aquel por el cual el **asegurador se obliga,** dentro de los límites fijados en la ley y en el contrato, **a indemnizar los daños producidos por incendio en el objeto asegurado.**

CUESTIÓN

¿Qué se entiende por incendio?

Conforme al artículo 45 de la LCS, párrafo segundo, se entiende por incendio la combustión y el abrasamiento con llama, capaz de propagarse, de un objeto u objetos que no estaban destinados a ser quemados en el lugar y momento en que se produce.

¿Cuál es la cobertura del seguro de incendios? La respuesta se encuentra en el artículo 46 de la LCS, de forma que la cobertura del seguro ha de extenderse a los **objetos descritos en la póliza.** Tratándose de un seguro sobre mobiliario, deberá incluir los daños producidos por el incendio en las cosas de uso ordinario o común del asegurado, de sus familiares, dependientes y de las personas que con él convivan.

RESOLUCIÓN RELEVANTE

Sentencia del Tribunal Supremo n.º 1203/2006, de 24 de noviembre, ECLI:ES:TS:2006:7276

Determinación del objeto asegurado en seguro de incendios

«El artículo 46 de la Ley de Contrato de Seguro sobre objetos asegurados en el seguro de incendios dispone que la cobertura del seguro se extenderá a los objetos descritos en la póliza. Si se tratare de seguro inmobiliario, la cobertura incluirá los daños producidos por el incendio en las cosas de uso ordinario o común del asegurado, de sus familiares, dependientes y de las personas que con él conviven. De acuerdo con lo preceptuado es necesario que se enumeren las cosas muebles que van a ser objeto de cobertura. Sin embargo, este principio viene matizado por los restantes párrafos del artículo, ya que la propia práctica aseguradora tratándose de bienes muebles en el sentido del artículo 335 del Código Civil no exige una delimitación tan rigurosa como al asegurar los bienes inmuebles, salvo que se trate de bienes muebles de considerable valor o de clara identificación. La Ley de Contrato de Seguro dicta una regla interpretativa de bienes muebles asegurados, cuando la cobertura aseguratíva contra el incendio se extienda al conjunto de cosas muebles, que se delimita bajo la noción de mobiliario. El precepto en cuestión dice: "cuando el seguro recae sobre un conjunto de cosas se extiende a las que pertenecen a la familia del asegurado o a su servidumbre, siempre que las personas interesadas vivan bajo un mismo techo con él o ejerzan su profesión en el lugar en donde ha de tener lugar el contrato"; el seguro es entonces considerado como un seguro por cuenta ajena. Ahora bien, desde la perspectiva de la practica aseguradora posterior a la Ley de Contrato de Seguro y en relación con las tarifas existentes en el mercado, se suele distinguir entre mobiliario personal e industrial. El mobiliario comercial o industrial comprende el "conjunto de bienes muebles o enseres profesionales, de oficina, comercio o industria, maquinaria e instalaciones, utillajes, herramientas de trabajo que sean propios de la profesión o actividad del asegurado, siempre que se hallen dentro del establecimiento o locales descritos en la póliza".

La sentencia recurrida ha entendido razonablemente que la concreta descripción de la maquinaria asegurada, reducida a los cinco tractores de referencia, no puede determinar que la extensión del seguro alcance a maquinaria distinta a dichos tractores con sus accesorios, pues para tal extensión debería haber figurado en la póliza la relación de esta distinta maquinaria con su valoración. Por lo que no

> *se trata de una aplicación de lo previsto en el artículo 1288 del Código Civil, cuando establece que la interpretación de las cláusulas oscuras de un contrato no deberá favorecer a la parte que hubiese ocasionado la oscuridad. La regla que contiene este precepto no es rígida ni absoluta y para su aplicación ha de tenerse en cuenta las circunstancias especiales de cada contrato y si de los términos del mismo cabe deducir conclusiones suficientes que disipen la posible oscuridad que presenten, de esta manera resulta relegado el precepto (Sentencia de 17 de Octubre de 1998). (Sentencia del Tribunal Supremo de 23 de Enero de 2003). La sentencia del Tribunal Supremo de 15 de Diciembre de 1992 declara que aunque fuera un contrato de adhesión (que no lo es), la aplicación del artículo 1288 del Código Civil (en cuanto determinante de una interpretación "contra proferentem") sólo sería viable si la cláusula denunciada fuera oscura, de difícil comprensión, o de equívoco sentido, supuestos que no se dan en el caso que nos ocupa, pues la clara redacción, fácil comprensión y unívoco sentido de la referida cláusula no pueden ser más evidentes».*

Como **excepción a la cobertura del seguro** y salvo pacto expreso en contrario, no comprenderá aquella los daños que cause el incendio en los valores mobiliarios públicos o privados, efectos de comercio, billetes de banco, piedras y metales preciosos, objetos artísticos o cualesquiera otros objetos de valor que se hallaren en el objeto asegurado, aun cuando se pruebe su preexistencia y su destrucción o deterioro por el siniestro.

CUESTIÓN

¿Cuál es el efecto de la destrucción o deterioro de los objetos asegurados fuera del lugar descrito en la póliza?

En estos casos, la destrucción o pérdida excluirá la indemnización del asegurador, salvo que el traslado o cambio de los objetos asegurados hubiera sido previamente comunicado por escrito al asegurador y este no hubiera manifestado su disconformidad en el plazo de 15 días (art. 47 de la LCS).

¿En qué casos surge para el asegurador la obligación de indemnizar los daños derivados de un incendio? Conforme al artículo 48 de la LCS, surgirá en aquellos supuestos en que el incendio se origine por caso fortuito, por malquerencia de extraños, por negligencia propia o de las personas de quienes se responda civilmente. Quedará **excluida de su obligación la indemnización** de los daños provocados por el **incendio** cuando el mismo **se origine por dolo o culpa grave del asegurado.**

JURISPRUDENCIA

Sentencia del Tribunal Supremo n.º 812/2011, de 18 de noviembre, ECLI:ES:TS:2011:7747

Seguro de incendios. La exoneración prevista en el párrafo segundo del art. 48 requerirá de una prueba sólida del origen del incendio, de su relación causal con la conducta del asegurado y del dolo o culpa grave de este en tal conducta.

«(...) el propio art. 48 LCS que se cita como infringido solo exime al asegurado de su obligación de indemnizar los daños cuando el incendio "se origine por dolo o culpa grave del asegurado", lo que exige probar no solo el dolo o la culpa grave del asegurado sino también su relación causal con el origen del incendio, incumbiendo al asegurador, según la doctrina científica y la jurisprudencia, la carga de esta prueba. Como declaró la Sentencia de 12 de marzo de 2001 (rec. 569/96), [s]i no consta probado que el incendio haya sido provocado, directa ni indirectamente, por el

asegurado no se da el supuesto contemplado en la norma cuya infracción se denuncia, y huelga discurrir acerca del dolo o culpa grave del asegurado y del nexo causal". Por su parte la Sentencia de 4 de mayo de 2007 (rec. 2517/00) admitió la prueba de presunciones para deducir la concurrencia de dolo en el asegurado, pero no "el hecho generador del incendio objetivamente considerado". Por tanto no cabe, como en realidad se hace en el motivo, llegar al hecho causante del incendio a partir de la negligencia de la asegurada o sus empleados, sino que primero es preciso identificar ese hecho y, una vez identificado, comprobar si se debió a dolo o culpa grave del asegurado.

De ahí que, indicadas en los informes policiales meras hipótesis y no siendo inherente a todas ellas la culpa grave de la demandante como causa del origen del incendio, ya que en el caso de malquerencia de extraños tampoco constaría cómo accedieron a las instalaciones, no quepa la exoneración pretendida en el motivo, y menos aún si se tiene en cuenta que el párrafo primero del art. 48 LCS obliga al asegurador a indemnizar los daños producidos por el incendio cuando este se origine por malquerencia de extraños, por negligencia propia del asegurado o de las personas de quienes este responda civilmente. En suma, siendo regla general que el asegurador responde incluso en los casos de incendio originado por negligencia propia del asegurado o de las personas de quienes este responde civilmente, la exoneración prevista en el párrafo segundo del art. 48 requerirá de una prueba sólida del origen del incendio, de su relación causal con la conducta del asegurado y del dolo o culpa grave de este en tal conducta, requisitos incompatibles con la incertidumbre sobre el propio origen del incendio».

RESOLUCIÓN RELEVANTE

Sentencia de la Audiencia Provincial de Ciudad Real n.º 288/2022, de 25 de mayo, ECLI:ES:APCR:2022:894

Incendio de un vehículo provocado por un tercero que no es el asegurado. Carga de la prueba

«En el supuesto, han sido las inferencias del perito D. Gonzalo, cuyo dictamen no se sometió a contradicción en el plenario, pues no acudió personalmente a la vista oral, y, que, por demás, se ponen de manifiesto al margen de lo que es objeto de su pericia, las que han llevado a la Juez sentenciadora a concluir que "... no ha quedado acreditado que el vehículo fuera incendiado sin que exista mala fe del asegurado, por lo que no cabe apreciar en este procedimiento la responsabilidad de la compañía aseguradora". La dicha inferencia del perito, en un exceso de lo que es propio de su conocimiento técnico (responde a una interpretación de una conversación mantenida con quien ni tan siquiera ha venido al plenario), tampoco tiene correspondencia con prueba alguna desarrollada en el plenario, más al contrario se enfrenta de plano con unas diligencias previas en su día archivadas por falta de autor conocido (D.P. 655/16 seguidas en el número 2 de los de Puertollano). Por si esto no fuera suficiente, el argumento contenido en la sentencia subvierte la carga probatoria, determinando que la sospecha/hipótesis de un perito sobre materia ajena a su dictamen, sea suficiente para dar cabida al art. 48 LCS, por no acreditar el actor que está libre de dolo o culpa grave. El actor ha acreditado la vigencia de la póliza, el incendio determinante del daño que la cubre, y el importe concreto del daño del vehículo que reclama, que, excluidos los restos, asciende a la suma de 5.310 € (informe de tasación, ac 9 del expediente digital). Y es la compañía demandada la que, para eximirse del pago, debe acreditar, como se apuntó, de forma entera y cumplida, que ha mediado dolo o culpa grave del asegurado; es decir, no ya que el incendio fuera provocado, sino que lo fuera por dolo o culpa grave del actor; el Tribunal Supremo en la sentencia 812/2011, de 18 de noviembre, citada por la sentencia 492/2012, de 17 de julio, sobre la interpretación de la culpa grave del asegurado, como la exención de responsabilidad de la aseguradora con base en el art 48 de la ley de Contrato de Seguro razona que " exige

> *probar no solo el dolo o la culpa grave del asegurado sino también su relación causal con el origen del incendio, incumbiendo al asegurador, según la doctrina científica y la jurisprudencia, la carga de esta prueba"..."... es preciso identificar ese hecho y, una vez identificado, comprobar si se debió a dolo o culpa grave del asegurado".*
>
> *Y el acervo probatorio no permite concluir ni dolo ni culpa grave en Carmelo. Como argumenta sobre este elemento la Sala de lo Civil del Tribunal Supremo, definida en el art. 1104 del Código Civil, la culpa o negligencia del deudor como "la omisión de aquella diligencia que exija la naturaleza de la obligación y corresponda a las circunstancias de las personas, del tiempo y del lugar", en este artículo se está haciendo referencia a la culpa en el aspecto de falta de diligencia y previsión y su exoneración se produce cuando los sucesos no hubiesen podido preverse, lo que, en dimensión de responsabilidad, requería la ausencia de todo resquicio a esta imprevisibilidad. Así pues, a la vista de los artículos 1104 y 1.902 del Código civil, el núcleo de la culpa reside en una omisión de las previsiones a adoptar por si se produjesen determinados eventos según el desarrollo de la acción que los puede originar, siendo la previsibilidad del resultado el presupuesto lógico de la evitabilidad del mismo ya que, fuera de los casos expresamente mencionados en la ley, y de los que así lo declare la obligación, nadie responderá de aquellos sucesos que no hubieran podido preverse, o que, previstos, fueran inevitables (artículo 1105 del Código Civil)*
>
> *Tan nuclear y esencial extremo es el que no prueba el demandado, pues la sospecha sin mayor justificación ni llena el dolo ni la culpa grave, ni, terminando, tiene el efecto pretendido. La consecuencia es que no puede eximirse de su obligación la aseguradora, y por ende, implica la estimación del recurso, y con ello de la demanda, lo que se traduce en la condena al demandado apelado a abonar al actor los daños acreditados por suma de 5.310 €, más los intereses del art. 20 LCS, como pide».*

En cuanto al **contenido de la indemnización** por parte del asegurador, el artículo 49 de la LCS hace referencia a todos aquellos daños y pérdidas materiales que hayan sido causados por la acción directa del fuego, así como a los producidos por las consecuencias inevitables del incendio. En particular comprenderá:

- Los daños que ocasionen las medidas necesarias adoptadas por la autoridad o el asegurado para impedir, cortar o extinguir el incendio, con exclusión de los gastos que ocasione la aplicación de tales medidas, salvo pacto en contrario.

- Los gastos que ocasione al asegurado el transporte de los efectos asegurados o cualesquiera otras medidas adoptadas con el fin de salvarlos del incendio.

- Los menoscabos que sufran los objetos salvados por las circunstancias anteriores.

- El valor de los objetos desaparecidos, siempre que el asegurado acredite su preexistencia y salvo que el asegurador pruebe que fueron robados o hurtados.

- Así como cualesquiera otros que se consignen en la póliza.

2.2.2. Seguro de robo

Regulado en la **sección tercera, título II, artículos 50 a 53 de la LCS**, el seguro contra robo es aquel por el que **el asegurador se obliga**, dentro de los límites previstos en la ley y en el contrato, **a indemnizar los daños derivados de la sustracción ilegítima por parte de terceros de las cosas aseguradas.** Su cobertura comprende el daño causado por la comisión del delito en cualquiera de sus formas.

El **contenido de la indemnización**, conforme al artículo 51 de la LCS, ha de referirse obligatoriamente a:

- El valor del interés asegurado cuando el objeto asegurado, efectivamente sea sustraído y no fuera hallado en el plazo señalado en el contrato.
- El daño que la comisión del delito, en cualquiera de sus formas, causare en el objeto asegurado.

¿Existe algún caso en que el asegurador no esté obligado a reparar los daños del siniestro? **Sí**, salvo pacto en contrato, no tendrá dicha obligación cuando el siniestro se haya producido por alguna de las causas siguientes (art. 52 de la LCS):

- Por negligencia grave del asegurado, del tomador del seguro o de las personas que de ellos dependan o con ellos convivan.
- Cuando el objeto asegurado sea sustraído fuera del lugar descrito en la póliza o con ocasión de su transporte, a no ser que una u otras circunstancias hubieran sido expresamente consentidas por el asegurador.
- Cuando la sustracción se produzca con ocasión de siniestros derivados de riesgos extraordinarios.

Es interesante al respecto del artículo 52 de la LCS, el caso analizado en la **sentencia del Tribunal Supremo n.º 423/2024, de 1 de abril, ECLI:ES:TS:2024:1774**, donde se produce un atraco en una joyería. En el momento del robo en la tienda se encontraba la empleada del negocio que también participó en el atraco. El seguro suscrito por la joyería contenía una cláusula limitativa referida a «infidelidad de los empleados».

Así, el TS entiende que el contenido del referido artículo 52 de la LCS, supone que, aunque cabe pactar otra cosa, en principio, forma parte del contenido natural del seguro de robo que quede fuera de la cobertura del siniestro el robo producido «por negligencia grave del asegurado, del tomador del seguro o de las personas que de ellos dependan o con ellos convivan». Por lo tanto, **en el caso de un seguro que pretenda cubrir el robo en un establecimiento, debe entenderse que esta exclusión legal, salvo pacto en contrario, afecta a los dependientes de la tienda o local.** De tal forma que, si la ley entiende que, salvo pacto en contrario, el robo propiciado por negligencia del asegurado o sus dependientes queda fuera de la cobertura del seguro, con mayor razón lo está el robo que se realiza con la participación de un empleado del local, en este sentido reza el TS:

> «Siendo este el contenido natural del contrato de seguro de robo, una cláusula que no garantiza los daños que resulten de "la infidelidad de los empleados al servicio del Asegurado", no merece la calificación limitativa de derechos, sino que más bien delimita el riesgo cubierto en línea con lo que cabía esperar de un seguro de robo a la vista de su regulación legal».

Cuando se haya producido y comunicado debidamente el siniestro al asegurador, cabe hacer referencia a **dos supuestos** (art. 53 de la LCS):

- **El objeto asegurado se recupera antes del plazo previsto en la póliza**: debe recibirlo el asegurado salvo que se le haya reconocido expresamente en la póliza la facultad de su abandono al asegurador.

- **El objeto asegurado se recupera una vez transcurrido el plazo pactado**: pagada la indemnización, el asegurado podrá retener esta, abandonando al asegurador la propiedad del objeto asegurado, o bien readquirirlo, restituyendo la indemnización percibida por la cosa o cosas restituidas.

RESOLUCIONES RELEVANTES

Sentencia del Tribunal Supremo n.º 112/2022, de 15 de febrero, ECLI:ES:TS:2022:568

Seguro de robo. Existencia de un procedimiento penal en curso no impide que la compañía de seguros abone la indemnización.

«Es cierto, que la existencia de un procedimiento penal en curso no impedía a la compañía de seguros hacerse cargo del siniestro, indemnizando el daño causado en virtud del seguro de robo suscrito (arts. 1 y 50 de la LCS), con personamiento en el proceso penal para ejercitar la acción subrogatoria del art. 43LCS. Ahora bien, la compañía, una vez que se le comunica la existencia del siniestro y tras realizar las comprobaciones oportunas, niega hacer honor al compromiso asumido, al considerar que no existió tal ilícito criminal. Conforme al art. 51 de la LCS, la indemnización del asegurador comprenderá "[...] el valor del interés asegurado cuando el objeto asegurado, efectivamente sea sustraído y no fuera hallado en el plazo señalado en el contrato".

La negativa de la compañía de seguros genera el derecho, que corresponde a la demandante, para exigir el cumplimiento de las obligaciones asumidas por la aseguradora, mediante el ejercicio de la correspondiente actio ex contracto (acción nacida del contrato), conforme a los arts. 1, 50 y siguientes de la LCS. En el contexto expuesto, la existencia o no de un robo conforma elemento determinante de la prosperabilidad de la pretensión civil resarcitoria de la asegurada contra su compañía, el cual constituía, a su vez, el objeto de un proceso penal que se encontraba en trámite.

El plazo de prescripción se inicia, conforme una reiterada jurisprudencia, desde que la acción se puede ejercitar y el demandante cuente con los elementos fácticos y jurídicos idóneos para fundar una situación de aptitud plena para litigar. Como dijimos en la sentencia 708/2016, de 25 de noviembre, es por ello que se haya de indagar sobre las circunstancias singulares del caso concreto, para determinar qué se reclama y cuando disponía el actor dichos elementos; pero resulta, en este caso, que el procedimiento criminal se había promovido mediante la correspondiente denuncia que, conforme el art. 114 de la LECR, impedía a la actora formular un proceso civil sobre los mismos hechos, ya que ambos, tanto el procedimiento civil como el penal, versaban sobre la existencia o no de un delito de robo.

Sería un verdadero desatino que, en el proceso criminal, se acreditara la comisión de un ilícito de tal clase, con condena incluso de su autor; y, sin embargo, se declarase, en el proceso civil, que la compañía no debía hacerse cargo del siniestro, porque el referido ilícito contra el patrimonio no existió, por haber sido intencionadamente simulado (art. 19 de la LCS)».

Sentencia de la Audiencia Provincial de Las Palmas n.º 467/2013, de 16 de diciembre, ECLI:ES:APGC:2013:2980T

Tanto el robo como la sustracción debe quedar comprendido en el ámbito de la cobertura del seguro de robo, aunque no exista sentencia penal condenatoria.

«Es necesario recordar que la ""Sustracción", pues, "nomen" genérico que, sin duda, abarcará tanto el robo como el hurto del móvil asegurado, porque, comprende todo apoderamiento posesorio del mismo en contra o al margen de la voluntad de su legítimo titular. Se decía, entre otras, en Sentencia de 10 de mayo de 1989: "....debiendo interpretarse los conceptos de robo y hurto no en el sentido técnico-jurídico con el que aparecen definidos en la legislación penal., sino más bien en un concepto más amplio y más vulgar o normal, que bien puede ser el de "sustracción o apoderamiento ilegítimo" que señala el C. de c.", Sentencia de la Sala Primera del Tribunal Supremo del 22-5-2003, nº 473/2003, rec. 2725/1997. "Para una correcta consecución de los fines que persigue el contrato de seguro y para el evento de un siniestro, es preciso, además de la constatación del mismo, la determinación de la preexistencia de los objetos afectados por él, y así se determina, respectivamente, en los artículos 18 -existencia del siniestro- y en los artículos 26 y 38 -constatación de los objetos afectados y su valoración-; todos ellos de la Ley de Contrato de Seguro. [...] en relación a la preexistencia de los objetos hay que decir que la misma ha de lograrse a través del principio general hermenéutico que establece el artículo 1.214 del Código Civil, o sea llegar a una valoración lógica sobre la existencia de los concretos objetos, que según dice la parte recurrente han sido afectados por el siniestro... Además, y a tenor de doctrina jurisprudencial consolidada, es preciso destacar que dicho precepto - artículo 1.214 del Código Civil - por su carácter genérico relativo al "onus probandi" no es apto para amparar un recurso de casación, y ya se ha dicho que tal precepto impregna en el área del seguro del mencionado artículo 38 de la Ley de Seguro ", Sentencia de la Sala Primera del Tribunal Supremo de 20-12-2002, nº 1246/2002, rec. 1060/1997.

Por tanto, el robo o sustracción en sentido genérico debe quedar acreditado en autos, aunque no sea preciso una sentencia penal condenatoria que confirme la existencia de esa figura. Debemos tener en cuenta las circunstancias, la denuncia del perjudicado y que "[l]a mala fe no se presume, sino que debe ser examinada y apreciada por el Tribunal de Apelación, y exige e impone la carga de la correspondiente prueba a cuenta de la entidad aseguradora, lo que aquí no ha sucedido, pues no se cumple tal exigencia con aportación de simples insinuaciones y sospechas, que es la actividad procesal llevada a cabo por la recurrida y menos al no quedar acreditado y consolidado como hecho firme que el asegurado fuera el que provocó o llevó a cabo la sustracción denunciada", Sentencia de la Sala Primera del Tribunal Supremo de Tribunal Supremo de 7-11-1997, nº 990/1997, rec. 2730/1993».

Sentencia de la Audiencia Provincial de Las Palmas n.º 338/2005, de 7 de julio, ECLI:ES:APGC:2005:1837

Seguro de robo. Simulación del siniestro. Carga de la prueba

«Esta Sala comparte lo ya expresado por la Audiencia Provincial de Tarragona, Sección 1ª, en sentencia de 16 de marzo de 2004, en relación a la carga de la prueba en los litigios en que la oposición de la aseguradora demandada consiste en afirmar la simulación del siniestro cuya cobertura pretende el asegurado. El criterio sostenido por la resolución de instancia conforme al cual la carga de la prueba sobre el acontecimiento del robo recaía sobre la actora, criterio sobre el que se ha argumentado en ocasiones que no se puede pretender que la aseguradora pruebe un hecho negativo consistente en que el robo no tuvo lugar y que por lo tanto se trata de un supuesto de simulación de siniestro o de autorrobo, por que ello constituiría

una auténtica "probatio diabólica", debe decaer frente a lo afirmado en cuanto a dicha cuestión por la Sentencia del Tribunal Supremo de 7 de noviembre de 1997 que ya establecía que "la mala fe no se presume, sino que debe ser examinada y apreciada por el Tribunal de Apelación, y exige e impone la carga de la correspondiente prueba a cuenta de la entidad aseguradora, lo que aquí no ha sucedido, pues no se cumple tal exigencia con aportación de simples insinuaciones y sospechas, que es la actividad procesal llevada a cabo por la recurrida y menos al no quedar acreditado y consolidado como hecho firme que el asegurado fuera el que provocó o llevó a cabo la sustracción denunciada", y en el mismo sentido, aplicando lo anteriormente expuesto, la SAP de Murcia de 17 de octubre de 2003 establece "...que la mala fe del asegurado no se presume, sino que exige e impone la carga de la correspondiente prueba a cuenta de la aseguradora,...".

(...)

Y en el mismo sentido la SAP de Murcia de 28 de septiembre de 1998 expone: "... conviene tener en cuenta que la pretendida exclusión de responsabilidad de los aseguradores en los casos de provocación voluntaria del siniestro por el asegurado, basado en la concurrencia de dolo o mala fe en su conducta, requiere de modo inevitable su justificación y prueba correspondiente, que de conformidad con el principio de distribución de la carga de la prueba previsto en el artículo 1.214 del Código civil, ha de recaer en las citadas compañías aseguradoras (Sentencias del Tribunal Supremo de 30 de mayo de 1986, 5 de junio de 1987 y 19 de diciembre de 1988), dado que al caracterizarse el seguro como un negocio de buena fe ("uberrime fidei contractus") basado en los principios de confianza y lealtad de los intervinientes (Sentencias del Tribunal Supremo de 8 de febrero de 1986 y 8 de febrero y 15 de diciembre de 1989), es lo cierto por ello que a quien alega su quebranto y vulneración, incumbe asimismo el certero acreditamiento de la realidad y evidencia de la correspondiente infracción."

En atención a todo lo expuesto solo puede concluirse que la prueba sobre la simulación del siniestro incumbía única y exclusivamente a la compañía aseguradora que era la que debía acreditar que el asegurado fue el que provocó o llevó a cabo la sustracción denunciada».

2.2.3. Seguro de transportes terrestres

El **seguro de transportes terrestres** se regula en la sección cuarta, título II, **artículos 54 a 62 de la LCS,** y se define como aquel seguro por el que el asegurador se obliga, dentro de los límites previstos en la ley y en el contrato, a indemnizar los daños materiales que puedan sufrir, con ocasión o consecuencia del transporte, las mercancías porteadas, el medio utilizado u otros objetos asegurados.

CUESTIÓN

¿Qué sucede cuando el viaje se realiza utilizando diversos medios de transporte?

En aquellos casos en que en un viaje se usen distintos medios de transporte y no pueda determinarse en qué momento se produjo el siniestro hay que distinguir dos supuestos (art. 55 de la LCS):

- El viaje por transporte terrestre constituye la parte más importante del mismo: se aplican las normas del seguro de transporte terrestre.

- El transporte terrestre es accesorio a uno marítimo o aéreo: se aplicarán a todo el transporte las normas del seguro marítimo o aéreo según corresponda.

¿Quién puede contratar el seguro de transporte terrestre? El artículo 56 de la LCS señala que podrán contratarlo:

- El propietario del vehículo o de las mercancías transportadas.
- El comisionista de transporte y las agencias de transportes.
- Todos los que tengan interés en la conservación de las mercancías.

Deben expresar en la póliza el concepto en que se contrata el seguro.

¿Cuál será la vigencia del contrato de seguro de transporte terrestre? Deberá determinarse en el contrato pudiendo referirse a un viaje concreto o a un tiempo determinado. En cualquier caso, el asegurador indemnizará, conforme a lo convenido, los daños que deriven de siniestros acaecidos durante la vigencia del contrato, aun cuando los efectos se manifiesten con posterioridad, pero siempre dentro de los 6 meses siguientes a la fecha de su expiración (art. 57 de la LCS).

Queda excluido de la responsabilidad del asegurador el daño debido a la naturaleza intrínseca o vicios propios de las mercancías transportadas.

Por lo que se refiere a la **cobertura del seguro de transporte terrestre**, el artículo 58 de la LCS la delimita, salvo pacto expreso en contrario, del modo siguiente:

- **Inicio**: entrega de las mercancías al porteador para su transporte en el punto de partida del viaje asegurado.
- **Fin**: cuando se entreguen las mercancías al destinatario en el punto de destino siempre que la entrega se realice dentro del plazo previsto en la póliza.

Asimismo, puede pactarse expresamente que el seguro se extienda a los riesgos que afecten a las mercancías desde que salen del almacén o domicilio del cargador para su entrega al transportista hasta que entran para su entrega en el domicilio o almacén del destinatario.

En relación con el precepto anterior, la **sentencia del Tribunal Supremo n.º 273/2016, de 22 de abril, ECLI:ES:TS:2016:1662**, señala:

> «A la luz de dicho precepto, resulta claro que la previsión natural del precepto respecto al momento en que comienza y termina la cobertura puede recortarse convencionalmente ("salvo pacto expreso en contrario), pero dicho recorte se configura como una cláusula limitativa de los derechos del asegurado; sometida, por tanto, a su peculiar régimen de validez, previsto en el art. 3 LCS».

Destacamos aquí, respecto a las eventualidades que pueden ocurrir durante el desarrollo del transporte de mercancías (por ejemplo), lo establecido por el Juzgado de lo Mercantil de Donostia-San Sebastián en **sentencia n.º 276/2019, de 20 de septiembre, ECLI:ES:JMSS:2019:1257** que, en relación con los daños (por un robo) ocurridos 15 días después de la llegada de la mercancía a su destino, entiende que ya no se está ante «el curso ordinario del transporte», ni que el seguro sea a todo riesgo, tenga incidencia alguna si el siniestro se produjo fuera de la cobertura.

También sobre el transporte de mercancías y el robo de la misma hace referencia la **sentencia de la Audiencia Provincial de Ourense n.º 173/2012, de 30 de marzo, ECLI:ES:APOU:2012:347**, que sobre la sustracción de la mercancía de un camión estacionado en lugar abierto, antes del inicio del viaje, la aseguradora niega el pago de la cantidad cubierta por la póliza por tratarse de una pérdida que ni «tuvo lugar con ocasión o consecuencia del transporte», tal y como así lo establece el artículo 54 de la LCS. «Ni se cumplen las previsiones del art. 58 del mismo texto legal, que contempla la duración de la cobertura del seguro de transporte. Conforme al cual, **salvo pacto expreso, la cobertura del seguro comienza desde que se entregan al porteador las mercancías para su transporte en el punto de partida del viaje asegurado y terminan cuando se entreguen al destinatario, no incluyéndose en la cobertura la carga con finalidad de almacenamiento en el camión**, para iniciar el viaje dos días después, pues tal eventualidad requeriría la concertación de la cláusula almacén a almacén, que contempla el segundo párrafo del precepto comentado. **Cargar un camión con la mercancía y estacionarlo durante dos días en la localidad donde vive el transportista para comenzar el viaje al tercer día de la carga, no es sino la utilización del camión como lugar de almacenamiento de la mercancía, actividad no amparada por la cobertura del seguro de transporte** y ello sin perjuicio de las consideraciones que podrían hacerse respecto de la falta de diligencia del actor al dejar el camión estacionado en lugar no adecuado a las circunstancias concretas concurrentes, sin vigilancia alguna».

¿Cuál es el contenido de la cobertura del seguro de transporte terrestre? Con base en el artículo 59 de la LCS y salvo pacto expreso en contrario, dicha cobertura se extenderá al depósito transitorio de las mercancías y a la inmovilización del vehículo o su cambio durante el viaje cuando se deban a incidencias propias del transporte asegurado y no hayan sido causados por algunos de los acontecimientos excluidos del seguro. Establecido en la póliza un plazo máximo y transcurrido este sin reanudarse el transporte, cesará la cobertura del seguro.

En caso de **alteración del medio de transporte, del itinerario o de los plazos del viaje o si este se realiza en tiempo distinto** al previsto ¿el asegurado perderá su derecho a la indemnización? No, salvo que la modificación le sea imputable a él. Esto se entiende sin perjuicio de lo previsto en los artículos 11 y 12 de la LCS relativos al deber de comunicación de las alteraciones y a la posibilidad de proponer por el asegurador una modificación del contrato.

El asegurador indemnizará los daños que se produzcan en las mercancías o valores (art. 61 de la LCS). En cuanto a la **indemnización**, cabe destacar las reglas siguientes:

- En los gastos de salvamento a que se refiere el artículo 17 de la LCS se entenderán incluidos los que fuere necesario o conveniente realizar para reexpedir los objetos transportados.

- En caso de pérdida total del vehículo el asegurado podrá abandonarlo al asegurador, si así se ha pactado, siempre que se observen los plazos y los demás requisitos previstos por la póliza.

- A falta de estimación, la indemnización cubrirá en caso de pérdida total:
  - El precio que tuvieran las mercancías en el lugar y en el momento en que se cargaran.
  - Todos los gastos realizados para entregarlas al transportista.
  - El precio de seguro si recae sobre el asegurado.
- No obstante la regla anterior, si el seguro cubre los riesgos de mercancías que se destinen a la venta, la indemnización se regulará por el valor que las mercancías tuvieran en el lugar de destino.

En el ámbito del transporte terrestre son posibles dos modalidades de seguro. Por un lado, el **seguro de daños**, que cubre el interés del propietario, cargador o destinatario de las mercancías, frente al riesgo derivado de la pérdida o deterioro que puedan sufrir durante el proceso de transporte. Por otro lado, está el **seguro de responsabilidad civil del transportista**, que cubre el interés en mantener la integridad de su patrimonio ante el riesgo de que se le reclame por la pérdida de las mercancías a consecuencia del transporte.

En relación con lo anterior se han pronunciado los tribunales, como así lo recoge, con cita a otras, la **sentencia de la Audiencia Provincial de Navarra n.º 789/2022, de 26 de octubre, ECLI:ES:APNA:2022:1268**:

> «Es cierto que existe un importante debate jurídico acerca de si el porteador puede o no contratar el seguro de transporte de mercancía por su propia cuenta o hacerlo necesariamente por cuenta de un tercero; el problema es que se entremezclan en el ámbito del transporte aquí dos seguros distintos, como es el seguro de transporte y el seguro de responsabilidad civil, que cubriría el riesgo de que surja en el patrimonio del asegurado (porteador) una deuda como consecuencia de su responsabilidad por pérdidas o averías como consecuencia del contrato de transporte. Son dos intereses que pueden asegurarse independientemente; por una parte, el interés en la conservación de las cosas transportadas que tiene, estrictamente hablando, el cargador o el destinatario (el asegurado es el acreedor de la prestación de transporte, pudiendo quedar indeterminado en el momento de la conclusión del contrato de seguro); de otra el interés que tiene el porteador en mantener su patrimonio incólume (aquí el asegurado es el porteador). Se ha llegado a decir, en este sentido, que el porteador, "si contrata un seguro de transporte terrestre "por cuenta propia", se tratará de un seguro de responsabilidad civil, que va a cargo de la empresa porteadora", y añade "en el caso que nos ocupa es inevitable tener la impresión de que algo de esto sucede. En efecto, se tiene que alguien sobre quien gravita legalmente la responsabilidad por los daños causados a determinados bienes ajenos en virtud de una relación contractual (como es el caso de porteador) concierta, en lugar de un seguro de responsabilidad civil destinado a cubrir específicamente ese riesgo, un seguro de daños como es el seguro de transporte, y lo hace por cuenta propia. Estaríamos, de este modo, ante una suerte de subrogado de la responsabilidad civil que habría de afrontar, en su caso, el porteador. En buena técnica aseguradora probablemente no sea la vía más correcta para alcanzar el resultado

pretendido. El interés del porteador en la conservación de las mercancías sería, única y exclusivamente, el de "mantener indemne su patrimonio de las pretensiones posibles de los derechohabientes de las mercancías destruidas o deterioradas».

O la Audiencia Provincial de Zaragoza, para la cual, en **sentencia n.º 296/2019, de 28 de noviembre, ECLI:ES:APZ:2019:2699,** «El seguro de transportes es un seguro de daños. Guarda una estrecha vinculación con la responsabilidad civil que asume el contratista en el cumplimiento del contrato de transporte y con relación a las mercancías de quien le ha encargado el transportes. Pero el seguro de transporte es un seguro de daños (art. 54 LCS), de suerte que la obligación de la aseguradora surge por la constatación del daño, con absoluta independencia de cómo el transportista resarce o indemniza al propietario de la carga. Lo que sería relevante en un seguro de responsabilidad civil. Es verdad que las pólizas de seguro de transporte terrestre se extienden en ocasiones ampliando la cobertura del daño respecto a aspectos propios de la responsabilidad civil».

2.2.4. Seguro de lucro cesante

Se regula este tipo de contrato de seguro en la sección quinta, título II, artículos 63 a 67 de la LCS.

¿En qué consiste el seguro de lucro cesante? Se define como aquel por el que el asegurador se obliga, dentro de los límites previstos en la ley y en el contrato, a indemnizar al asegurado la pérdida del rendimiento económico que hubiera podido alcanzarse en un acto o actividad en caso de no haberse producido el siniestro descrito en el contrato.

El mismo podrá celebrarse como **contrato autónomo o añadirse como un pacto a otro de distinta naturaleza.**

La **Audiencia Provincial de Cantabria en sentencia n.º 307/2023, de 5 de junio, ECLI:ES:APS:2023:665,** haciendo mención a otra sentencia anterior define las características de este tipo de contrato:

«(...) (1) El seguro de lucro cesante, contemplado en el artículo 63 de la LCS, relaciona la indemnización con el "siniestro descrito en el contrato". (2) Así pues, es necesario que el contrato identifique suficientemente el siniestro. (3) El siniestro consistente en la " paralización de la actividad" es tan amplio y genérico que necesariamente debe ser concretado de alguna manera. (4) Si admitiéramos la tesis del apelante, resultaría que incluso las paralizaciones de la actividad decididas por el asegurado tendrían cobertura en la póliza. (5) La concreción del riesgo de "pérdida de beneficios por paralización de la actividad", realizada en las condiciones generales de la póliza, no constituye una reducción de la contingencia prevista en las condiciones particulares, sino una matización necesaria de esta, pues la propia generalidad del riesgo consistente en "pérdida de beneficios por paralización de la actividad" obliga a concretarlo de alguna manera. (6) En este sentido, aunque el posible aseguramiento de cualesquiera pérdidas de beneficios derivada de cualesquiera paralizaciones de la actividad constituya un pacto lícito y legítimo, tiene que ser expresamente previsto en las condiciones particulares. (7) Estamos claramente ante una definición y delimitación del riesgo, y no ante una limitación de los derechos del asegurado."».

También es interesante traer a colación al respecto la sentencia de la **Audiencia Provincial de León n.º 535/2024, de 31 de julio, ECLI:ES:APLE:2024:1180,** que reza el tenor literal:

«La Ley de Contrato de Seguro contempla el seguro de lucro cesante en sus artículos 63 al 67, disponiendo el primero de ellos que: "Por seguro de lucro cesante el asegurador se obliga, dentro de los límites establecidos en la ley y en el contrato, a indemnizar al asegurado la pérdida de un rendimiento económico, que hubiera podido alcanzarse en un acto o actividad de no haberse producido el siniestro descrito en el contrato.

Este Seguro podrá celebrarse como contrato autónomo o añadirse como pacto de otro de distinta naturaleza"; disponiendo el art. 67 que: "Si el contrato tuviera, exclusivamente, por objeto la pérdida de beneficios, las partes no podrán predeterminar el importe de la indemnización".

De acuerdo con dicha regulación, el contrato de lucro cesante o pérdida de beneficios puede configurase como un contrato autónomo o como un pacto complementario de otro contrato de seguro. En el caso objeto de esta Litis se contempla como un pacto complementario en el seguro de establecimiento de hotel, en el cual se da cobertura a varios riesgos que implican la causación de daños materiales al establecimiento asegurado y, como complemento de ello, se pacta como garantía la pérdida de beneficios por interrupción de la actividad del establecimiento asegurado, siempre y cuando dicha interrupción sea consecuencia de un hecho indicado en las condiciones del contrato; esto es, que se produzca uno de los riesgos garantizados por la cobertura pactada en el contrato. Por otra parte el hecho que se predetermine el importe de la indemnización por la pérdida de beneficios derivada de la interrupción de la actividad del establecimiento, pactándose un importe máximo de indemnización diaria de 300 euros con un límite de noventa días, refuerza la consideración ex art. 67 LCS de que no estamos ante un seguro autónomo de lucro cesante, sino ante un pacto complementario en un seguro de daños, por lo que para que opere la garantía de pérdida de beneficios por interrupción temporal de la actividad del establecimiento, es preciso que tal interrupción tenga por causa un daño material en tal establecimiento, que esté contemplado como riesgo objeto de la cobertura pactada en la póliza del contrato de seguro».

CUESTIÓN

¿Qué sucede cuando en relación con un determinado objeto se realiza un contrato de seguro de lucro cesante con un asegurador y otro de seguro de daños con otro asegurador distinto?

Conforme al artículo 64 de la LCS, si el tomador del seguro o el asegurado realizan con distintos aseguradores y sobre un mismo objeto un seguro de lucro cesante y otro de daños tendrán el deber de comunicar, sin demora, a cada asegurador, la existencia del otro seguro. El contenido de la comunicación se referirá a la denominación social del asegurador con el que se ha contratado el otro seguro, la suma asegurada y los demás elementos esenciales.

Si no cumplen su deber, la inexistencia de la comunicación producirá los efectos previstos en la sección segunda, título I, de la LCS.

El **deber de indemnizar** del asegurador se extiende, en defecto de pacto expreso, a:

- La pérdida de beneficios que produzca el siniestro durante el período previsto en la póliza.
- Los gastos generales que continúan gravando al asegurado después de la producción del siniestro.
- Los gastos que sean consecuencia directa del siniestro asegurado.

En cuanto a la empresa, señala el artículo 66 de la LCS que su titular puede asegurar la pérdida de beneficios y los gastos generales que haya de seguir soportando cuando aquella quede paralizada total o parcialmente por los acontecimientos previstos en el contrato.

CUESTIÓN

¿Qué pasa si el contrato tiene por objeto exclusivamente la pérdida de beneficios?

Para responder a esta pregunta hay que atender al artículo 67 de la LCS del que se infiere la imposibilidad de las partes para predeterminar el importe de la indemnización en los casos de que el objeto del contrato sea solo la pérdida de beneficios.

En cuanto a este tipo de seguro **para determinar su cobertura es necesario que se concrete específicamente en el mismo, el siniestro.** Sobre esta concreción hace referencia la **sentencia dictada por la Audiencia Provincial de Asturias n.º 192/2020, de 3 de junio, ECLI:ES:APO:2020:2121** al quedar acreditado que en las coberturas contratadas en la póliza de industria no se recogen los perjuicios derivados por lucro cesante. Para llegar a esta conclusión, aplica la doctrina del Tribunal Supremo sobre la interpretación de cláusulas oscuras, contenida, entre otras, **en sentencia n.º 473/2012, el 9 de julio, ECLI:ES:TS:2012:5766:**

«A este supuesto resulta de aplicación la doctrina del TS contenida, entre otras, en sentencia de 9 de julio de 2012, en donde se establece: "En línea con lo anterior, esta Sala ha reiterado que el carácter preponderante que tiene la interpretación literal frente a otros criterios, que son de aplicación subsidiaria (SSTS de 10 de marzo de 2010, 27 de junio de 2011, y 26 de marzo de 2012, entre las más recientes). En consecuencia, solo debe estarse al sentido literal de las cláusulas contractuales cuando la letra del contrato no deja dudas sobre la intención de los contratantes (SSTS de 30 de septiembre de 2003, 28 de junio de 2004, 10 de marzo de 2010, y 1 de octubre de 2010) pues, en caso de percibirse una falta de claridad o contradicción entre la voluntad que expresa el tenor literal de las citadas cláusulas y lo realmente querido por las partes, debe aplicarse la regla del párrafo segundo del mismo artículo 1281 CC en aras a que prevalezca la intención verdadera (SSTS de 29 de febrero de 2012, y 4 de abril de 2012, entre las más recientes).

Esta doctrina es aplicable al contrato de seguro (SSTS de 9 de octubre de 2006; 17 de octubre de 2007; 20 de julio de 2011; 28 de noviembre de 2011, entre otras)

La falta de claridad abre paso a otras reglas subsidiarias de interpretación.

Como ha declarado esta Sala con ocasión de distinguir entre cláusulas delimitadoras del riesgo y limitativas de derechos, al ser el contrato de seguro un contrato de adhesión, el nacimiento para el asegurado del derecho a la prestación, y para la aseguradora, del recíproco deber de atenderla, depende del cumplimiento del deber de transparencia de esta en la redacción del contenido contractual por ella misma predispuesto, a fin de determinar con toda claridad qué riesgo se cubre, en qué cuantía, durante qué plazo y en qué ámbito espacial. Dado que al contrato se llega desde el conocimiento que el asegurado tiene del riesgo cubierto y de la prima, según la delimitación causal del riesgo y la suma asegurada con el que se da satisfacción al interés objetivo perseguido en el contrato, resulta esencial para entender la distinción anterior comprobar si el asegurado tuvo un exacto conocimiento del riesgo cubierto. Y como toda la normativa de seguros está enfocada a su protección, han de resolverse a su favor las dudas interpretativas derivadas de una redacción del contrato o sus cláusulas oscura o confusa, pues la exigencia de transparencia contractual, al menos cuando la perfección del contrato está subordinada, como es el caso de los de adhesión, a un acto de voluntad por parte de solicitante, impone que el asegurador cumpla con el deber de poner en conocimiento del asegurado aquello que configura el objeto del seguro sobre el que va a prestar su consentimiento, lo que supone, en cuanto al riesgo, tanto posibilitar el conocimiento de las cláusulas delimitadoras del riesgo, como de aquellas que limitan sus derechos, con la precisión de que en este último caso ha de hacerse con la claridad y énfasis exigido por la Ley, que impone que se recabe su aceptación especial".

Y ciertamente como resulta de las coberturas contratadas en la póliza de industria contratada se trata de unos perjuicios que no están dentro de las coberturas contratadas, tal como resulta de la póliza aportada por el asegurado, y por ende, en su poder y conocimiento, tratándose de coberturas para supuestos concretos y determinados que no admiten dudas interpretativas. La interpretación que sostiene la aseguradora está fundada en la propia póliza que entre las garantías cubiertas no recoge el correspondiente a los perjuicios derivados por lucro cesante.

La interpretación así realizada no vulnera el contenido del contrato, sino que antes al contrario define el mismo poniendo de relieve la efectiva cobertura del siniestro».

Destacamos en este punto alguno de los casos resueltos por las distintas audiencias provinciales de nuestro país, acerca de la **paralización de la actividad económica derivada de la declaración del estado de alarma del año 2020 por la crisis de la COVID-19.**

La **sentencia dictada por la Audiencia Provincial de Madrid n.º 299/2023, de 13 de julio, ECLI:ES:APM:2023:11263,** en un caso (en resumen) en el que un restaurante que cerró durante más de 90 días como consecuencia del estado de alarma decretado por el COVID-19, reclamaba a su aseguradora el importe del capital establecido en la póliza de seguros y su suplemento para cubrir los siniestros por lucro cesante. La sentencia de instancia desestima de forma íntegra la demanda en base a los siguientes argumentos:

> «(i) no nos encontramos ante un seguro autónomo por lucro cesante; (ii) de la literalidad de la condición general que establece el lucro cesante se infiere que la pérdida de beneficios solo estaría cubierta en relación a los siniestros previstos en la póliza; (iii) no se previó como riesgo indemnizable la COVID-19, ni la paralización de la actividad como consecuencia de medidas adoptadas por el gobierno para paliar las consecuencias de la pandemia; (iv) no se concertó un seguro de defensa jurídica y, al no estar cubierto el lucro cesante reclamado, tampoco procede la cobertura por el concepto de protección jurídica».

Sobre la cuestión «cobertura de los cierres o pérdidas de beneficios producidos por el estado de alarma decretado para la gestión de la crisis sanitaria ocasionada por el COVID-19», señala AP de Madrid, que las audiencias provinciales, con alguna excepción (que veremos más adelante), se han pronunciado en el mismo sentido que la sentencia apelada, y cita unas cuantas, de las que destacamos las siguientes:

- SAP de Murcia n.º 78/2022, de 28 de febrero, ECLI:ES:APMU:2022:68: «(...) desprendiéndose del tenor literal de lo expuesto que el seguro por lucro cesante contratado entre la parte no se activa por cualquier siniestro, sino por los previstos en la propia póliza y que son objeto del seguro, siendo claro que en dicha póliza no se ha previsto como riesgo indemnizable el Covid, o más concretamente la paralización de la actividad de la mercantil como consecuencia de las medidas adoptadas por el Gobierno para combatir la expansión de la pandemia, de modo que, tal y como refiere la propia parte recurrente al formalizar su recurso de apelación, en la propia definición del riesgo se delimita el mismo a aquellos supuestos en que exista un daño directo como consecuencia de un siniestro de daños cubierto por las garantías contratadas (...)».

- SSAP de Asturias n.º 273/2022, de 4 de julio, ECLI:ES:APO:2022:2487 y n.º 315/2022, de 22 de julio, ECLI:ES:APO:2022:2717: «En conclusión, no se trata de una pérdida de beneficios con cobertura autónoma que cubra toda pérdida de beneficios producida por cualquier causa o siniestro, sino sólo y exclusivamente por aquellos siniestros que gozan de cobertura en el contrato de seguro suscrito entre las partes, siendo pues imprescindible y condición "sine qua non" que el siniestro que provoca las pérdidas en la parte apelante, esté cubierto y descrito en la póliza (...)»; «(...) el debate gira en torno precisamente a si dentro del apartado b) antes transcrito, y más concretamente dentro de la expresión "o en general sucesos accidentales, súbitos e independientes de la voluntad del asegurado", pueden encuadrarse las distintas resoluciones adoptadas como consecuencia del estado de pandemia sufrido por "La Covid-19, (...), es precisamente el tenor literal del apartado segundo (...) que el lucro cesante garantizado en la póliza (...) nacería o bien por el acontecer de un siniestro de daños propios cubiertos por las garantías contratadas (...) o bien, por el hecho de acontecer obras; (...) encontrándonos ante una evidente "cláusula de cierre" que está estrechamente vinculada por no decir unida o condicionada a la existencia de los tres acontecimientos narrados (...) no pudiendo irse más allá como pretende la parte apelante dado que pretender hacer verque dentro de esa expresión "o en general sucesos accidentales súbitos e independientes de la voluntad del asegurado" se pudieran encajar situaciones como la pandemia padecida recientemente con las distintas resoluciones de suspensión de actividad, sería tanto como desnaturalizar el seguro contratado, dado que bajo esa expresión podríamos englobar todo suceso inimaginable lo que convertiría el seguro de daños en un seguro puro de lucro cesante, contraviniendo la voluntad que tuvieron las partes a la firma del contrato».

– **SAP de Bizkaia n.º 97/2023, de 27 de enero, ECLI:ES: APBI:2023:214**: «Por tanto, la pérdida de beneficios derivada del cierre del establecimiento como consecuencia de las medidas administrativas adoptadas por la declaración de la pandemia por la propagación de la COVID19 no constituye un riesgo que sea objeto de cobertura mediante el contrato suscrito entre las partes, conforme a las cláusulas delimitadoras de la cobertura de la garantía de paralización de la actividad (4.5). No es consecuencia directa el cierre temporal del negocio de hostelería de un siniestro amparado por la póliza».

Un nuevo pronunciamiento en el mismo sentido que las sentencias citadas anteriormente lo encontramos en la **SAP de Teruel n.º 34/2023, de 12 de abril, ECLI:ES:APTE:2023:26**:

«Atendiendo a lo anterior, el contrato de lucro cesante o pérdida de beneficios puede configurarse como un contrato autónomo o como un pacto complementario en otro contrato de seguro, en el caso que nos cupa, un seguro de daños de empresa, en el que se cubren varios riesgos que implican la causación de daños al establecimiento asegurado, previéndose como complemento una garantía de pérdida de beneficios, por interrupción de la actividad del establecimiento asegurado, siempre y cuando dicha interrupción sea consecuencia de un hecho indicado en las condiciones del contrato, esto es, que se produzca uno de los riesgos garantizados por la cobertura pactada en el contrato. En este sentido, establece el artículo 66 LCS: " El titular de una Empresa puede asegurar la pérdida de beneficios y los gastos generales que haya de seguir soportando cuando la Empresa quede paralizada total o parcialmente a consecuencia de los acontecimientos delimitados en el contrato.", de forma que en el seguro de lucro cesante o pérdida de beneficios, no se indemniza cualquier paralización sino aquella que deriva "de los acontecimientos delimitados en el contrato."

Así, en la póliza contratada por la demandante, no se recoge como riesgo cubierto que la paralización de la actividad sea debida a una orden de la administración en general, ni como consecuencia de haberse decretado el estado de alarma por la pandemia de Covid 19 en particular, sino que únicamente se refiere a la paralización debida a los siniestros que menciona expresamente (incendio, rayos, explosión, daños extensivos y daños por agua). Por ello, debemos concluir que cuando la interrupción o paralización de la actividad no es consecuencia de uno de los riesgos objeto de cobertura, no habrá derecho a percibir la indemnización pactada y ello resulta de la interpretación literal de las condiciones particulares de la póliza, que anteriormente hemos citado, sin que pueda admitirse, como señala la sentencia, que la forma de redacción de la misma conduce al asegurado a la convicción de que se contrata la pérdida de beneficios en todo caso».

La AP de Madrid, en la sentencia n.º 299/2023, a la vista de lo argumentado por anteriores (y demás) sentencias, no puede amparar la reclamación del restaurante por lucro cesante, por los siguientes motivos:

«1.- La cláusula que nos ocupa es delimitadora del riesgo porque define el objeto del contrato y perfila el compromiso que asume la compañía aseguradora, de manera tal que, **si el siniestro acaece fuera de dicha delimitación, positiva o negativamente explicitada en el contrato, no nace la obligación de la compañía aseguradora de hacerse cargo de su cobertura** (STS núm. 661/2019, de 12 diciembre).

2.- **No nos encontramos ante un seguro autónomo de lucro cesante que cubra toda pérdida de beneficios producida por cualquier causa o siniestro,** sino ante un seguro de daños con una garantía específica por las posibles pérdidas que pudiera sufrir la parte actora en su establecimiento cuando se diera alguno de los riesgos contratados.

3.- La interpretación del párrafo de la cláusula que dice:... o en general sucesos accidentales, súbitos e independientes de la voluntad del Asegurado que, al impedir el acceso al establecimiento asegurado, obliguen a su cierre, **no permite incluir la pérdida de beneficios procedente de la paralización de la actividad por cualquier causa,** sino que debe circunscribirse a los supuestos en que aquella obedezca a alguno de los siniestros descritos en el contrato.

4.- En la **póliza suscrita no se ha previsto, como riesgo indemnizable, la paralización de la actividad como consecuencia de las medidas gubernamentales adoptadas por el COVID-19**».

La **excepción** a estas decisiones de las anteriores sentencias, la podemos encontrar en la dictada por la **Audiencia Provincial de Girona n.º 59/2021, de 3 de febrero, ECLI:ES:APGI:2021:13**, en la que estima el recurso interpuesto por la propietaria de una pizzería cuyo negocio se vio paralizado por la declaración del estado de alarma a causa de la COVID-19, contra la entidad aseguradora con el objeto de reclamarle la cantidad asegurada la póliza, que contaba con un apartado especial por «paralización de la actividad», y lo hace en base a lo siguiente:

«(...) el condicionado particular contiene una cláusula "delimitadora del riesgo cubierto", que contempla el supuesto de pérdida de beneficios por paralización de la actividad negocial, en cuyo supuesto el pacto era claro: únicamente se contemplaba un máximo de 30 días a razón de 200€/día y, por ende, sometida al régimen de aceptación genérica sin la necesidad de la observancia de los requisitos de incorporación que se exigen a las limitativa por no constituir una limitación de los derechos del asegurado. A partir de estos antecedentes alcanzamos el núcleo del debate. 12.- Surge la duda de si, el supuesto de paralización como consecuencia de la pandemia por COVID-19 está o no cubierto, en la medida, que por dicho motivo, ocasiona la pérdida de beneficios durante el período de indemnización, sin entrar en disquisiciones dogmáticas sobre si se debe distinguir si el negocio se interrumpe por causa del virus, o por causa de una medida gubernamental de paralización (en cuyo caso podría surgir la duda de si la aseguradora puede o no repetir al Estado), puesto que, en todo caso, el asegurado ve interrumpido su negocio y mermados sus ingresos, y precisamente por ello, cuando en el condicionado general no se contempla expresamente el apartado "paralización por resolución gubernativa ante una pandemia", y ello se opone por la aseguradora al asegurado, nos hallamos ante una clara limitación de los derechos del asegurado en un contrato de adhesión, por lo que, su validez y oponibilidad vendría condicionada al cumplimiento de los específicos requisitos, de aparecer destacadas de modo especial en la póliza y haber sido específicamente aceptadas por escrito, del art. 3 LCS. Refuerza el argumento de que nos hallamos ante una cláusula limitativa, el hecho de que, el condicionado general, contiene, en su apartado III, referido a "Cobertura de daños", una expresa remisión al condicionado particular donde la indemnización por cese de negocio tiene una limitación temporal de cobertura o " claim made" (art 73.2° LCS), las cuales, recientemente fueron objeto de interpretación por las SSTS 252/2018 de 26 de abril, de pleno, 170/2019, de 20 de marzo, 185/2019, de 26 de marzo y n° 421/2020, como clausula limitativa. En todo caso, el hecho de que la póliza examinada no contemple expresamente, la cobertura del riesgo referido a la paralización del negocio por la pandemia, impone que su exclusión en el condicionado general por la aseguradora, reclamaba los requisitos del art. 3 LCS (estar destacada de forma especial y aceptación por escrito del asegurado) y ello, por aplicación de los principios antes mencionados, referidos al contenido natural del contrato de seguro y a las expectativas que podía tener el asegurado, cuando acepto la póliza por ver cubierto, de manera expresa, "Pérdida de beneficios/Paralización de la actividad". Aceptar lo contrario, supondría tanto como restringir la cobertura esperada por el asegurado, dejando desnaturalizada la paralización del negocio cubierto, en principio, por el seguro contratado. 13.- Finalmente, los seguros y coberturas referidos a lucro cesante o de pérdida de beneficios como el analizado, normalmente quedan sujetos a la existencia de un daño material previo y en el presente caso, este extremo ni siquiera es cuestionado por la aseguradora.

14.- Tal vez, las aseguradoras deben contemplar expresamente en sus pólizas las situaciones de pandemia, pues como expresa la STS de fecha 19 de julio de 2012 que: "Las cláusulas delimitadoras del riesgo establecen exclusiones objetivas de la póliza o restringen su cobertura en relación con determinados eventos o circunstancias, siempre que respondan a un propósito de eliminar ambigüedades y concretar la naturaleza del riesgo en coherencia con el objeto del contrato (fijado en las cláusulas particulares, en las que figuran en lugar preferente de la póliza o en las disposiciones legales aplicables salvo pacto en contrario) o en coherencia con el uso establecido y no puede tratarse de cláusulas que delimiten el riesgo en forma contradictoria con el objeto del contrato o con las condiciones particulares de la póliza, o de manera no frecuente o inusual"».

2.2.5. Seguro de caución

El seguro de caución se regula en la **sección sexta, título II, de la LCS, artículo 68** de la misma y se define como aquel contrato por el que el asegurador se obliga, en caso de que el **tomador del seguro incumpla sus obligaciones legales o contractuales, a indemnizar al asegurado a título de resarcimiento o penalidad los daños patrimoniales sufridos** dentro de los límites establecidos en la ley o en el contrato.

Si bien, el seguro de caución se configura en la LCS como un seguro de daños, lo cierto es que en la práctica suele funcionar como una garantía de cumplimiento, de forma que **el asegurador no indemniza el daño, sino que paga subsidiariamente por el deudor**.

Desde esta perspectiva, la **sentencia del Tribunal Supremo de 25 de febrero de 1994, ECLI:ES:TS:1994:14944, entiende que el seguro de caución no conlleva por tanto, una situación de solidaridad entre las partes**, y establece la siguiente doctrina:

> «De los artículos invocados de la Ley de 8 de octubre de 1980, se infiere que el contrato de seguro de crédito o de caución, operan siempre con vistas y a resultas de un incumplimiento contractual o de obligaciones legales por el tomador del seguro que hayan producido un perjuicio patrimonial al asegurado en el de caución; o cuando por insolvencia definitiva del tomador del seguro tenga la aseguradora que reponer las pérdidas finales que sufra el asegurado-acreedor del tomador del seguro como deudor suyo.
>
> Los contratos han de ser calificados conforme a las obligaciones que en ellos se establecen sin sujetarse a derivaciones ideológicas subjetivas y casi siempre parciales y la prohibición administrativa que en ese caso, eventualmente pueda comportar, supondrá o no una sanción de ámbito distinto de la esfera civil, en la que los arts. 1.089, 1.255, 1.256 y 1.258 del Código Civil imponen un respeto al compromiso simbolizado en el aforismo pacta sunt servando».

Por otra parte, la **sentencia del Tribunal Supremo n.º 262/2024, de 9 de mayo, ECLI:ES:TS:2024:2181**, argumenta:

> «4.- A sensu contrario, al no encontrarnos ante un seguro de responsabilidad civil, no resulta aplicable la jurisprudencia de esta sala sobre la solidaridad pasiva entre asegurado y asegurador frente al perjudicado, con fundamento en el art. 76 LCS, a efectos de interrupción de la prescripción. 5.- En cualquier caso, debemos tener en cuenta que, con

posterioridad a la sentencia que puso fin al litigio entre la compradora y la vendedora de los inmuebles, la reclamación extrajudicial que hizo Gamads a Zúrich fue el 3 de junio de 2015, por lo que al interponer la demanda el 1 de junio de 2018, el plazo de prescripción de dos años del art. 23 LCS ya había transcurrido igualmente».

JURISPRUDENCIA

Sentencia del Tribunal Supremo n.º 34/1995, de 26 de enero, ECLI:ES:TS:1995:309

«(...) Una vez descartada la calificación del contrato que nos ocupa, como de seguro de caución, en lugar del de fianza, no ya por expresa declaración del Tribunal "a quo", sino también por propia denominación de la Póliza, "de Seguro de Caución", que tuvo por objeto la "garantía de ejecución de la vivienda B-1, según condición undécima del contrato firmado el 17 de Junio de 1.987" (el de permuta), y dado que en el seguro de caución, a diferencia de la fianza, el asegurador se obliga, no a cumplir por el deudor principal, sino a resarcir al acreedor de los daños y perjuicios que el incumplimiento le hubiera producido, cuya finalidad, reconocida así en la sentencia de 19 de Mayo de 1.990, viene a coincidir con la definición contenida en el artículo 68 de la Ley 50/1.980, de 8 de Octubre, de Contrato de Seguro: "Por el seguro de caución el asegurador se obliga, en caso de incumplimiento por el tomador del seguro de sus obligaciones legales o contractuales, a indemnizar al asegurado a título de resarcimiento o penalidad los daños patrimoniales sufridos, dentro de los límites establecidos en la Ley o en el contrato",

(...)

es perfectamente compatible el seguro de caución, regulado exclusivamente en el artículo 68 de la Ley de Contrato de Seguro, con la fianza civil, en lo que analógicamente y de forma accesoria pueda ser utilizado con el fin de completar el concepto jurídico de ese seguro, habida cuenta de la idéntica función de garantía que cumplen ambos conceptos (...)».

Sentencia del Tribunal Supremo n.º 222/2003, de 12 de marzo, ECLI:ES:TS:2003:1684

«En el seguro de caución, el asegurador se obliga, no a cumplir por el deudor principal, sino resarcir al acreedor de los daños y perjuicios que el incumplimiento le hubiera producido. En este caso, la obligación asumida por la constructora, en contraprestación a la entrega del terreno por los actores, era la entrega en su momento de tres pisos y tres plazas de aparcamiento, pero la obligación de la Aseguradora no era ésta, sino el abono de treinta millones de pesetas, que significaba la tasación del perjuicio por el incumplimiento. En esta misma línea jurisprudencial la sentencia de 5 de junio de 1992 señala tajantemente que la finalidad perseguida por este seguro no es sino la de constituir una garantía frente al incumplimiento por el tomador del seguro de sus obligaciones legales o contractuales, lo que se traduce como el propio art. 68 de la Ley 50/1980, de 8 de octubre, de Contrato de Seguro, en la obligación que al tomador del seguro corresponde de indemnizar al asegurado los daños patrimoniales sufridos. De todos modos, como ha precisado la sentencia de 13 de diciembre de 2000, se trata de una figura polémica con regulación legal imprecisa y con terminología criticada por la doctrina y su configuración práctica dificultosa, pues tanto la estructura personal bilateral, como la función económico- social (causa) predominantemente de garantía, le aproximan a las obligaciones fideusorias, pero que esté destinada a garantizar el incumplimiento de una obligación (riesgo), e indemnizar, en caso de producirse el siniestro, el daño patrimonial

> *producido a título de resarcimiento o finalidad (interés asegurado) dentro de los límites pactados en el contrato tal y como se precisan en el art. 68 citado (...)».*
>
> **Sentencia del Tribunal Supremo n.º 1237/2004, de 20 de diciembre, ECLI:ES:TS:2004:8234**
>
> *«La doctrina jurisprudencial expuesta interpretativa del repetido art. 68 pone de manifiesto que el interés asegurado no era el precio que se dice pactado (la recurrente parece seguirse moviendo dentro de su tesis inicial de que el concertado era un seguro de caución que garantizaba la devolución de las cantidades entregadas a cuenta del precio), sino el perjuicio patrimonial causado por el incumplimiento de la obligación de entrega; por ello, al establecer la Sala "a quo" como montante de la indemnización debida por la aseguradora el valor pericialmente tasado de los inmuebles cuya falta de entrega hace surgir la obligación indemnizatoria, si bien limitada la indemnización a lo establecido en la póliza, no ha infringido el art. 26 que se invoca en el motivo ya que no se produce ningún enriquecimiento injusto para las recurridas».*

El asegurador tendrá derecho a ser reembolsado por el tomador del seguro de todo pago que haya hecho.

Se trata de una seguro de garantía, utilizado frecuentemente cuando se contrata con las Administraciones públicas, siendo incluso necesario en algunos casos de adjudicación de contratos públicos o para presentarse a licitaciones.

Las principales ventajas del seguro de caución pueden concretarse en las siguientes:

- Más económico que otras garantías financieras.
- Sus condiciones ofrecen gran flexibilidad para adaptarse a las necesidades de cada contratante.
- No computa como riesgo en la Central de Información de Riesgos del Banco de España (CIRBE), de manera que no afectará a la hora de solicitar financiación a una entidad financiera.

2.2.6. Seguro de crédito

El seguro de crédito regulado en la sección séptima, título II, **artículos 69 a 72 de la LCS**, se define como aquel contrato de seguro por el asegurador se obliga, dentro de los límites previstos en la ley y en el contrato, a **indemnizar al asegurado las pérdidas finales que experimente a consecuencia de la insolvencia definitiva de sus deudores**. Es decir, este seguro cubre especialmente el riesgo de impago en determinadas operaciones.

A los efectos de este seguro ¿cuándo se entiende que existe la insolvencia definitiva del deudor? Según el artículo 70 de la LCS en los siguientes casos:

- Cuando haya sido declarado en quiebra mediante resolución judicial firme.
- Cuando haya sido aprobado judicialmente un convenio en el que se establezca una quita del importe.

– Cuando se haya despachado mandamiento de ejecución o apremio, sin que del embargo resulten bienes libres bastantes para el pago.

– Cuando el asegurado y el asegurador, de común acuerdo, consideren que el crédito resulta incobrable.

Si bien, dicho lo anterior, una vez transcurridos **6 meses desde el aviso** del asegurado al asegurador del impago del crédito, el asegurador debe **abonar al asegurado el 50 % de la cobertura pactada**, con carácter provisional y a cuenta de ulterior liquidación definitiva.

Acaecido el siniestro ¿cómo se determina la cuantía de la indemnización? Pues esta vendrá determinada en el contrato por un porcentaje de la pérdida final que resulte de añadir al crédito impagado los gastos originados por las gestiones de recobro, los gastos procesales y cualesquiera otros expresamente pactados. En cuanto al citado porcentaje, cabe destacar que no puede comprender los beneficios del asegurado ni ser inferior al 50 % de la pérdida final (art. 71 de la LCS).

De lo anterior puede inferirse que, mediante el seguro de crédito, la aseguradora no garantiza el pago de un montante indemnizatorio que repare totalmente el perjuicio que se ha infringido al asegurado como consecuencia de la insolvencia de sus deudores, sino que una parte de la deuda va a quedar a riesgo del asegurado por disposición legal.

Las **obligaciones del asegurado**, y del tomador en su caso, se concretan en las siguientes (art. 72 de la LCS):

– Exhibir, a requerimiento del asegurador, los libros y cualesquiera otros documentos que poseyere relativos al crédito o créditos asegurados.

– Prestar la colaboración necesaria en los procedimientos judiciales encaminados a obtener la solución de la deuda, cuya dirección será asumida por el asegurador.

– Ceder al asegurador, cuando este lo solicite, el crédito que tenga contra el deudor una vez satisfecha la indemnización.

En cuanto a la regulación de este tipo de seguro, resulta interesante la **sentencia de la Audiencia Provincial de Madrid n.º 60/2022, de 4 de febrero, ECLI:ES:APM:2022:1693**, la cual establece:

«El seguro de crédito **no cubre el mero impago del deudor sino la insolvencia definitiva** del mismo, sin perjuicio de que el artículo 70 de la Ley de Contrato de Seguro contemple el pago provisional de una indemnización a cuenta de la liquidación de la indemnización definitiva que se practica cuando se da alguno de los supuestos de insolvencia definitiva.

El **pago a cuenta o indemnización provisional debe ser devuelto a la aseguradora en caso de que no llegue a producirse la insolvencia definitiva del deudor y el acreedor cobre la deuda.**

El abono de la indemnización provisional no traslada a la aseguradora la legitimación para reclamar su importe al deudor. Por el contrario, el tomador asegurado conserva íntegramente su derecho de crédito frente al deudor y no puede deducirse la cantidad recibida como pago provisional de la compañía de seguros. En el mismo sentido, sentencias de la sección 6ª de la Audiencia Provincial de Asturias de 18 de enero de 2021 y de la sección 4ª de la Audiencia Provincial de Murcia de 15 y 22 de abril de 2021.

Por lo demás, **el seguro de crédito, a diferencia del de caución, no contempla ninguna acción de reembolso en favor de la aseguradora frente al deudor.** Lo que contempla el artículo 72.3.º de la Ley de contrato de Seguro es la **obligación del tomador (acreedor) de ceder a la aseguradora,** cuando ésta lo solicite, **el crédito** que tenga contra el deudor, una vez efectuado el pago de la indemnización, lo que la doctrina considera **un supuesto de subrogación legal que nace por voluntad de la ley pero su ejercicio es un derecho del asegurador.** Esto es, como cualquier otro supuesto de subrogación se requiere la voluntad del asegurador de subrogarse».

2.2.7. Seguro de responsabilidad civil

El seguro de responsabilidad civil se regula en la sección octava, título II, **artículos 73 a 76 de la LCS** y se define como el contrato de seguro por el que el asegurador se obliga, dentro de los límites establecidos en la ley y en el contrato, a **cubrir el riesgo del nacimiento a cargo del asegurado de la obligación de indemnizar a un tercero los daños y perjuicios causados por un hecho previsto en el contrato de cuyas consecuencias sea civilmente responsable el asegurado,** conforme a derecho.

> **A TENER EN CUENTA.** En la regulación del seguro de responsabilidad civil, el artículo 75 de la LCS ha sido derogado por la Ley 20/2015, de 14 de julio, de ordenación, supervisión y solvencia de las entidades aseguradoras y reaseguradoras, con efectos desde el 1 de enero de 2016.

Con este tipo de seguro la finalidad es garantizar al asegurado eventual responsable del daño y no al tercero dañado. Es preciso puntualizar que la acción que tiene un perjudicado para exigir a la compañía aseguradora la obligación de indemnizarle es muy distinta de la que tiene frente al causante del daño, asegurado en aquella. Esto sucede puesto que, mientras la acción que el perjudicado puede ejercitar contra el causante de un daño nace de un ilícito en el ámbito de la responsabilidad extracontractual o contractual, la que ejercita frente a su aseguradora, aun derivando del mismo hecho ilícito, presupone la existencia de un contrato de seguro.

Asimismo, el artículo 73, párrafo segundo, de la LCS hace alusión a la admisibilidad de ciertos límites que se establezcan en el contrato, como tales señala aquellas cláusulas limitativas de los derechos de los asegurados ajustadas al artículo 3 de la LCS:

- Circunscriban la cobertura de la aseguradora a los supuestos en que la reclamación del perjudicado haya tenido lugar dentro de un período de tiempo, no inferior a un año, desde la terminación de la última de las prórrogas del contrato o, en su defecto, de su período de duración.

- Circunscriban la cobertura del asegurador a los supuestos en que la reclamación del perjudicado tenga lugar durante el período de vigencia de la póliza siempre que, en este caso, tal cobertura se extienda a los supuestos en los que el nacimiento de la obligación de indemnizar a cargo del asegurado haya podido tener lugar con anterioridad, al menos, de un año desde el comienzo de efectos del contrato, y ello aunque dicho contrato sea prorrogado.

En relación con lo anterior la **sentencia del Tribunal Supremo n.º 252/2018, de 26 de abril, ECLI:ES:TS:2018:1496,** ha fijado la siguiente doctrina jurisprudencial:

> «El párrafo segundo del art. 73 de la Ley de Contrato de Seguro regula dos cláusulas limitativas diferentes, cada una con sus propios requisitos de cobertura temporal, de modo que para la validez de las de futuro (inciso segundo) no es exigible, además, la cobertura retrospectiva, ni para la validez de las retrospectivas o de pasado es exigible, además, que cubran reclamaciones posteriores a la vigencia del seguro».

Salvo que se acuerde lo contrario, el **asegurador asumirá la dirección jurídica frente a la reclamación del perjudicado,** siendo de su cuenta los gastos de defensa que se ocasionen. A estos efectos, debe el asegurado prestar la colaboración necesaria para la dirección jurídica que asume el asegurador. Pero ¿qué sucede cuando el que reclama está también asegurado con el mismo asegurador o existe algún otro conflicto de intereses? En estos casos, el asegurador comunicará inmediatamente al asegurado la existencia de esas circunstancias, sin perjuicio de realizar aquellas diligencias que por su carácter urgente sean necesarias para la defensa. Ante esto, el asegurado tiene dos opciones:

- Mantener la dirección jurídica por el asegurador.
- Confiar su propia defensa a otra persona. En este caso, el asegurador está obligado a abonar los gastos de tal dirección jurídica hasta el límite pactado en la póliza.

Por lo que se refiere a la defensa del asegurado hay que distinguir entre una defensa denominada estricta —art. 74 de la LCS— caracterizada porque es el asegurador el que asume la dirección jurídica frente a la reclamación del perjudicado, y una defensa más amplia —art. 76 a) a 76 g) de la LCS, que después se analizará— que se configura como contrato de seguro de defensa jurídica por el cual el asegurador se obliga, dentro de unos límites marcados por la ley y el contrato, a hacerse cargo de los gastos en que incurra el asegurado a consecuencia de intervenir en un procedimiento judicial, administrativo o arbitral, y a prestarle los servicios de asistencia jurídica judicial y extrajudicial derivados de la cobertura del seguro.

Asimismo, conforme al artículo 76 de la LCS, cabe la **acción directa contra el asegurador por el perjudicado o sus herederos** con la finalidad de exigirle el cumplimiento de la obligación de indemnizar. Lo anterior se entiende, sin perjuicio del derecho del asegurador a repetir contra el asegurado cuando sea la conducta dolosa de este la causa del daño o perjuicio causado a tercero.

La acción directa es inmune a las excepciones que puedan corresponder al asegurador contra el asegurado, si bien el asegurador puede oponer la culpa exclusiva del perjudicado y las excepciones personales que tenga contra este. A los efectos de ejercer la acción directa, el asegurado debe manifestar al tercero perjudicado o a sus herederos la existencia del contrato de seguro y su contenido.

Como principios fundamentadores de la acción directa del artículo 76 de la LCS, la **sentencia del Tribunal Supremo n.º 358/2021, de 25 de mayo, ECLI:ES:TS:2021:2122**, señala:

> «(...) En este sentido, se recuerda que la acción directa del art. 76 LCS se funda en los principios de autonomía de la acción, solidaridad de obligados y dependencia estructural respecto de la responsabilidad del asegurado, y que esto comporta que, aunque la acción directa goce de autonomía procesal (al ser posible demandar exclusivamente a la aseguradora ante la jurisdicción civil sin que previamente se sustancie una reclamación en vía administrativa), la aseguradora no pueda quedar obligada más allá de la obligación del asegurado, pues la jurisdicción contencioso-administrativa es la única competente para condenar a la Administración mientras que la jurisdicción civil sólo conoce de su responsabilidad y consecuencias a efectos prejudiciales en el proceso civil».

La **sentencia del Tribunal Supremo n.º 1519/2023, de 6 de noviembre, ECLI:ES:TS:2023:4658** señala que el mencionado artículo 76 de la LCS solo opera cuando existe obligación de indemnizar al perjudicado por parte del asegurado al que la compañía cubre su responsabilidad civil o patrimonial.

> «En efecto, la acción directa, que corresponde al perjudicado frente a la compañía de seguros del causante del daño, se configura jurídicamente como un derecho propio del perjudicado, autónomo e independiente del que ostenta la administración asegurada contra la compañía de seguros, de manera tal que se proclama que "[...] la acción directa es inmune a las excepciones que puedan corresponder al asegurador frente al asegurado".
>
> Lo expuesto no significa, como es natural, que no deban concurrir los presupuestos indeclinables de que el riesgo asegurado sea objeto de una de cobertura vigente, que constituya el daño sufrido por el perjudicado, y que, además, compartiendo en este sentido los argumentos de las partes recurrentes, quien reclame sea titular de un interés lesionado por una acción jurídicamente imputable a la persona física o jurídica, pública o privada, asegurada, en este caso el ICS.
>
> En definitiva, para obtener el resarcimiento del daño sufrido, el perjudicado cuenta con dos derechos, cada uno de ellos instrumentalizado con la correspondiente acción, de los que surgen dos obligaciones diferentes: la del asegurado, causante del daño, que nace del hecho ilícito, en este caso el ICS; y la del asegurador, proveniente también de ese mismo hecho ilícito, pero que presupone la existencia de un contrato de seguro, sometida al régimen especial del artículo 76 LCS (...)».

Serán los poderes públicos los encargados de determinar aquellas actividades que conllevan la obligación de contratar un seguro de responsabilidad civil. Entre los distintos seguros obligatorios se encuentran los siguientes:

- Seguro de responsabilidad civil obligatoria para la conducción de vehículos de motor.
- Seguro de responsabilidad civil del cazador.
- Seguro de daños materiales o de caución a suscribir por el promotor de viviendas para garantizar el resarcimiento de los daños materiales por vicios o defectos que pudieran aparecer en los edificios construidos.
- Seguros de vida o accidentes considerados obligatorios en los convenios colectivos.
- Seguro obligatorio deportivo, a suscribir por las federaciones deportivas españolas para los deportistas inscritos en las mismas, que participen en competiciones de ámbito estatal, protegiendo riesgos para la salud derivados de la práctica deportiva.
- Seguro para actividades pirotécnicas.
- Seguro de responsabilidad civil profesional.

2.2.8. Seguro de defensa jurídica

El seguro de defensa jurídica es un contrato de seguro regulado en la sección novena, título II, artículos 76 a) a 76 g) de la LCS que no debe confundirse con la dirección jurídica que, conforme al artículo 74 de la LCS, asume el asegurador en los seguros de responsabilidad civil, pues en él se hace referencia solo a la defensa frente a la reclamación del perjudicado siendo una actuación del asegurador en interés propio.

> **A TENER EN CUENTA.** En la regulación del seguro de defensa jurídica, el artículo 76 e) de la LCS ha sido declarado inconstitucional y nulo por la **sentencia del Tribunal Constitucional n.º 1/2018, de 11 de enero, ECLI:ES:TC:2018:1.**

Dicho esto, se define el seguro de defensa jurídica en el artículo 76 a) de la LCS como aquel por el cual el asegurador se obliga, dentro de los límites establecidos en la ley y en el contrato, a hacerse cargo de los gastos en que pueda incurrir el asegurado como consecuencia de su intervención en un procedimiento administrativo, judicial o arbitral, y a prestarle los servicios de asistencia jurídica judicial y extrajudicial derivados de la cobertura del seguro.

¿Existe alguna exclusión en este tipo de seguros? Sí, conforme al artículo 76 b) de la LCS se excluyen el **pago de multas y la indemnización de cualquier gasto originado por sanciones** impuestas al asegurado por las autoridades administrativas o judiciales.

El seguro de defensa jurídica deberá ser objeto de un **contrato independiente**, si bien, **podrá incluirse en un capítulo aparte dentro de una póliza única**, en cuyo caso habrán de especificarse el contenido de la defensa jurídica garantizada y la prima que le corresponde [art. 76 c) de la LCS].

En la **sentencia del Tribunal Supremo n.º 373/2019, de 27 de junio, ECLI:ES:TS:2019:2173**, se señala al respecto lo siguiente:

> «Con carácter general, la dirección jurídica del asegurado puede ser asumida por la asegurado puede ser asumida por la aseguradora a través de dos instrumentos contractuales, a saber, de un lado, en función del seguro de responsabilidad civil, y de otro, en virtud del seguro de defensa jurídica: el primero se rige por el art. 74 de la Ley de contrato de Seguro, y el segundo por la regulación comprendida en la misma Ley a partir de la reforma operada por la Ley 19 de diciembre de 1990 en el art. 76 a) 76 g). En el primero de los supuestos el asegurador, salvo pacto en contrario, asumirá la dirección jurídica frente a las reclamaciones del asegurado, y en el segundo de los supuestos rige el principio de libre elección de profesionales o la asunción por el propio asegurador de tal obligación. La diferencia entre ambas modalidades es que la primera forma parte y es accesoria del seguro de responsabilidad civil, mientras que la segunda se conforma como un contrato de seguro autónomo, exigiéndose que sea objeto de un contrato independiente, y en el supuesto de que se incluya en el de responsabilidad civil, que se configure en un capítulo aparte dentro de la póliza única, especificándose el contenido de la defensa jurídica garantizada, más amplia sin duda que en el caso anterior, así como la prima que corresponde».

Por su parte, el artículo 76 d) de la LCS reconoce el derecho del asegurado a **elegir libremente el procurador y abogado** que hayan de representarle y defenderle en cualquier clase de procedimiento. Asimismo, tendrá el mismo derecho de libre elección de aquellos profesionales en los casos en que se presente conflicto de intereses entre las partes del contrato.

> **A TENER EN CUENTA.** El/La abogado/a y procurador/a que designe el asegurado no estará sujetos a las instrucciones del asegurador en ningún caso.

El derecho de libre elección debe ser expresamente recogido en la póliza del contrato, tal y como dispone el artículo 76 f) de la LCS, que a su vez establece en su párrafo segundo, para el caso de conflicto de intereses o de desavenencia sobre el modo de tratar una cuestión litigiosa, el deber del asegurador de informar inmediatamente al asegurado de la facultad que tiene de ejercitar aquel derecho.

Resulta especialmente interesante la **sentencia del Tribunal Supremo n.º 101/2021, de 24 de febrero, ECLI:ES:TS:2021:584**, al establecer:

> «(...) de acuerdo con la doctrina del Tribunal de Justicia de la Unión Europea, las partes contratantes son libres para pactar niveles de cobertura de los gastos de defensa jurídica más importantes, en su caso mediante el pago por el asegurado de una prima mayor, y el ejercicio del derecho del asegurado de elegir libremente a su representante legal no excluye que, en determinados casos, se establezcan limitaciones a los gastos soportados por las compañías aseguradoras, pero siempre que no se vacíe de contenido la libertad de elección por el asegurado de la persona facultada para representarlo y siempre que la indemnización efectivamente abonada por este asegurador sea suficiente.

Desde este punto de vista es razonable admitir que, en función de la prima pagada, puede establecerse una limitación del riesgo cubierto cuando se recurra a servicios jurídicos escogidos libremente mientras que la cobertura sea total si los servicios son prestados por el asegurador, pues cabe pensar que cuando la compañía presta el servicio de defensa con sus propios medios o con servicios jurídicos concertados, los costes asumidos serán menores. Con todo, la fijación de una cuantía tan reducida que por ridícula haga ilusoria la facultad atribuida de libre elección de los profesionales, equivale en la práctica a vaciar de contenido la propia cobertura que dice ofrecer la póliza».

La mencionada STS n.º 373/2019, de 27 de junio, hace una interpretación sobre **qué se entiende por asegurado** a efectos de la **libre de elección de abogado** en un contrato de seguro de defensa jurídica, en un caso el que la entidad aseguradora no quiere hacerse cargo de la minuta del abogado elegido libremente por no estar dentro de:

«la cobertura de la póliza las reclamaciones del cónyuge del asegurado frente a la propia aseguradora, ya que no es propietaria, conductora ni tomadora del seguro y por ello no está cubierto por el seguro de defensa jurídica la designación libre de profesionales por la demandante.

(...)

Para ello es necesario una interpretación conjunta de las cláusulas del contrato, como acertadamente pretende la parte recurrente, y no la aislada que predica la recurrida y apoya la audiencia.

El art. 76 d) de la LCS, que es el que reconoce la libre elección de abogado y procurador en el seguro de defensa jurídica, concede ese derecho de elección al asegurado, pero es necesario acudir a los términos de la póliza para determinar la persona física o jurídica asegurada en cada caso.

3.-En el art. 6.1.1, que especifica y contiene el alcance de la garantía de la defensa jurídica, hace mención al asegurado, conductor, propietario o tomador del vehículo, así como a sus ascendientes, descendientes y cónyuge de cualquiera de ellos.

A todos ellos les garantiza el pago de los gastos ocasionados para la defensa jurídica en que puedan incurrir como consecuencia de su intervención en un procedimiento administrativo, judicial o arbitral derivado de accidente de circulación, y a prestarle los servicios de asistencia jurídica judicial y extrajudicial.

Esto es, contempla la unidad familiar como asegurada en la defensa jurídica, por lo que no sería razonable que la mención del asegurado para la libre elección de abogado y procurador para su defensa y representación no comprendiese a las personas que tengan un interés económico en el siniestro, contempladas en el clausulado citado, esto es, quienes hubiesen sufrido un quebranto económico con ocasión de él y se le haya garantizado su defensa.

Se daría el contrasentido de que el asegurado, a quien circunscribe la elección de abogado la parte recurrida, tuviese una dirección letrada y su cónyuge otra, la de la aseguradora, con diversidad de criterio a la hora de litigar o transigir sobre el siniestro.

Tal es así que otras pólizas huyendo de la oscuridad de la de autos, garantiza las mismas prestaciones a las mismas personas pero deja claro que se asegura la "unidad familiar"».

Finalmente, el artículo 76 g) de la LCS excluye la aplicación de las normas previstas para el seguro de defensa jurídica a los casos siguientes:

– A la defensa jurídica por el asegurador de la responsabilidad civil conforme al artículo 74 de la LCS.

– A la defensa jurídica por el asegurador de la asistencia en viaje. En este caso, la inaplicación de lo previsto para el seguro de defensa jurídica está condicionada:

• A que la actividad de defensa jurídica se ejerza en un Estado distinto del de la residencia habitual del asegurado.

• A que dicha actividad se halle contemplada en un contrato cuyo objeto sea única y exclusivamente la asistencia a personas que se encuentren en dificultades con motivo de desplazamientos o de ausencias de su lugar de residencia habitual.

• A que en el contrato se indique claramente que no se trata de un seguro de defensa jurídica, sino de una cobertura accesoria a la de asistencia en viaje.

– A la defensa jurídica cuyo objeto sean litigios o riesgos que surjan o tengan relación con el uso de buques o embarcaciones marítimas.

RESOLUCIÓN RELEVANTE

Sentencia de la Audiencia Provincial de Oviedo, rec. 124/2023, de 22 de junio, ECLI:ES:APO:2023:2204

Doctrina sobre la calificación de la cobertura de defensa jurídica inherente a los seguros de responsabilidad civil y sobre los límites cuantitativos del coste de la defensa ejercida por profesionales de libre elección en los seguros de defensa jurídica

«QUINTO.- Doctrina jurisprudencial sobre la calificación de la cobertura de defensa jurídica inherente a los seguros de responsabilidad civil.

1. El planteamiento de la sentencia recurrida y del recurso obliga a clarificar aquí el distinto contenido de los arts. 74 y 76 a) LCS, cuyo contenido damos aquí por reproducido.

2. La STS 101/2021, de 24 de febrero, que como luego veremos trata una cláusula que, en un seguro de defensa jurídica contratado como garantía adicional de un seguro de automóvil, fijaba en 600 € el límite de cobertura de la defensa jurídica en caso de libre designación de profesionales, expone el diferente régimen de los arts. 74 y 76 a) LCS.

3. En el seguro de responsabilidad civil de los arts. 73 y 76, que es la naturaleza propia del seguro de automóvil, el asegurado es, por definición, el destinatario de la reclamación de un tercero que ha sufrido un daño por un hecho previsto en el contrato de seguro. La defensa jurídica del asegurado no se rige en este caso por los arts. 73 a)-g) LCS, porque así lo excluye expresamente el art. 76 g), sino por el art. 74. Ello implica que la regla general será la defensa del asegurado a cargo de los profesionales designados por la aseguradora y que esta regla general solo admita tres excepcio-

nes: el pacto en contrario, el conflicto de intereses y la pasividad de la aseguradora (vid. STS 646/2010, de 27 de octubre, 437/2000, de 20 de abril, y 91/2008, de 31 de enero). Cuando se dé una de estas tres excepciones, la obligación del asegurador de pagar los gastos de la dirección jurídica confiada a una persona diferente del asegurador lo será "hasta el límite pactado en la póliza" (art. 74.II in fine).

Las cláusulas que fijan la cuantía máxima de la cobertura de defensa jurídica en el ámbito del art. 74 LCS están, pues, previstas por el legislador en la propia norma, pero la ley no les asigna una determinada naturaleza, delimitadora o limitativa, a diferencia de lo que sucede, por ejemplo, con las cláusulas de delimitación temporal de cobertura o claim made, que el art. 73.2 LCS califica expresamente como limitativas. Ante el silencio del legislador, corresponde a los tribunales calificar su naturaleza delimitadora o limitativa (STS 421/2020, de 14 de julio, y 101/2021, de 24 de febrero).

Así, la STS 421/2020, de 4 de julio, que es una sentencia del pleno de la Sala Primera, en un caso en el que el asegurado por un seguro de responsabilidad civil designó abogado de su libre elección porque había conflicto de intereses con la aseguradora, explicó que en el ámbito del art. 74 el límite cuantitativo de cobertura tiene un claro respaldo legal, ya que es la propia norma la que autoriza al asegurador a incluirlo en la póliza, por lo que en principio se trata de una cláusula delimitadora del riesgo. Pero, en atención a las circunstancias del caso, podrá convertirse en una cláusula limitativa o en una cláusula lesiva si fija unos límites notoriamente insuficientes en relación con la cuantía cubierta por el seguro de responsabilidad civil y la cuantía reclamada en el caso concreto. Se tiene en cuenta en estos casos, entre otros datos, que el asegurado no elige abogado por su libre voluntad, sino a causa del conflicto de intereses entre él y la aseguradora. Y se advierte de la dificultad que entraña distinguir a estos efectos entre un límite insuficiente o suficiente y de la conveniencia de acudir a un índice de referencia, como podría ser el importe orientativo del baremo de los colegios profesionales, teniendo siempre en cuenta el límite de la cobertura del seguro de responsabilidad civil contratado y el quantum reclamado en la demanda dirigida frente al asegurado. En el caso que analiza, la suma asegurada era de 1.200.000 €, la reclamación de 1.287.309,66 €, la minuta reclamada de 121.874 € y la limitación cuantitativa de 30.000 €. Con estos datos, se consideró que se trataba de una cláusula implícitamente limitativa y que no cumplía los requisitos del art. 3 LCS.

Esta sentencia del pleno de la Sala Primera matiza la STS 481/2016, de 14 de julio, que también en un seguro de responsabilidad civil con conflicto de intereses había considerado limitativa de los derechos del asegurado una cláusula que limitaba la cobertura a 1.500 €, y de la que podía desprenderse que los topes de cobertura eran en todo limitativos de derechos.

SEXTO.- Doctrina jurisprudencial sobre los límites cuantitativos del coste de la defensa ejercida por profesionales de libre elección en los seguros de defensa jurídica.

1. El caso de los seguros de defensa jurídica no es exactamente igual. En ellos el asegurado puede ocupar la parte activa o la parte pasiva de la reclamación de que se trate y la facultad de libre designación de profesionales es el contenido natural del contrato (art. 76.d. LCS). Conforme al art. 76.a) LCS, el asegurador queda obligado a hacerse cargo de los gastos de la defensa jurídica libremente elegida " dentro de los límites establecidos en la ley y en el contrato".

2. En este tipo de seguros, además de la regulación de los arts. 76 a)-g) LCS, ha de aplicarse la Directiva 87/344/CEE, de 22 de junio, sobre coordinación de las disposiciones legales, reglamentarias y administrativas relativas al seguro de defensa jurídica, que está incorporada a nuestro derecho desde la Ley 21/1990, de 19 de diciembre y, por tanto, la doctrina del TJUE.

La doctrina del TJUE está resumida en la STS 101/2021, de 4 de febrero, y a ella nos remitimos: las partes contratantes son libres para pactar niveles de cobertura de los gastos de defensa jurídica más importantes, en su caso mediante el pago por el asegurado de una prima mayor, y el ejercicio del derecho del asegurado de elegir libremente a su representante legal no excluye que, en determinados casos, se establezcan limitaciones a los gastos soportados por las compañías aseguradoras, pero siempre que no se vacíe de contenido la libertad de elección por el asegurado de la persona facultada para representarlo y siempre que la indemnización efectivamente abonada por este asegurador sea suficiente.

3. El TS (STS 101/2021, de 24 de febrero) considera que en los seguros de defensa jurídica: (i) es razonable admitir que, en función de la prima pagada, puede establecerse una limitación del riesgo cubierto cuando se recurra a servicios jurídicos escogidos libremente mientras que la cobertura sea total si los servicios son prestados por el asegurador, pues cabe pensar que cuando la compañía presta el servicio de defensa con sus propios medios o con servicios jurídicos concertados, los costes asumidos serán menores; (ii) la fijación de una cuantía tan reducida que por ridícula haga ilusoria la facultad atribuida de libre elección de los profesionales, equivale en la práctica a vaciar de contenido la propia cobertura que dice ofrecer la póliza.

En la casuística resuelta por el TS, la citada STS 101/2021 califica como lesiva una limitación de 600 €, en un caso en que el asegurado había fallecido a causa del accidente, la indemnización a los perjudicados se fijó en 316.637,76 euros y los gastos de defensa, calculados de conformidad con los criterios orientadores en materia de honorarios del Colegio de Abogados de Barcelona, eran de 34.273,53 €. Esa suma de 600 €, entiende la sentencia, impediría ejercer el derecho a la libre elección de abogado y/o procurador, al no guardar ninguna proporción con los costes de la defensa jurídica.

Por su parte, la STS 477/2023, de 11 de abril, se refiere a una cláusula de un seguro de automóvil que contenía una cobertura adicional de defensa jurídica para los casos en que el asegurado sufriera un accidente como peatón y que establecía un tope de 3.000 € si se optaba por la libre elección de profesionales. La prima de esta cobertura sí estaba desglosada en este caso. Valora que la cláusula consta en las condiciones generales y que estaba redactada con claridad a continuación de la extensión de la cobertura a los accidentes que pudiera sufrir el asegurado como peatón, y resuelve que esa limitación no impedía el ejercicio del derecho de defensa. Añade que el cálculo de los honorarios conforme a los criterios que hubiera podido elaborar el colegio profesional, que en el caso concreto arrojaban una cifra superior al tope de los 3.000 €, tienen una función orientativa y no sirven para determinar la cantidad exacta que debe reembolsar la aseguradora.

4. El problema de los seguros de automóvil que incluyen la cobertura de defensa jurídica del asegurado como sujeto activo reclamante es un caso singular, y es precisamente el que aquí nos ocupa. La STS 101/2021, de 24 de febrero, se ocupa de esta cuestión y resuelve que el hecho de que la cobertura de defensa jurídica se incluya como adicional de un seguro de responsabilidad civil no le priva de su propio objeto y que ello es así aun cuando no se hubiera fijado, como exige el art. 76.c) LCS, la parte de la prima que le correspondía. La falta de especificación sería imputable a la aseguradora, no al asegurado. Por tanto, serán aplicables en estos casos los criterios expuestos en el apartado anterior.

5. Aunque en apariencia el tratamiento de los topes cuantitativos a los gastos de defensa jurídica no produce efectos sustancialmente diferentes en los seguros de responsabilidad civil y en los seguros de defensa jurídica, en realidad no es así. Como se ha indicado, la calificación de una determinada cláusula como delimitadora del riesgo, limitativa de los derechos del asegurado o lesiva está muy condicionada por el contenido natural del contrato, que es diferente en una y otra modalidad de seguro.

En el seguro de defensa jurídica, la libre elección de profesionales forma parte de ese contenido natural del contrato y, por ello, tiene en principio un blindaje natural superior a la defensa jurídica propia de un seguro de responsabilidad civil».

CUESTIÓN

¿La cobertura adicional de defensa jurídica incluida en una póliza de un seguro de automóvil cubre los gastos de la reclamación judicial del tomador contra la propia aseguradora, ante las discrepancias surgidas entre las partes del contrato de seguro acerca de la cuantía que debe abonar la aseguradora por los daños al propio vehículo en un caso de siniestro total cubierto por la póliza?

A esta cuestión encontramos respuesta en la **sentencia del Tribunal Supremo n.º 636/2021, de 27 de septiembre, ECLI:ES:TS.2021:3586** en la que desestima el recurso interpuesto contra la sentencia en la que se reconocía que el seguro de defensa jurídica sí cubría los gastos de reclamaciones dirigidas contra la aseguradora «porque no es necesaria la implicación de un tercero para que se dé un conflicto de intereses». El Alto Tribunal opina lo contrario, entiende que no se está ante un riesgo cubierto por el seguro de defensa jurídica.

«Por el seguro de defensa jurídica, "el asegurador se obliga, dentro de los límites establecidos en la Ley y en el contrato, a hacerse cargo de los gastos en que pueda incurrir el asegurado como consecuencia de su intervención en un procedimiento administrativo, judicial o arbitral, y a prestarle los servicios de asistencia jurídica judicial y extrajudicial derivados de la cobertura del seguro" [art. 76.a) LCS]. El seguro de defensa jurídica requiere alteridad en el litigio cuya defensa o cuyos gastos deben ser asumidos por el asegurador. El seguro de defensa jurídica no tiene por objeto cubrir los gastos de los profesionales a los que recurra el asegurado con el fin de exigir el cumplimiento de las prestaciones pactadas por las partes en el contrato de seguro. La asignación de los gastos generados por un procedimiento seguido contra la aseguradora y en el que se discute el ámbito del contrato de seguro o su cumplimiento vendrá fijada en cada caso por el resultado del procedimiento seguido y, en particular, por el criterio que se adopte en la sentencia en materia de costas.

La interpretación contraria sostenida por la recurrente no se puede sostener. No solo carece de sentido que la aseguradora pudiera asumir la defensa jurídica de una reclamación entablada por el asegurado contra ella para exigir el cumplimiento de otros capítulos de la póliza (como sucede en el caso con el siniestro total), sino que tampoco sería razonable concluir que, por estar ínsito en tal reclamación un conflicto de intereses entre las partes, la aseguradora siempre debería hacerse cargo de los gastos en que incurriera el asegurado para entablar reclamaciones contra ella. Basta pensar que, de ser así, se llegaría al absurdo de que la aseguradora debería reintegrar al asegurado los gastos incluso cuando, por desestimación íntegra de la demanda, hubiera sido condenado en costas.

Por estas mismas razones, la exclusión del seguro de defensa jurídica de los gastos por las reclamaciones contra la misma aseguradora no restringe los derechos del asegurado ni desnaturaliza la cobertura esperable, sino que acota y define el riesgo de manera coherente con el objeto propio de este seguro, que se refiere a la protección jurídica o la cobertura de los gastos por reclamaciones frente a terceros. Por ello, no puede considerarse limitativa de derechos y basta para su inclusión en el contrato con una aceptación genérica. En el caso, por lo demás, en la póliza que consta en las actuaciones no solo se recoge la mencionada exclusión, sino que en la descripción que se contiene de la cobertura de protección jurídica consistente en la reclamación de daños causados al vehículo asegurado se hace expresa referencia a la reclamación frente a los terceros responsables como consecuencia de un accidente de circulación, lo que no tiene nada que ver con el objeto del litigio precedente cuyas costas se reclaman ahora».

> **2. En una póliza de seguro de automóvil se limita la cobertura adicional de defensa jurídica a 1.500 euros. ¿Es correcta dicha cláusula limitativa?**
>
> La sentencia del Tribunal Supremo n.º 101/2021, de 24 de febrero, ECLI:ES:TS:2021:584, se ocupa de esta cuestión y resuelve que el hecho de la cobertura de defensa jurídica se incluya como adicional de un seguro de responsabilidad civil no priva de su propio objeto y que ello es así aun cuando no se hubiera fijado, como exige el art. 76 c) de la LCS, la parte de la prima que se correspondía. La falta de especificación sería imputable a la aseguradora, no al asegurado.

2.2.9. El contrato de reaseguro

El contrato de reaseguro se regula en la sección décima, título II, artículos 77 a 79 de la LCS y se define como aquel contrato por el que el reasegurador se obliga a reparar, dentro de los límites previstos en la ley y en el contrato, la deuda que nace en el patrimonio del reasegurado como consecuencia de la obligación asumida por él como asegurador en un contrato de seguro.

El reaseguro se trata de un contrato distinto del contrato de seguro, a pesar de la íntima relación existente entre ambos (el seguro es presupuesto necesario del reaseguro) pues es distinto el riesgo que asume en cada uno de ellos, el interés que se protege en uno y otro, y los sujetos también son diferentes salvo el asegurador, lógicamente que interviene en ambos contratos, aunque en posiciones distintas (**sentencia de la Audiencia Provincial de la Audiencia Nacional, rec. 954/2003, de 28 de septiembre de 2005, ECLI:ES:AN:2005:4641**).

> **CUESTIÓN**
>
> **¿El pacto de reaseguro interno afecta al asegurado?**
>
> No. Conforme al artículo 77, párrafo segundo, de la LCS, en caso de pacto de reaseguro interno entre el asegurador directo y otros aseguradores, el asegurado no se verá afectado, el cual podrá, en todo caso, exigir la totalidad de la indemnización al asegurador, sin perjuicio del derecho de repetición que este tenga frente a los reaseguradores en virtud del pacto interno.

En estos supuestos, el asegurado no podrá exigir directamente del reasegurador indemnización ni prestación alguna, si bien, en caso de liquidación voluntaria o forzosa de su asegurador, gozarán de privilegio especial sobre el saldo acreedor que resulta de la cuenta del asegurador con el reasegurador.

> **JURISPRUDENCIA**
>
> **Sentencia del Tribunal Supremo de 25 de junio de 1977, ECLI:ES:TS:1977:166**
>
> **El reaseguro no altera en nada el contrato celebrado entre el asegurador y el asegurado, funcionan ambos de modo autónomo y separado de tal modo que el asegurado no tiene acción alguna contra el reasegurador, ni éste contra aquél.**
>
> *«Asumida por el reasegurador la obligación que ha contraído el asegurador, es desde luego evidente que no opera la novación del artículo 1.205 entre asegurador y reasegurador y, por tanto, contra éste no tiene acción directa el asegurado. Por ello es que es el asegurador primero quien resulta obligado con su asegurado, que no tiene por qué saber, o aceptar el reaseguro. Pagado el siniestro por el asegurador, opera el derecho de subrogación del artículo 780 del Código de Comercio, con lo que el*

responsable del siniestro, sea por culpa contractual, sea por culpa aquiliana, queda deudor de éste. Entonces, como todo esto encaja dentro del mecanismo general establecido por el artículo 1.112 del artículo, digo del Código Civil, por la cesión del riesgo al reaseguro, éste viene obligado al pago de la indemnización al asegurador que, una vez realizado, produce la subrogación del número tercero del artículo 1.210 del Código Civil en favor del primero a quien se transmiten todos los derechos anexos en contra del culpable del siniestro, sin que el asegurador pueda ejercitar acción alguna en contra del deudor por aplicación del artículo 1213 del Código Civil, ya que según éste sólo puede ejercitarla en caso de pago parcial y sólo por el resto, cosa que implica que si el pago ha sido al 100 por 100 no le quede acción alguna, conforme de manera clara y expresa el artículo 1.212 del Código Civil al disponer la transferencia al subrogado (reasegurador) del crédito contra el deudor (el responsable del siniestro en nuestro caso) con los derechos anexos (legitimación activa procesal para reclamar, etc.). Es más, aun en el supuesto de que se quisiese entender que el reasegurador no tiene interés directo en el cumplimiento de la obligación, operaría la subrogación establecida en el artículo. 1.158 del Código Civil».

Sentencia del Tribunal Supremo n.º 706/2014, de 3 de diciembre, ECLI:ES:TS:2014:5214

«Es necesario recordar que de acuerdo con los arts. 77 y 78 de la LCS el contrato de seguro y el de reaseguro son autónomos, de forma que el asegurado no podrá reclamar contra el reasegurador 'strictu sensu', dado que solo ostenta acciones contra el asegurador.

Se pretende por el recurrente unificar las disciplinas de ambos contratos cuando su régimen jurídico y naturaleza son diversas, lo cual es rechazable.

Que el reasegurador deba resarcir, en virtud del acuerdo convenido al asegurador de la deuda que éste tenga para con el asegurado, no deslegitima al asegurador para ejercitar la acción subrogatoria del art. 43 de la LCS, contra los causantes del siniestro. Todo ello sin perjuicio de las acciones que reasegurador y aseguradora hayan convenido entre sí. En este sentido la STS de 25 de junio de 1977, RJA 3014».

Existe obligación de comunicar al reasegurador, en la forma y plazos previstos en el contrato, cualesquiera alteraciones y modificaciones en la suma asegurada, en el valor del interés y, en general, en las condiciones del seguro directo.

A TENER EN CUENTA. Se excluye del reaseguro la aplicación del artículo 2 de la LCS relativo al mandato de imperatividad de los preceptos de la citada ley.

2.3. Otros

2.3.1. Seguro obligatorio de viajeros

El seguro obligatorio de viajeros tiene como **finalidad** indemnizar a los mismos o a sus beneficiarios, cuando sufran daños corporales en accidente que tenga lugar con ocasión de desplazamiento en un medio de transporte público colectivo de personas, siempre que concurran las circunstancias exigidas.

Dicho seguro tiene su regulación en el **Real Decreto 1575/1989, de 22 de diciembre, por el que se aprueba el Reglamento del Seguro Obligatorio de Viajeros**.

El seguro obligatorio de viajeros, como bien indica su denominación, **tiene carácter obligatorio y ampara a todo viajero que utilice medios de locomoción destinados al transporte público colectivo** de personas.

Asimismo, **es una modalidad de seguro privado de accidentes individuales** y es compatible con cualquier otro seguro concertado por el viajero o referente a él.

En cuanto al seguro de responsabilidad civil y su compatibilidad con el seguro obligatorio de viajeros, se ha suscitado un amplio debate que ha dado lugar a respuestas diversas en la jurisprudencia menor, así se ve reflejado en la **sentencia del Tribunal Supremo n.º 627/2011, de 19 de septiembre, ECLI:ES:TS:2011:5838**.

Por un lado, estaría el **sector contrario a la posibilidad de indemnizar el mismo daño corporal con cargo al seguro obligatorio de viajeros y al de responsabilidad civil**, respecto del cual cabe señalar:

> «Sin negar la compatibilidad legal de los seguros en (…), esta posición doctrinal entiende que dicha compatibilidad no puede traer consigo una acumulación o duplicidad de las indemnizaciones si el daño resarcible es el mismo, debiendo primar, en tal caso, la aplicación del régimen de indemnización previsto en la LRSCVM. (…) el SOV opera con carácter subsidiario, de tal manera que si la víctima fue íntegramente indemnizada conforme al seguro obligatorio de responsabilidad civil no cabe la reclamación conforme al seguro obligatorio de viajeros, estando abierta esta posibilidad únicamente para completar las indemnizaciones correspondientes en la medida en que las mismas no estuvieran contempladas en el ámbito del seguro de responsabilidad civil».

Por otro lado, se encuentra el **sector favorable a la posibilidad de indemnizar doblemente el mismo daño corporal**. Esta postura se sustenta en la distinta naturaleza, finalidad y cobertura de los seguros obligatorios concurrentes (de viajeros y de responsabilidad civil en el ámbito de la circulación), y, desde el punto de vista normativo, esencialmente en el artículo 2.º del **Reglamento del Seguro Obligatorio de Viajeros**, apartados 2 y 3. En esta línea establece el Tribunal Supremo:

> «(…) el **seguro obligatorio de viajeros**, como modalidad de seguro de accidentes, y por tanto, como seguro de personas, cubre el **riesgo de que por un siniestro ocurrido con ocasión de un desplazamiento en transporte público colectivo se ocasionen al viajero daños corporales**. Por tanto, es un seguro cuyo riesgo es la persona del viajero asegurado, que comprende todos aquellos que pueden afectar a su existencia, integridad corporal o salud, correspondiendo el interés a la propia persona objeto del riesgo. Y, como "seguro de suma", viene también caracterizado porque la indemnización se fija de antemano por los contratantes al suscribir la póliza, al margen del daño concreto, ante la difícil valoración a priori de

dicho interés. Desde otro punto de vista, además de no cubrir los daños materiales, su ámbito de cobertura va más allá de la circulación viaria de vehículos a motor (alcanza los daños producidos al viajero en transporte marítimo o, incluso, al transporte en teleféricos, funiculares, telesquíes, telesillas, telecabinas u otros medios). Por todo lo cual, **el derecho del asegurado no depende del nacimiento de una responsabilidad a cargo del transportista fundada en una actuación culposa o negligente, como sí exige el seguro obligatorio de responsabilidad civil en materia de tráfico.**

A diferencia del de viajeros, el **seguro de responsabilidad civil** (...) tiene por objeto de cobertura el **riesgo de nacimiento a cargo del conductor y del propietario del vehículo, de la responsabilidad civil frente a terceros prevista en el artículo 1 de la LRCSCVM,** esto es, con ocasión de un hecho de la circulación, de índole objetiva en el caso de los daños a personas, y claramente subjetiva cuando de daños materiales se trate - los cuales, sí cubre, pero están excluidos en el SOV-. Como seguro de daños y no de personas, el interés protegido es el del responsable del daño, en cuanto que lo que se asegura no es la posibilidad del accidente de terceros sino la deuda de responsabilidad que se verá obligado a asumir el asegurado responsable, es decir y en suma, su patrimonio.

En atención a esa distinta naturaleza, y a la **expresa compatibilidad de las dos modalidades de seguros** que resulta de los preceptos reglamentarios citados, han sido varias las Audiencias Provinciales que han venido considerando que esa compatibilidad ha de tener su reflejo en la posibilidad de reclamar una indemnización independiente con cargo a cada uno de ellos. Se ha dicho al respecto que no hay duplicidad en la indemnización sino distinto riesgo e interés resarcible, que al tratarse de seguros de personas y no de daños, no le es aplicable la prohibición relativa al enriquecimiento injusto (artículo 26 LCS) ni la previsión sobre el seguro múltiple (32 LCS), que de no admitirse dicha compatibilidad de prestaciones con cargo a cada seguro y a las respectivas aseguradoras, llegaríamos a la situación de que dicha entidad aseguradora estaría cobrando primas derivadas de una póliza de Seguro Obligatorio de Viajeros por un riesgo que nunca podía producirse al estar el vehículo público cubierto con un seguro de responsabilidad civil de suscripción obligatoria y, finalmente, que el supuesto no se aleja de aquel otro habitual consecuente a accidente viario, y consistente en que, al lado de la indemnización por responsabilidad civil, puede ser que, por razón de la suscripción de una póliza de seguro de personas contratada por el propio perjudicado u otro, se haga este acreedor, frente a su entidad aseguradora, de otra prestación económica que tenga como causa el estado físico resultante del siniestro de la circulación».

Pues bien, a la vista de las dos posturas expuestas, asume el Alto Tribunal la posición que defiende la compatibilidad de ambos seguros citando el caso previsto en la **STS n.° 618/2010, de 8 de octubre, ECLI:ES:TS:2010:4988,** al señalar:

«En STS de 8 de octubre de 2010, RCIP n. ° 2145/2006, esta Sala ha acogido el **criterio favorable a la compatibilidad de ambas indemnizaciones.** La sentencia, recaída también en un litigio en el que, como el actual, se debatió la posible responsabilidad con cargo a ambos seguros derivada del accidente sufrido por un pasajero que se cayó en el autobús en el que viajaba, declaró que la negativa de la AP a indemnizar con cargo al SOV por ausencia de culpa o responsabilidad del conductor del vehículo constituía una decisión errónea, toda vez que, **a diferencia del seguro de responsabilidad civil, el seguro obligatorio de viajeros otorga a todo viajero que utilice un transporte público y en el momento del accidente esté provisto del título de transporte, el derecho a ser indemnizado** "siempre que se produzca el hecho objetivo del accidente o daño, con independencia de la culpa o negligencia del conductor, empresario, o empleados, e incluso tercero, hasta el límite y en las condiciones establecidas en el mismo", de tal forma que para ser acreedor de la indemnización con cargo a dicho SOV bastará acreditar la condición de viajero con el correspondiente título de viaje y que los daños corporales deriven de alguna de las causas previstas en el artículo 7 del RD 1575/1989, de 22 de diciembre, así como que no concurran las causas de exclusión del artículo 9 (según el cual la protección del Seguro no alcanzará a los asegurados que provoquen los accidentes en estado de embriaguez o bajo los efectos de drogas, estupefacientes o estimulantes o mediante la comisión de actos dolosos)»".

A título de ejemplo, cabe citar la **sentencia de la Audiencia Provincial de Madrid n.º 337/2024, de 26 de julio, ECLI:ES:APM:2024:10562**, que refleja la asunción de la compatibilidad de seguro obligatorio de viajeros y seguro de responsabilidad civil basada en la jurisprudencia expuesta.

¿Cuál será la cobertura garantizada por el seguro obligatorio de viajeros?

De acuerdo con el artículo 3.º del Real Decreto 1575/1989, de 22 de diciembre, comprenderá exclusivamente:

- Indemnizaciones pecuniarias.
- Asistencia sanitaria.

Ambas coberturas, se garantizarán siempre y cuando, como consecuencia de un accidente producido con ocasión de un desplazamiento en un medio de transporte público colectivo de personas, **se produzca, muerte, invalidez permanente o incapacidad temporal del viajero.**

¿Cuál será el ámbito de aplicación del Real Decreto 1575/1989, de 22 de diciembre?

- **Todos los usuarios de medios de transporte público colectivo español de viajeros, urbanos e interurbanos** contemplados en la Ley 16/1987, de 30 de julio, en tanto circulen por territorio nacional y en todos los viajes que tengan su principio en dicho territorio, aunque sin limitación de destino.
- **Todos los usuarios de medios de transporte marítimo español**, en todos los viajes que realicen y tengan su principio en territorio nacional, sin limitación de destino.

¿Quién se encuentra asegurado por el seguro obligatorio de viajeros?

– Toda persona que en el momento del accidente esté provista del título de transporte, de pago o gratuito.

– Las personas menores de edad que, según las normas que regulan cada medio de transporte, estén exentos del pago de billetes o pasaje.

– El personal dedicado por la empresa transportista a los servicios requeridos para la utilización o el funcionamiento del vehículo, así como el personal al servicio de las AA. PP. que se hallen, durante el viaje, en ejercicio de sus funciones.

CUESTIÓN

¿Qué ocurrirá con los asegurados en el caso de que el billete de transporte se expida sin la exigencia de identificación del pasajero?

De acuerdo con el artículo 6.º del Real Decreto 1575/1989, de 22 de diciembre, cuando el billete se expida sin exigir la identificación del viajero, se presumirá que el accidentado estará provisto de billete en todos aquellos casos en que por las características del accidente sea verosímil el extravío o destrucción de dicho billete.

Pero ¿qué riesgos estarán cubiertos por este tipo de seguro? Las lesiones corporales que sufran los viajeros a consecuencia directa de choque, vuelco, alcance, salida de la vía o calzada, rotura, explosión, incendio, reacción, golpe exterior y cualquier otra avería o anormalidad que afecte o proceda del vehículo.

Asimismo, los **accidentes protegidos** por el seguro serán, de acuerdo con el artículo 8.º del Real Decreto 1575/1989, de 22 de diciembre, en primer lugar y como norma general, los accidentes acaecidos:

– **Durante** el viaje.

– **Antes** de comenzar el viaje, una vez que el vehículo hubiera sido puesto a disposición de los viajeros para utilizarlo.

– Los **inmediatamente acaecidos después de terminar el viaje**, pero siempre que, al producirse, los pasajeros se encontraran en dicho vehículo.

Si bien, y más concretamente, gozarán de protección los siguientes accidentes:

– Los **accidentes ocurridos al entrar el asegurado en el vehículo o salir de él por el lugar debido**, teniendo contacto directo con aquel, aun cuando lo tuviera también con el suelo, así como los ocurridos durante la entrega o recuperación del equipaje directamente del vehículo. En el **transporte marítimo**, los ocurridos al viajero hallándose situado sobre la plancha, escala real o pasarelas que unen la embarcación con el muelle, así como el acaecido durante el traslado, en otras embarcaciones, desde el muelle a buques no atracados y viceversa.

– Los **accidentes que ocurran con ocasión de acceso o abandono de vehículos** que hayan de ocuparse o evacuarse en movimientos por exigirlo así la naturaleza del medio de transporte.

– Los que **sobrevinieran cuando fuera necesario efectuar el acceso o evacuación del vehículo en situación excepcional** que implique para él mayor peligrosidad que de ordinario, y ocurra durante la misma.

CUESTIÓN

¿Hay algún accidente excluido?

Sí, los asegurados que provoquen los accidentes en estado de embriaguez o bajo los efectos de drogas, estupefacientes o estimulantes o mediante la comisión de actos dolosos.

¿Cuáles son los medios de transporte incluidos en el seguro obligatorio de pasajeros?

Estos medios de transporte los encontramos enumerados en el artículo 10.º del Real Decreto 1575/1989, de 22 de diciembre, y son los siguientes:

– Los que tienen por objeto **transportes de viajeros realizados en vehículos automóviles que circulen, sin camino de rodadura fijo, y sin medios fijos de captación de energía,** por toda clase de vías terrestres urbanas e interurbanas, de carácter público, y asimismo de carácter privado, cuando el transporte que en los mismos se realice sea público.

– Los que **tienen por objeto transportes de personas por ferrocarril,** considerándose como tales aquellos en los que los vehículos en los que se realizan circulan por un camino de rodadura fijo que les sirve de sustentación y de guiado, incluyendo los denominados «trenes-cremallera» constituyendo el conjunto camino-vehículo una unidad de explotación.

– Los que tienen por **objeto transportes de personas que se lleven a cabo en trolebús,** así como los realizados en teleféricos, funiculares, telesquíes, telesillas, telecabinas u otros medios en los que la tracción se haga por cable y en los que no exista camino de rodadura fijo.

– Las **embarcaciones de matrícula y pabellón españoles** que estén autorizadas para el transporte público colectivo de pasajeros.

A TENER EN CUENTA. No tendrán la consideración de ferrocarril, a los efectos establecidos en el Real Decreto 1575/1989, de 22 de diciembre, las vagonetas sin motor, ni las máquinas aisladas dedicadas exclusivamente a realizar maniobras dentro del recinto de las estaciones o de sus dependencias.

CUESTIÓN

¿Qué medios de transporte están excluidos del seguro obligatorio de pasajeros?

Los medios destinados al transporte público de personas con capacidad inferior a 9 plazas, salvo que se trate de transportes de personas que se lleven a cabo en trolebús, así como los realizados en teleféricos, funiculares, telesquíes, telesillas, telecabinas u otros medios en los que la tracción se haga por cable y en los que no exista camino de rodadura fijo.

JURISPRUDENCIA

Sentencia del Tribunal Supremo n.º 627/2017, de 21 de noviembre, ECLI:ES:TS:2017:4097

Hechos no cubiertos por seguro obligatorio de viajeros. Imprudencia del viajero

«(...) El artículo 7 del SOV protege las lesiones corporales que sufran los viajeros "a consecuencia directa de choque, vuelco, alcance, salida de la vía o calzada, rotura, explosión, incendio, reacción, golpe exterior y cualquier otra avería o anormalidad que afecte o proceda del vehículo", mientras que el artículo 9 deja fuera del seguro "a los asegurados que provoquen los accidentes en estado de embriaguez o bajo los efectos de drogas, estupefacientes o estimulantes o mediante la comisión de actos dolosos". Sucede que el accidente se produce en el momento en que el demandante traspasa la línea de seguridad y el vehículo no estaba a disposición de los viajeros para ser utilizado (...)

2.- Para la recurrente, la sentencia se fundamenta en la teoría objetiva del riesgo y con independencia de que cambie en el recurso la versión mantenida en la demanda -fue empujado- por "un despiste o distracción", lo que sitúa el reproche y la causalidad en planos distintos, la jurisprudencia de esta sala ha considerado que el metro es un medio de transporte que genera el riesgo que exige a los viajeros actuar con la máxima prudencia, y a la empresa transportista adoptar las medidas de seguridad generales y específicas adecuadas para evitarlo (sentencias 927/2006, de 26 de septiembre; 645/2014, de 5 de noviembre), desde la idea de que un riesgo mayor conlleva un deber de previsión también mayor por parte de quien lo crea o aumenta.

Pues bien, la sentencia de instancia, que hace suyos los hechos probados de la sentencia del Juzgado, no fundamenta el fallo en la doctrina del riesgo. El daño se produjo porque la víctima cruzó la línea pintada en el suelo, junto a la banda rugosa que evita los deslizamientos, antes de la detención del tren, al que intentó acceder de forma improcedente (...)».

¿Cuál es el contenido del seguro obligatorio?

Al contenido del seguro obligatorio de viajeros se refieren los artículos 15 a 19 del Real Decreto 1575/1989, de 22 de diciembre, de los que se infiere el derecho de los asegurados o beneficiarios a **indemnizaciones pecuniarias** cuando, como consecuencia de los accidentes amparados por este tipo de seguro, se produce:

- El **fallecimiento**: indemnización única. Procede la indemnización si la muerte tiene lugar durante el transcurso de 18 meses, contados desde la fecha del accidente y es consecuencia directa del mismo. Se entiende que esto mismo se produce en el caso de que el accidente origine el fallecimiento por agravación de enfermedad o lesión padecida por el asegurado con anterioridad.

- La **incapacidad permanente** del asegurado: si la naturaleza de las lesiones que deban dar lugar a esta incapacidad impide el diagnóstico definitivo durante el tratamiento, puede el asegurado solicitar y obtener en ese período el abono de cantidades en concepto de anticipos a cuenta de la indemnización que pueda corresponderle.

– La **incapacidad temporal** del asegurado: se indemnizará atendiendo al grado de inhabilitación que se atribuye en el baremo a las lesiones de los asegurados, sin tener en consideración la duración real de las sufridas.

> **A TENER EN CUENTA.** El abono de las indemnizaciones se ajustará al baremo que contiene el anexo al Real Decreto 1575/1989, de 22 de diciembre.

En la regulación del seguro obligatorio de viajeros se dispensa un **tratamiento contradictorio al supuesto de la incapacidad temporal del asegurado** toda vez que tras declarar que se encuentra cubierta en dicho seguro y remitir el cálculo al baremo que consta en el anexo del Reglamento del Seguro Obligatorio de Viajeros (art. 18 del Real Decreto 1575/1989, de 22 de diciembre), luego en tal anexo no aparece mencionada la incapacidad temporal en ninguna de las categorías que lo integran ni ofrece el mismo pauta o indicación alguna para su encaje o cuantificación. Así pues, no cabe duda de que la norma contempla la incapacidad temporal como indemnizable, pero el problema es determinar el módulo o sistema aplicable para determinar o concretar su importe. Lo anterior ha motivado la existencia de dos corrientes doctrinales en la jurisprudencia menor como así refleja la **sentencia de la Audiencia Provincial de Barcelona n.º 345/2024, de 27 de junio, ECLI:ES:APB:2024:7877**, cuando dice:

> «(...) de un lado, algunas Audiencias Provinciales consideran que la **incapacidad temporal no está cubierta por el Seguro Obligatorio de Viajeros** como período de estabilización por días, al carecer de un baremo concreto, y establecer el artículo 18 que queda englobada por la suma indemnizatoria del anexo al Reglamento, es decir, **su resarcimiento quedaría englobado en la indemnización por secuelas que pueda serle reconocida**, pues si el legislador hubiera tenido intención de indemnizarla aparte, habría previsto un baremo al margen del anexo previsto para las secuelas.
>
> 19. Por el contrario, **otras Audiencias Provinciales consideran indubitado que el Seguro Obligatorio de Viajeros cubre la incapacidad temporal como resarcimiento independiente a tenor del artículo 18** (que prevé expresamente esta situación como contenido del seguro) **y los artículos 15 y 20** (que mencionan la incapacidad "permanente" y "temporal" como distintas indemnizaciones pecuniarias), señalando que la **falta de previsión por el legislador de un baremo para los días de incapacidad puede corregirse aplicando analógicamente el establecido para el seguro de responsabilidad civil en la circulación de vehículos a motor** (Real Decreto Legislativo 8/2004, de 29 de octubre), que sí prevé una determinación y cálculo de los días de baja, tal y como permite el artículo 4.1 del Código Civil. Lo contrario supondría una interpretación demasiado literal y rigorista del Reglamento contraria al principio de interpretación pro asegurado en casos dudosos de pólizas y normativa de seguros.

20. Como cuestión previa, es forzosos señalar que la STS de 8 de octubre de 2010 citada por el Juzgado abordó la compatibilidad del SOVI con el seguro de responsabilidad civil que ampara la circulación de los vehículos a motor, pero nunca declaró que las lesiones temporales del viajero debían ser indemnizadas con cargo al SOVI. De haberlo hecho, a buen seguro que no se existirían las dos posturas enfrentadas en la jurisprudencia de las audiencias.

21. Pues bien, el recurso debe prosperar. **Mientras no unifique doctrina el Tribunal Supremo, este Tribunal viene entendiendo que previéndose expresamente por el Reglamento que sea indemnizada con cargo al SOVI la incapacidad temporal del viajero, la circunstancia de no estar adecuadamente regulada su determinación no es causa suficiente para negar su indemnización**, pues siempre puede acudirse a las reglas de la analogía, en concreto al Anexo de la Ley del Seguro y la Circulación de Vehículos a Motor, en donde sí existen reglas que permiten cuantificarla, evitando así la arbitrariedad a la hora de su cálculo».

CUESTIONES

1. ¿Cuáles son los límites de la asistencia sanitaria garantizada por el seguro obligatorio de viajeros?

Se distinguen tres supuestos (art. 19 del Real Decreto 1575/1989, de 22 de diciembre):

- Caso de lesiones que no requieran hospitalización del asegurado o tratamiento especializado en cura ambulatoria: máximo hasta las 72 horas siguientes al momento del accidente.

- Caso en que los asegurados tienen cubierta la asistencia sanitaria por otros seguros obligatorios: máximo hasta 10 días.

- Resto de los casos: máximo hasta 90 días.

2. ¿Quién tiene la condición de beneficiario en el seguro obligatorio de viajeros?

Para responder a esta cuestión hay que distinguir entre los casos de incapacidad permanente o temporal en que el beneficiario será el propio asegurado y los casos de fallecimiento en que se estará al orden de prelación establecido en el artículo 22 del Real Decreto 1575/1989, de 22 de diciembre.

A TENER EN CUENTA. En caso de duda sobre quién tiene derecho a percibir la indemnización o cuestión sobre el propio derecho a percibirla, el asegurador podrá consignar la cantidad correspondiente a la misma en la Caja General de Depósitos a resultas de lo que los tribunales decidan.

2.3.2. Seguros aéreos

Los seguros aéreos se encuentran regulados en la **Ley 48/1960, de 21 de julio, sobre Navegación Aérea**, concretamente en sus artículos 126 a 129.

El objeto de estos seguros es garantizar los riesgos propios de la navegación que afectan a la **aeronave, a las mercancías, a los pasajeros y al flete**, así como las responsabilidades derivadas de los daños causados a terceros por la aeronave en tierra, agua o vuelo.

¿Qué seguros aéreos serán obligatorios?

- Seguro de pasajeros.
- Seguro de daños causados a tercero.
- Seguro de aeronaves destinadas al servicio de líneas aéreas.
- Seguro de aeronaves que sean objeto de hipoteca.

Por lo tanto, **este seguro es obligatorio** ya que no se autorizará la circulación por el espacio aéreo nacional de ninguna aeronave extranjera que no justifique tener asegurados los daños que se puedan producir a las personas o cosas transportadas o a terceros en la superficie.

Asimismo, estos seguros **podrán sustituirse** por una garantía constituida mediante depósito de cantidades o valores, o por una de las fianzas admitidas por el Estado.

Y, en caso de siniestro o pérdida de la aeronave, **la indemnización será consignada judicialmente**, para su entrega a quien corresponda en caso de que aparecieran terceras personas con posible derecho a dicha indemnización o se hubiese promovido reclamación judicial de preferencia sobre la misma.

Por último, señalar que para facilitar al acreedor hipotecario el ejercicio de sus derechos, el juez ante quien se consigne la indemnización le notificará dicho siniestro, si fuere conocido según el registro de aeronaves, y en todo caso se publicarán edictos en el BOE en tres fechas distintas **durante los 3 meses siguientes al día en que tuvo lugar dicho siniestro.**

RESOLUCIÓN RELEVANTE

Sentencia de la Audiencia Provincial de Barcelona n.º 223/2013, de 22 de abril, ECLI:ES:APB:2013:3677

Indemnización recibida por accidente de aviación con resultado de muerte no forma parte del caudal hereditario

«(...) a diferencia del baremo del seguro obligatorio de vehículos de motor, la indemnización que deriva de responsabilidad objetiva en la navegación aérea se establece en provecho del "viajero" sin más matización por lo que, fallecido éste, era a la demandada como heredera abintestato de su marido, a quien procedía entregarla, añadiendo: "sin perjuicio de los derechos legitimarios que pudieran corresponder a los padres del causante. Es por ello que la demandada - allí la compañía aseguradora- deberá indemnizar a la actora...sin perjuicio, en su caso, del derecho de repetición que pudiera asistir a los padres del fallecido".

Este pronunciamiento quedó firme y ambas partes argumentan en torno a la autoridad de cosa juzgada: Los demandantes resaltando que la ahora demandada había interpuesto la demanda afirmando su legitimación precisamente por ser heredera de su marido, no como una de los varios perjudicados por el suceso y que se resolvió en la misma cualidad, por lo que mantienen que esta cantidad debe integrarse en el haber hereditario. La demandada argumentando que el hecho de haber solicitado la entrega de la entera indemnización como heredera no implica necesariamente que se integrara en la herencia y recuerda que la legitimación para reclamar una indemnización (que ella reclamó y obtuvo como heredera) la atribuye la cualidad de perjudicado, no la de heredero con lo que acaba concluyendo -con notable im-

propiedad- que el Juzgado se la concedió por considerarla "perjudicada" única, por lo que estaría facultada a hacer suya la totalidad de la suma del seguro aeronáutico, consignada judicialmente por la compañía Allianz conforme art. 129 de la Ley de Navegación Aérea ante las discrepancias de los que se consideraban con derecho a cobrar.

(...)

El conflicto viene dado probablemente por los propios condicionantes del seguro aeronáutico que se constituyó hace ya muchas décadas de forma fuertemente objetivada, poco matizada y de alcance internacional, de manera que tampoco los legisladores nacionales han efectuado por su cuenta una explicitación de su naturaleza y circunstancias. Así ocurre en la Ley 48/1960 de 21 de julio de Navegación Aérea y en el RD 37/2001 de 19 de enero. Pero es claro que estamos hablando de un seguro de responsabilidad civil de manera que aunque la escueta literalidad de la expresión "a favor del viajero" sin más detalle y referido a caso de muerte y el hecho de tratarse de una cantidad prefijada, permitirían pensar en una situación aproximada a la propia de un seguro personal de accidentes, (como es el Seguro de Viajeros en derecho interno), lo cierto es que la amplitud de coberturas obligadas del seguro aeronáutico lleva a descartar tal consideración, sino a afirmar que se trata de un seguro de responsabilidad civil del porteador aéreo ante daños que pueda causar a personas (viajeros o no), a equipajes, mercancías y los llamados "daños en la superficie" y todo ello impuesto de forma obligatoria y con marcado carácter de responsabilidad objetiva y limitada. El Reglamento Comunitario 2027/1997 de 9 de octubre sobre responsabilidad de compañías aéreas en caso de accidente, remarca esta naturaleza tanto en el apartado de definiciones, al referir el concepto de "personas con derecho a indemnización" al pasajero o "cualquier persona con derecho a reclamar respecto de dicho pasajero de conformidad con la normativa aplicable", como al suprimir límites de responsabilidad que derivaban del Convenio de Varsovia, admitir la negligencia concurrente del perjudicado y mantener unos mínimos de responsabilidad objetiva con todo lo cual se desdibuja totalmente una eventual consideración de "suma asegurada" propia de un seguro de accidente individual o colectivo.

En la sentencia ahora apelada se recoge el criterio de que la legitimación para reclamar un perjuicio corresponde a quien lo sufre, con independencia de su eventual condición de heredero, y desestima la demanda en su pretensión principal, en tanto que se está haciendo valer un derecho "iure hereditatis". Compartimos este punto de partida cuya directa consecuencia es la de no computar la cantidad recibida por la demandada del seguro aeronáutico, al efecto de determinar la legítima».

2.3.3. Seguro de hogar y multirriesgo

Con este tipo de seguros se da cobertura a varios riesgos que implican la causación de daños materiales al inmueble asegurado (**SAP de León n.º 535/2024, de 31 de julio, ECLI:ES:APLE:2024:1180**).

A los efectos de determinar este tipo de seguro resulta interesante la **sentencia del Tribunal Supremo n.º 399/2020, de 6 de julio, ECLI:ES:TS:2020:2233**, de la que se infiere el concepto del seguro multirriesgo:

«(...) nos encontramos ante un seguro multirriesgo del hogar que, como se desprende de su propia denominación, **cubre un abanico plural de riesgos, que coinciden en dar cobertura a los siniestros que tengan conexión con un inmueble y los bienes que se encuentran en su interior,**

119

que comprende, como acontece en el caso presente, tanto al continente como al contenido. No sólo se contrata para hogares, sino incluso para comunidades de propietarios. Y dentro de los riesgos cubiertos son habitualmente concertados daños en continente y contenido, **incendio, filtraciones de agua, robo, responsabilidad civil del asegurado y personas que con el conviven**, entre otros riesgos accidentales.

Es una modalidad de seguro comúnmente contratada, en la que confluyen, **desde el punto de vista de su naturaleza jurídica, de forma principal o complementaria, distintos tipos de seguro, de responsabilidad civil, de defensa jurídica, de robo, incendio entre otros.**

En la póliza litigiosa se cubren una pluralidad de riesgos abarcando daños en continente y contenido, incendios, daños eléctricos, fenómenos atmosféricos y otros daños materiales, daños por agua (daños y responsabilidad civil), robo, expoliación y hurto, responsabilidad civil familiar (no derivada de agua), roturas, animales domésticos, asistencia informática on line, asistencia jurídica o incluso orientación médica telefónica».

Los seguros multirriesgo del hogar tienen un carácter plenamente indemnizatorio, es decir, solamente tiene derecho a percibir la indemnización el propietario del bien asegurado, como titular del interés.

También, cabe advertir que, en un seguro de daños, como es el seguro multirriesgo del hogar, **no se puede afirmar estrictamente que exista un beneficiario como elemento personal totalmente independiente del asegurado**, puesto que en esta modalidad de seguros coinciden asegurado y beneficiario, en este sentido se expresa el **Tribunal Supremo en su sentencia n.º 628/2023, de 26 de abril, ECLI:ES:TS:2023:1769.**

RESOLUCIÓN RELEVANTE

Sentencia de la Audiencia Provincial de Burgos n.º 65/2014, de 4 de marzo, ECLI:ES:APBU:2014:146

Daños causados en local por inundación proveniente de las tuberías de evacuación de las aguas pluviales del edificio, conectadas estas a su vez a la red de saneamiento municipal. Cláusula descriptiva del riesgo asegurado y no limitativa.

«Se recurre la sentencia que desestima la demanda formulada por un asegurado contra su compañía de seguros, con la que tenía concertada un seguro multirriesgo con cobertura de daños por agua, en reclamación de los daños causados cuando el local de su propiedad se inundó por el agua proveniente de las tuberías de evacuación de las aguas pluviales del edificio, conectadas estas a su vez a la red de saneamiento municipal. El Juzgado desestima la demanda por la cláusula de exclusión existente en las condiciones generales de la póliza (artículo 5.2) que excluye la cobertura de "los daños, filtraciones o goteras causados por (...) desbordamiento (...) de redes de saneamiento o alcantarillado de carácter público".

(...)

Luego (...) es un problema (...) de naturaleza de la cláusula discutida.

En un supuesto similar con aplicación de la misma póliza de Mapfre la SAP Madrid, sección 9, de 16 de septiembre de 2011 (ROJ: SAP M 11839/2011) concluyó que la cláusula en cuestión no era limitativa, sino descriptiva del riesgo asegurado.

"En dicha cláusula, denominada 'Daños por agua', se determina que 'el objeto de esta garantía es reparar o indemnizar los daños que se produzcan en los bienes asegurados a consecuencia de fugas de agua o por omisión o desajuste del cierre de grifos y llaves de paso'; añade más adelante que 'Salvo pacto en contrario no estarán asegurados los siguientes supuestos', y entre éstos se mencionan 'los daños, filtraciones o goteras causados por fenómenos meteorológicos, salvo que se deriven de fugas en las bajantes ocultas de aguas pluviales, por la humedad ambiental o por la transmitida por el terreno o la cimentación, o por la crecida, desbordamiento o acción paulatina de las aguas de mares, ríos, rías, lagos, embalses, canales y acequias o de redes de saneamiento o alcantarillado de carácter público (...)"

*"El apelante no realiza esfuerzo alegatorio alguno para defender que se trate de una cláusula que limite los derechos del asegurado, reduciendo su alegación a exponer su criterio de que se trata de una de dichas cláusulas limitativas de derechos. No se acepta esta interpretación, al ser patente que el citado artículo 5.2 está definiendo el ámbito de cobertura del seguro al especificar supuestos de exclusión en función del origen o causa de la inundación o filtración de agua, lo que obviamente es algo previo al siniestro; no contempla, en cambio, ninguna restricción ni condicionamiento del derecho del asegurado una vez que el riesgo se ha producido. Se trata, por tanto, de una **cláusula que delimita el riesgo objeto de cobertura** a la que no es aplicable el artículo 3 de la Ley de Contrato de Seguro, lo que conduce a desestimar el motivo".*

La exigencia en el artículo 3 de la Ley del contrato de Seguro de que la cláusula esté expresamente aceptada por el asegurado cuando sea una cláusula limitativa ha dado lugar a toda una **casuística sobre cuando una cláusula es limitativa y cuando no**, lo que significa en primer lugar que no toda cláusula que restringe la cobertura en un determinado tipo de seguro pueda ser considerada limitativa de los derechos del asegurado, Hay que tener en cuenta que la delimitación del riesgo forma parte esencial del sistema de funcionamiento de los seguros, pues no hay seguro sin una determinada concreción del riesgo, lo que supone identificar aquello que se quiere asegurar y bajo qué circunstancias, lo que no necesariamente tiene un carácter limitativo.

La jurisprudencia ha venido desarrollando su doctrina sobre las cláusulas limitativas con base a los distintos ejemplos de cláusulas que se han sometido a su consideración. Así no ha considerado limitativa la concreción de la suma asegurada (SSTS 11 Sep. 2006 (Pleno), 29 de Octubre de 2008, 11 de Febrero del 2009, 7 mayo 2009, 27 de marzo de 2012, 27 junio 2013). Sin embargo sí ha considerado limitativa la definición de la incapacidad, cuando esta se limita a la ceguera (STS 24 febrero 2006), o a la necesidad de ayuda de otra persona (STS 1 de marzo 2007), o cuando se limita a la invalidez total o absoluta (SSTS 27 de julio de 2006, 7 junio 2011). Es limitativa la exclusión de cobertura de la conducción sin permiso de conducir en un seguro de responsabilidad civil (STS 19 de Julio del 2012). Por el contrario no son limitativas la cláusula en un seguro de daños por lluvia que condiciona la indemnización a un determinado índice de precipitaciones (STS 20 de Abril del 2011), la exclusión de la responsabilidad decenal en un seguro de responsabilidad civil por explotación (STS 4 de Noviembre del 2011), la reparación de una máquina dentro de las instalaciones de la empresa en un seguro de responsabilidad civil por explotación (STS 25 de octubre de 2011).

Con carácter general se ha venido defendiendo que no serán limitativas aquellas condiciones que se limiten a describir el riesgo asegurado porque este no puede ser conocido tomando sin más como base las condiciones particulares de la póliza, cuya delimitación es además más propia de las condiciones generales que de las particulares, pues las primeras vienen normalmente a definir el siniestro y sus exclusiones, y las segundas a precisar las indemnizaciones pactadas para el siniestro que es objeto de cobertura.

> *En el presente caso entendemos que la cláusula no es limitativa. Se trata de un seguro multiriesgo, en cuyas condiciones particulares, estas firmadas por el asegurado solo se especifican las clases de seguro que abarca, de daños, de robo, de responsabilidad civil, de defensa jurídica, etc... pero se hace necesario el examen de las condiciones generales para conocer el alcance de cada una de las coberturas. Así en el seguro de daños, no se asegura todo tipo de daños, sino los de incendio, daños por agua, y roturas, y dentro de cada una de las coberturas hay a su vez toda una serie de inclusiones y exclusiones. En el caso de daños por agua se excluyen las producidas por desbordamientos de canalizaciones de carácter público. En estos casos la mayor parte de las inclusiones y exclusiones de cobertura no tienen carácter limitativo, sino descriptivas del riesgo asegurado. Todo ello salvo que entendamos que todas las condiciones generales, también las que especifican dentro de cada tipo de seguros la clase de daños cubiertos, tengan un carácter limitativo».*

¿El seguro de hogar multirriesgo tiene carácter obligatorio?

Sí, pero únicamente para el caso de que sobre el inmueble se constituya una garantía hipotecaria, así lo señala el **artículo 10 del Real Decreto 716/2009, de 24 de abril**.

En este caso, la suma asegurada siempre deberá coincidir con el valor de tasación del inmueble excluyéndose el valor de los bienes no asegurables por naturaleza, en particular el suelo.

Pero ¿qué riesgos deberán ser cubiertos? Por un lado, el incendio y elementos naturales incluyendo el daño sufrido por los bienes causados por incendio, explosión, tormenta y elementos naturales distintos de la tempestad, energía nuclear y hundimiento de terreno, y, por otro lado, otros daños a bienes incluyendo los daños a bienes causados por el granizo o la helada. No obstante, queda excluido de la obligatoriedad el robo.

A TENER EN CUENTA. En cuanto a los riesgos cubiertos de forma obligatoria, el artículo 10 del Real Decreto 716/2009, de 24 de abril, apartado primero, remite a los ramos de seguro 8 y 9 del apartado 1 del artículo 6 del Real Decreto Legislativo 6/2004, de 29 de octubre, por el que se aprueba el texto refundido de la Ley de ordenación y supervisión de los seguros privados, si bien esta norma ha sido derogada, con efectos de 1 de enero de 2016, por la Ley 20/2015, de 14 de julio, de ordenación, supervisión y solvencia de las entidades aseguradoras y reaseguradoras. La nueva norma contempla los ramos de seguros en su anexo y por lo que se refiere a los ramos 8 y 9 lo hace de forma totalmente coincidente con la norma derogada.

2.3.4. Seguro de vehículos a motor

No cabe duda de que **el seguro de automóviles resulta ser uno de los seguros con más trascendencia en la práctica**. Se trata de un mecanismo previsto legalmente cuyo objetivo principal es garantizar la cobertura de la responsabilidad civil derivada de la circulación de los vehículos a motor y que, además, es esencial para proteger a las víctimas de accidentes de tráfico.

Asimismo, se trata de **un seguro obligatorio** y esta característica **está directamente ligada con la protección de las víctimas en los accidentes de tráfico**, de ahí el régimen tan estricto en caso de incumplimiento de este deber de aseguramiento obligatorio y la existencia de entidades como el Consorcio de Compensación de Seguros.

Las normas a tener en cuenta respecto de esta modalidad de seguro son, fundamentalmente, el Real Decreto Legislativo 8/2004, de 29 de octubre, por el que se aprueba el texto refundido de la Ley sobre responsabilidad civil y seguro en la circulación de vehículos a motor (LRCSCVM), y el Real Decreto 1507/2008, de 12 de septiembre, por el que se aprueba el Reglamento del seguro obligatorio de responsabilidad civil en la circulación de vehículos a motor.

Así pues, en relación con la circulación de vehículos a motor existe la obligación de concertar un contrato de seguro, pero ¿quién está sujeto a esta obligación? Se extiende a todo propietario de vehículos a motor que tenga su estacionamiento habitual en España en los términos del artículo 2 de la LRCSCVM, apartado 1. ¿Cómo se concreta la obligación de asegurarse? Se tratará de suscribir y mantener en vigor un contrato de seguro por cada vehículo de que el obligado sea titular cuya cobertura se extenderá hasta la cuantía de los límites del aseguramiento obligatorio, esto es, la responsabilidad civil prevista en el artículo 1 de la LRCSCVM.

¿En qué consiste la responsabilidad civil cubierta por el seguro obligatorio de vehículos a motor? Se trata de garantizar la responsabilidad civil frente a terceros, es decir, el conductor del vehículo y, en su caso, el propietario del mismo, responderán, en virtud del riesgo creado por la conducción de vehículos a motor, de los daños causados a las personas o en los bienes con motivo de la circulación.

El seguro obligatorio, coloquialmente denominado «a terceros», únicamente cubre la responsabilidad civil del conductor frente a terceros, es decir, los daños materiales y personales que sufra el conductor o el vehículo del conductor responsable del siniestro no serán cubiertos por el citado seguro obligatorio.

> **A TENER EN CUENTA.** El artículo 2 de la LRCSCVM, apartado 6, remite a la LCS en todo lo no previsto en la LRCSCVM y sus normas reglamentarias de desarrollo respecto del contrato de seguro de responsabilidad civil derivada de la circulación de vehículos a motor.

Las personas implicadas en un accidente tienen **derecho a conocer, en el plazo más breve posible, la entidad aseguradora que cubre la responsabilidad civil del causante del accidente lo cual facilita la gestión de las reclamaciones y la obtención de indemnizaciones.** Para ello existe la obligación de las entidades aseguradoras de remitir al Ministerio correspondiente, a través del Consorcio de Compensación de Seguros, la información relativa los contratos de seguros que sea necesaria. Asimismo, quien haya suscrito el contrato de seguro deberá acreditar la vigencia del mismo para que los implicados en el accidente de circulación puedan averiguar a la mayor brevedad posible todo lo relativo al contrato y a la entidad aseguradora.

CUESTIONES

1. ¿Existe alguna excepción a la obligación de suscribir el seguro de vehículos a motor?

Sí. A pesar de que tienen la consideración de vehículos a motor, quedan excluidos de la obligación de aseguramiento los remolques, semirremolques y máquinas remolcadas especiales cuya masa máxima autorizada no exceda de 750 kg, así como aquellos vehículos que hayan sido dados de baja de forma temporal o definitiva del Registro de Vehículos de la Dirección General de Tráfico.

Además, se excluyen del ámbito del seguro obligatorio de responsabilidad civil en la circulación de vehículos a motor los ferrocarriles, tranvías u otros vehículos que transiten por vías propias; vehículos a motor eléctricos que puedan ser considerados legalmente como juguetes; así como las sillas de ruedas (art. 1 del Real Decreto 1507/2008, de 12 de septiembre).

2. ¿Los patinetes eléctricos deben contar con un seguro de responsabilidad civil?

No, en la actualidad los patinetes eléctricos no están obligados a contar con un seguro de responsabilidad civil, si bien se pretende que esto deje de ser así, muestra de ello es que hay en marcha un Proyecto de Ley de Seguros de Automóviles (Consejo de Ministros de 28 de mayo de 2024). Esta nueva norma, entre otras novedades, introduce el concepto de vehículo personal ligero en el que se incardinan los patinetes eléctricos y extiende a estos vehículos la obligación de contar con un seguro de responsabilidad civil. Con esta medida se busca compatibilizar el impulso al transporte urbano sostenible con la protección a las víctimas de accidentes causados por estos nuevos vehículos.

Distinto de lo anterior es el caso en que para el desarrollo de una actividad empresarial consistente en el alquiler de patinetes eléctricos sea obligatoria la existencia de un seguro de responsabilidad civil que cubra los daños derivados de la explotación de los mismos, así se refleja en la **sentencia de la Audiencia Provincial de Zaragoza n.º 205/2023, de 21 de abril, ECLI:ES:APZ:2023:737.**

Además del seguro obligatorio mencionado, cabe señalar la existencia de un **seguro voluntario de automóviles** incardinado en lo previsto en el artículo 2 de la LRCSCVM, apartado 5, cuando dice:

«Además de la cobertura indicada en el apartado 1, la póliza en que se formalice el contrato de seguro de responsabilidad civil de suscripción obligatoria podrá incluir, con carácter potestativo, las coberturas que libremente se pacten entre el tomador y la entidad aseguradora con arreglo a la legislación vigente».

Se trata, por tanto, de aquel seguro en el que se pueden pactar con la compañía aseguradora otras coberturas diferentes de la responsabilidad civil frente a terceros prevista. Así pues, puede tener los siguientes propósitos:

- **Aumentar los límites cuantitativos previstos para el seguro obligatorio**, que señalaremos más adelante.

- **Incorporar coberturas adicionales no amparadas en el seguro obligatorio** (daños propios del vehículo, por ejemplo).

En cuanto a la indemnización, cabe señalar que el pago de la misma no puede condicionarse al hecho de probar por parte del perjudicado que la persona responsable no puede pagar o se niega a hacerlo, esto supone el aseguramiento a las víctimas de que recibirán la compensación de manera rápida y efectiva.

¿Qué ocurre si se incumple la obligación de suscripción de seguro obligatorio de automóviles?

La falta de suscripción del seguro obligatorio tiene las siguientes consecuencias (artículo 3 de la LRCSCVM, apartado 1):

– La prohibición de circulación por territorio nacional de los vehículos no asegurados.

– El depósito o precinto público o domiciliario del vehículo, con cargo a su propietario, mientras no sea concertado el seguro.

– Una sanción pecuniaria de 601 a 3.005 euros de multa, graduada según que el vehículo circulase o no, su categoría, el servicio que preste, la gravedad del perjuicio causado, en su caso, la duración de la falta de aseguramiento y la reiteración de la misma infracción.

Se acordará cautelarmente por un mes el depósito o precinto, que, en caso de reincidencia, será de tres meses y en el supuesto de quebrantamiento del depósito o precinto, será de un año, y deberá demostrarse, para levantar dicho depósito o precinto, que se dispone del seguro correspondiente.

Los **gastos derivados del depósito o precinto serán por cuenta del propietario,** que deberá abonarlos o garantizar su pago como requisito previo a la devolución del vehículo.

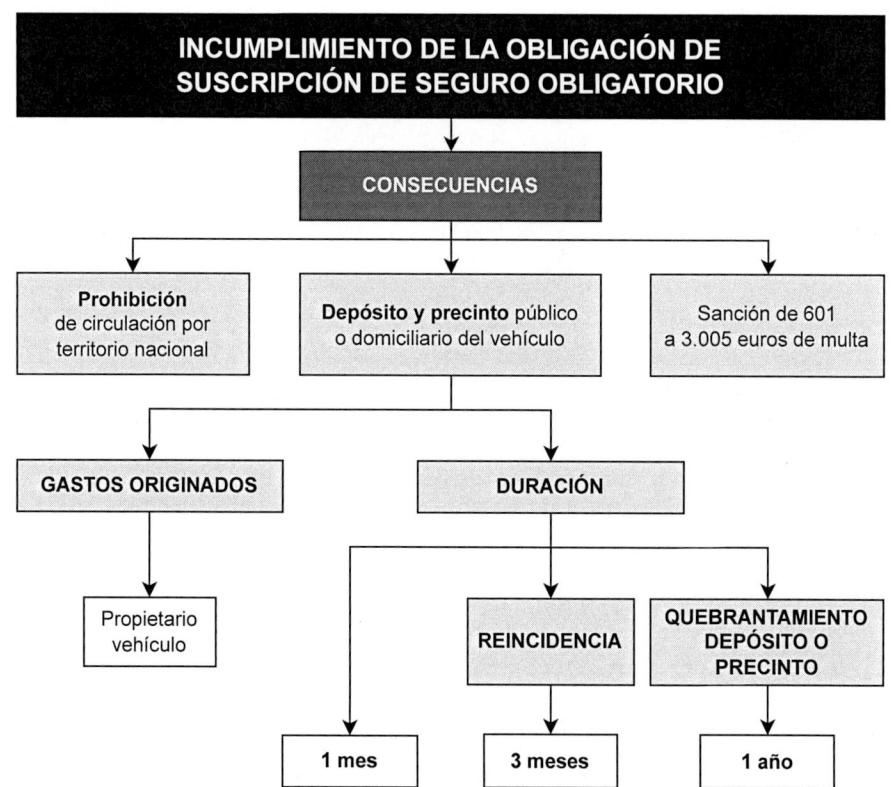

INCUMPLIMIENTO DE LA OBLIGACIÓN DE SUSCRIPCIÓN DE SEGURO OBLIGATORIO

CONSECUENCIAS

Prohibición de circulación por territorio nacional

Depósito y precinto público o domiciliario del vehículo

Sanción de 601 a 3.005 euros de multa

GASTOS ORIGINADOS

DURACIÓN

Propietario vehículo

REINCIDENCIA

QUEBRANTAMIENTO DEPÓSITO O PRECINTO

1 mes

3 meses

1 año

CUESTIÓN

¿Es necesario contar con el seguro del coche o moto si ya no se utiliza y se encuentra estacionado en un terreno privado?

Para dar respuesta a esta cuestión resulta interesante la STJUE n.° C-80/17, de 4 de septiembre de 2018, ECLI:EU:C:2018:661, de la que se infiere la obligatoriedad de contar con el seguro obligatorio de responsabilidad civil aun cuando el vehículo a motor no se utilice y se encuentre en un terreno privado.

El caso planteado en la sentencia tiene lugar en Portugal, en él la propietaria de un vehículo automóvil matriculado en dicho país había dejado de conducirlo por motivos de salud y lo había estacionado en el patio de su casa, sin iniciar los trámites para la retirada oficial del mismo. El hijo de la propietaria lo coge sin su permiso y tiene un accidente en el que fallece junto con las otras dos personas que iban en el coche.

La propietaria del vehículo no tenía suscrito el seguro de responsabilidad civil del automóvil y el Fondo de garantía de seguros del automóvil de Portugal se hace cargo de los daños causados por el accidente e indemniza a los derechohabientes de los pasajeros. Posteriormente, el Fondo demanda a la propietaria del vehículo por considerar que había incumplido su obligación de tener suscrito un seguro de responsabilidad civil, y le reclama las cantidades en concepto de indemnizaciones.

Por su parte, la propietaria del vehículo alega que no es responsable del accidente y que, en la medida en que había estacionado su vehículo en el patio de su casa y no tenía intención de ponerlo en circulación, no estaba obligada a suscribir un contrato de seguro de responsabilidad civil del automóvil.

El TJUE viene a concluir ante las cuestiones planteadas en el caso:

- De un lado, que «es obligatorio suscribir un contrato de seguro de la responsabilidad civil relativa a la circulación de un vehículo automóvil cuando el vehículo sigue estando matriculado en un Estado miembro y es apto para circular, pero se encuentra estacionado en un terreno privado por la mera decisión de su propietario, que ya no tiene intención de conducirlo».

- De otro lado, que no se opone a que la normativa nacional establezca que el Fondo «tiene derecho a interponer recurso, además de contra el responsable o los responsables del accidente, contra la persona que estaba sujeta a la obligación de suscribir un seguro de responsabilidad civil que resulta de la circulación del vehículo que haya causado los daños indemnizados por este organismo, pero no había suscrito ningún contrato a tal efecto, aun cuando dicha persona no sea civilmente responsable del accidente en el que tales daños se produzcan».

A TENER EN CUENTA. En la fecha en que ocurrieron los hechos eran aplicables la Directiva 72/166/CEE del Consejo, de 24 de abril de 1972 y la Directiva 84/5/CEE del Consejo, de 30 de diciembre de 1983. Ambas fueron derogadas por la vigente Directiva 2009/103/CE del Parlamento Europeo y del Consejo de 16 de septiembre de 2009 relativa al seguro de la responsabilidad civil que resulta de la circulación de vehículos automóviles, así como al control de la obligación de asegurar esta responsabilidad.

2.3.5. Seguro de mascotas

El seguro de responsabilidad civil respecto de animales se exige como obligatorio en el caso específico de los perros y con carácter general respecto de los animales potencialmente peligrosos.

En cuanto a estos últimos, el Real Decreto 287/2002, de 22 de marzo, por el que se desarrolla la Ley 50/1999, de 23 de diciembre, sobre el régimen jurídico de la tenencia de animales potencialmente peligrosos, exige la formalización de un **seguro de responsabilidad civil por daños a terceros con una cobertura no inferior a 120.000 euros.**

Por otro lado, respecto de la **tenencia de perros y durante toda la vida del animal,** se infiere del apartado tercero del artículo 30 de la Ley 7/2023, de 28 de marzo, de protección de los derechos y el bienestar de los animales, la obligación de la persona titular del perro de contratar y mantener en vigor **un seguro de responsabilidad civil por daños a terceros** por un importe de cuantía suficiente para sufragar los posibles gastos derivados. El seguro ha de incluir la cobertura a las personas responsables del animal.

La aplicación de la Ley 7/2023, de 28 de marzo, está supeditada en muchos aspectos a su desarrollo reglamentario, tal es el caso de la obligación referida en cuanto a la tenencia de perros. Es por ello que la **Dirección General de Derechos de los Animales,** con ocasión de la entrada en vigor de la ley, el 29 de septiembre de 2023, se vio obligada a publicar una aclaración respecto de la exigencia de tal obligación.

Así pues, por lo que se refiere al **seguro de responsabilidad civil** previsto en el artículo 30.3 de la Ley 7/2023, de 28 de marzo, señala que «(...) en puridad de términos jurídicos, **no resulta efectivamente aplicable hasta que se produzca el desarrollo reglamentario** de dicho precepto (...)». No obstante, efectúa las siguientes precisiones:

- Si bien el seguro no será obligatorio entre tanto no se produzca el desarrollo reglamentario de la ley citada, deberá atenderse a lo previsto en las **normativas autonómicas o locales sobre la materia, que ya, en algunos casos, establecen la obligatoriedad de disponer de seguro** de responsabilidad civil por tenencia de perros.

- A los efectos de la obligación del seguro se vienen considerando válidos los **seguros del hogar** que incluyan la responsabilidad civil sobre los animales de compañía del titular del seguro.

- Asimismo, tratándose de **personas jurídicas que puedan ser titulares de un grupo de perros,** la cobertura del seguro obligatorio para estos puede incluirse en el seguro de responsabilidad civil para la práctica de su actividad.

> **A TENER EN CUENTA.** Las aclaraciones anteriores se contienen en dos notas informativas de septiembre de 2023 publicadas una de ellas por la Dirección General de Derechos de los Animales y la otra de forma conjunta por esta Dirección General y la Dirección General de Seguros y Fondos de Pensiones.

Sin perjuicio de lo anterior, ¿el seguro de hogar cubre los daños realizados por las mascotas? Sí, puede afirmarse la posibilidad de incluir en el seguro del hogar los daños causados por las mascotas considerándose esto válido. Así se refleja por el **Tribunal Supremo en su sentencia n.º 911/2022, de 14 de diciembre, ECLI:ES:TS:2022:4793,** que, aunque se refiere a un perro, puede ser aplicada analógicamente a cualquier otro animal de compañía que conviva en la misma vivienda que los dueños. Reza la referida sentencia:

«En el contexto expuesto las actoras ejercitan la **acción directa contra la compañía de seguros**. La dueña de la perra manifiesta que habita en la vivienda objeto de la póliza de hogar suscrita. Facilita el dato de que la compañía aseguradora es Generali e indica que el seguro de hogar, que le ampara, cubre los daños causados por la perra. Específica, incluso, que ello es así siempre que el canino no supere los 20 kg de peso. (...)

La actora promueve, entonces, diligencias preliminares al amparo del art. 256.1.5.º LEC, y la compañía no se opone alegando ser ajena al siniestro (art. 260.1 LEC). Ahora bien, aporta únicamente las condiciones particulares de la póliza en las que figura "responsabilidad civil ampliada a la vida privada" (...).

Las demandantes acreditan la realidad del siniestro, la condición de propietaria del perro de D.ª Estibaliz, que ésta vive en el domicilio cubierto por la póliza del hogar, y que su madre, con domicilio en Madrid y no en DIRECCION000, localidad en la que se produjeron los hechos, se limitaba a pasearlo. Igualmente, demostraron la **existencia del seguro con la cobertura de responsabilidad ampliada a la vida civil y que**, según la dueña del perro, abarcaba los daños causados por éste.

La sentencia de la Audiencia concluye que **no se ha acreditado suficientemente que el siniestro acaecido estuviere cubierto por la póliza de seguro de hogar**, (...) considera que la actora no aporta las condiciones generales de la póliza, y que, además, el perro al ser de raza Beauceron, pesa más de 20 Kg.

Pues bien, considera la Sala que, tratándose del ejercicio de una acción directa del perjudicado contra la compañía aseguradora, en virtud del principio de disponibilidad y facilidad probatoria (art. 217.7 LEC), no se puede imponer a las demandantes que, incluso, promueven diligencias preliminares para obtener la póliza de seguro, que no acreditó suficientemente el ámbito de la cobertura, cuando la compañía no aporta al proceso las condiciones generales que ella misma redacta y que impone en su contratación en masa cuando además le son expresamente requeridas, las cuales devienen esenciales para la delimitación de la cobertura del seguro, máxime cuando no niega que resulten cubiertos los daños causados por animales.

Tampoco cabe que el tribunal provincial asuma funciones probatorias, que corresponden a la parte demandada (art. 282 LEC), como la relativa al peso de la perra, que se da por supuesta sin haber sido cuestionado, o las concernientes a las condiciones de la póliza y su vigencia a la fecha del siniestro.

En definitiva, entendemos que, en este caso, se han vulnerado las reglas de la carga de la prueba, y, por ende, debemos declarar que la incertidumbre probatoria, que se achaca a la parte actora, pesa en el proceso en contra de la compañía aseguradora, lo que implica la estimación de este motivo del recurso extraordinario por infracción procesal».

Concluye la sentencia:

«**Nos encontramos ante un seguro de hogar.** (...)

La compañía no niega que la póliza cubra los daños causados por los perros que vivan en el hogar, sino que se limita a afirmar que el tomador del seguro no es dueño ni poseedor del animal. Se fundamenta, para ello, en que, en las precitadas condiciones particulares de la póliza, figura como residentes habituales en la vivienda solo 1 persona.

Ahora bien, la acción directa del perjudicado es inmune a las excepciones que puedan corresponder al asegurador contra el asegurado, y dentro de ellas se encuentran las relativas a la declaración del riesgo y su agravación y, por ende, las concernientes a que la perra viva, en contra de lo declarado, en la vivienda asegurada, y la residencia en ella de una persona más, como es D.ª Estibaliz, lo que deviene un hecho indiscutido.

(...) En cualquier caso, desconocemos las condiciones de exclusión, no justificadas por la compañía, y no podemos darlas por acreditadas.

Por otra parte, tampoco le corresponde justificar a las demandantes el peso de la perra (...) que la sentencia, sin que nadie hubiera cuestionado tal dato, ni propuesto prueba alguna para acreditarlo (art. 282 LEC), considera excede de 20 kg.

Por consiguiente, consideramos el siniestro cubierto por la póliza».

CUESTIÓN

¿Es necesaria la concurrencia de culpa del propietario del animal para que se impute responsabilidad civil extracontractual en caso de que el mismo ocasione daños a terceros?

No, la responsabilidad derivada de daños que causen los animales es un supuesto claro de responsabilidad objetiva que no depende de la culpa y que exige la relación causal entre el daño y el riesgo derivado del animal.

Resulta interesante al respecto la sentencia del Tribunal Supremo n.º 1384/2007, de 20 de diciembre, ECLI:ES:TS:2007:8274, citada por otras más recientes como la SAP de Álava n.º 193/2024, de 28 de febrero, ECLI:ES:APVI:2024:116, conforme a la cual:

«En este sentido ha de partirse del contenido del artículo 1905 del Código Civil, que establece la obligación de reparar el daño causado por animales, atribuyendo dicha responsabilidad al poseedor del animal o a quien se sirva de él. (...)

La jurisprudencia ha destacado el carácter objetivo de esta responsabilidad, basada en el riesgo consustancial a la tenencia o a la utilización en propio provecho de los animales, la cual exige tan sólo una casualidad material, estableciendo la presunción de culpabilidad del poseedor del animal o de quien se sirve del mismo por su mera tenencia o utilización, con la única exoneración de los casos de fuerza mayor o de culpa del perjudicado. La Sentencia de 29 de mayo de 2003 expresa la doctrina, a su vez recogida en la de fecha 12 de abril de 2000, en los siguientes términos: "Con precedentes romanos (actio de pauperie), nuestro Derecho Histórico se preocupó de la cuestión en forma bien precisada, y así el Fuero Real (Libro IV, Título IV, Ley XX) obligaba al dueño de animales mansos (que incluía a los perros domésticos) a indemnizar los daños causados. La Partida VII, Título XV, Leyes XXI a XXIII, imponía a los propietarios de los animales feroces el deber de tenerlos bien guardados, y la indemnización incluía el lucro cesante. El Código Civil español no distingue la clase de animales, y su artículo 1905, como tiene establecido la jurisprudencia de esta Sala, constituye uno de los escasos supuestos claros de responsabilidad objetiva admitidos en nuestro Ordenamiento Jurídico (Ss de 3-4-1957, 26-1-1972, 15-3-1982, 31-12-1992 y 10-7-1996), al proceder del comportamiento agresivo del animal que se traduce en la causación de efectivos daños, exigiendo el precepto sólo causalidad material".

> *Esta imputación objetiva de la responsabilidad, derivada de la posesión o uti-lización del animal, desplaza hacia quien quiere exonerase de ella la carga de acreditar que el curso causal se vio interferido por la culpa del perjudicado, que se erige de ese modo en causa eficiente y adecuada del resultado lesivo producido, eliminado la atribución de éste, conforme a criterios objetivos de imputación, al poseedor del animal o a quien se sirve de él. La presencia de la culpa de la víctima sitúa la cuestión de la atribución de la responsabilidad en el marco de la causalidad jurídica, presupuesto previo al de la imputación subjetiva, que exige la constatación de una actividad con relevancia causal en la producción del daño, apreciada con arreglo a criterios de adecuación o de eficiencia, e implica realizar un juicio de valor para determinar si el resultado dañoso producido es objetivamente atribuible al agente como consecuencia de su conducta o actividad, en función de las obliga-ciones correspondientes al mismo, contractuales o extracontractuales, y de la pre-visibilidad del resultado lesivo con arreglo a las reglas de la experiencia, entre otros criterios de imputabilidad admitidos, como los relacionados con el riesgo permitido, riesgos de la vida, competencia de la víctima, o ámbito de protección de la norma (Sentencia de 7 de junio de 2006, que cita las de 21 de octubre de 2005, 2 y 5 de enero, y 9 de marzo de 2006)».*

2.3.6. Seguro marítimo

El contrato de seguro marítimo se regula en el título VIII, artículos 406 a 467 de la **Ley 14/2014, de 24 de julio, de Navegación Marítima**. Esta norma comprende, dentro de su ámbito de aplicación, aquellos contratos de seguro que tienen por objeto indemnizar los daños producidos por los riesgos pro-pios de la navegación marítima, aplicándose supletoriamente la LCS.

No obstante, **los seguros obligatorios de embarcaciones** dedicadas al deporte o recreo **se regirán por lo dispuesto en la LCS, sin que valga pacto en contrario.**

En cuanto al **objeto del seguro** serán los **intereses patrimoniales legí-timos, presentes o futuros,** expuestos a los riesgos de la navegación ma-rítima, siendo nulo el contrato en caso de inexistencia de interés. El pacto que contenga presunción de la existencia del interés admitirá en todo caso prueba en contrario.

En concreto podrán ser objeto del seguro marítimo los intereses en:

- Los **buques, embarcaciones y artefactos navales,** incluso en cons-trucción o desguace.
- El **flete.**
- El **cargamento.**
- La **responsabilidad civil derivada del ejercicio de la navegación.**
- Cualesquiera otros **intereses patrimoniales legítimos** expuestos a los riesgos de la navegación marítima.

CUESTIONES

1. ¿Qué interés comprende el seguro del buque?

Comprende el interés sobre sus partes integrantes, pertenencias y accesorios.

---

2. Y, ¿el seguro del flete?

Comprende el precio por el transporte de mercancías o pasajeros, tanto en curso de realización como esperado. Incluye también el beneficio que se deriva para el porteador del transporte de sus propias mercancías. Asimismo, el valor asegurable del flete viene dado por su importe bruto.

Además, el contrato de seguro **se entiende concertado por cuenta de quien resulte titular del interés** en el momento del siniestro.

RESOLUCIÓN RELEVANTE

Sentencia del Tribunal Supremo n.º 1013/2023, de 21 de junio, ECLI:ES:TS:2023:2678

Seguro marítimo: embarcación de recreo. Exclusión de la cobertura: falta de la titulación necesaria para pilotar la embarcación. Cláusula delimitadora del riesgo. Regulación del deber de declaración del riesgo en el seguro marítimo según la Ley de Navegación Marítima.

«SÉPTIMO.- Decisión de la Sala. El deber de declaración del riesgo en los seguros marítimos

*1.- El motivo parte de una premisa incorrecta, al omitir cualquier mención a la regulación del seguro en la Ley de Navegación Marítima. Según esta Ley, aplicable al caso por la fecha del siniestro y de contratación de la póliza, el **seguro marítimo** se rige, en primer lugar, por los **pactos libremente convenidos** por las partes, salvo los extremos legalmente indisponibles (arts. 407.1 y 419.1 LNM); en segundo lugar, como **norma supletoria de primer grado**, por la propia LNM (art. 406.1, párrafo 1º); y, en tercer lugar, como norma supletoria de segundo, grado, aplicable **para lo no previsto en la LNM**, por la Ley de Contrato de Seguro (art. 406.1, párrafo 2.º LNM).*

2.- El art. 423 LNM, bajo la rúbrica "Declaración del riesgo", establece:

"1. El tomador del seguro deberá declarar al asegurador antes de la conclusión del contrato todas las circunstancias que conozca, o que razonablemente deba de conocer, que puedan influir sensiblemente en la apreciación del riesgo por un asegurador prudente. Si el contrato se celebrase por cuenta de otra persona, el deber de declaración se extenderá a las circunstancias conocidas o debidas de conocer por esta.

2. El tomador del seguro o el asegurado deberá durante el curso del contrato comunicar al asegurador, tan pronto como le sea posible, todas las circunstancias que agraven el riesgo y sean de tal naturaleza que si hubieran sido conocidas por este en el momento de la perfección del contrato, no lo habría celebrado o lo habría concluido en condiciones más gravosas".

3.- De la simple lectura del precepto se aprecia su diferencia con el art. 10 LCS, al que se refiere el motivo de casación. Conforme al citado art. 423.1 LNM, en el seguro marítimo, el deber del tomador de declarar el riesgo no está sometido a la previa presentación de un cuestionario por el asegurador. Además, el mismo precepto exige al tomador del seguro marítimo una mayor diligencia, porque no basta con que declare todas las circunstancias por él conocidas que puedan influir en la valoración del riesgo (art. 10 LCS), sino que debe ir más allá, declarando "todas las circunstancias que conozca, o que razonablemente deba de conocer, que puedan influir sensiblemente en la apreciación del riesgo por un asegurador prudente".

4.- En consecuencia, ni cabe ampararse en la falta de presentación de un cuestionario que no viene exigido legalmente, ni puede considerarse de buena fe la omisión de una circunstancia tan relevante para la apreciación y valoración del riesgo como la carencia de la titulación necesaria para gobernar el barco por quien iba a patronearlo, que habría impedido la concertación del seguro».

3.
RECLAMACIONES EN MATERIA DE SEGUROS: ¿CUÁL ES LA FORMA DE RECLAMAR?

En cuando a las reclamaciones en materia de seguros cabe hacer referencia a distintos casos: las reclamaciones ante la propia compañía aseguradora, ante el defensor del asegurado, ante la Dirección General de Seguros y Fondos de Pensiones (DGSFP) o la vía judicial o arbitral.

Sin perjuicio del estudio específico del defensor del asegurado y de la DGSFP, cabe hacer referencia en este punto a las reclamaciones en la vía arbitral y en la vía judicial, con especial hincapié en el ejercicio de la llamada «acción directa» del artículo 76 de la LCS.

3.1. El arbitraje y la reclamación judicial

En materia de seguros, ¿reclamación arbitral o judicial?

Para responder a esta cuestión, cabe mencionar, en primer lugar, la **sentencia del Tribunal Constitucional n.º 1/2018, de 11 de enero, ECLI:ES:TC:2018:1**, que entiende que el artículo 76 e) de la LCS vulnera el derecho fundamental a la tutela judicial efectiva del asegurador, en relación con el principio de exclusividad jurisdiccional establecido por el artículo 117.3 de la CE, y lo declara inconstitucional y nulo desde el 07/02/2018 (fecha de publicación en el BOE de la mencionada sentencia).

El artículo 76 e) de la LCS rezaba lo siguiente:

> **El asegurado tendrá derecho a someter a arbitraje cualquier diferencia** que pueda surgir entre él y el asegurador sobre el contrato de seguro.
> La designación de árbitros no podrá hacerse antes de que surja la cuestión disputada».

Así, el referido **artículo 76 e) de la LCS establecía un sistema imperativo para una sola parte en una relación jurídica bilateral,** lo que equivale a admitir que por imperio de la ley se podrá imponer a la otra el cauce arbitral, con exclusión del derecho a someter la cuestión a la jurisdicción ordinaria. De este modo, se estaría supeditando el ejercicio del derecho a la tutela judicial efectiva de una de las partes al consentimiento de la otra, ya que esta tendría que contar con el consentimiento de la contraria para ejercer ante el órgano judicial una pretensión. Ello quebrantaría la esencia de las partes de la facultad unilateral de someter la cuestión litigiosa a arbitraje, en cuanto supone una renuncia a la jurisdicción y conlleva la exclusión de la vía judicial.

En este sentido, señaló el Tribunal Constitucional:

> «Ello quiere decir que la falta de la necesaria concurrencia de la voluntad de ambas partes litigantes para someterse a este mecanismo extrajudicial de resolución de conflictos y su imposición a una de ellas, en principio, no se compadece bien con el básico aspecto contractual del arbitraje y con el derecho fundamental a la tutela judicial efectiva que garantiza el derecho de acceso a los órganos jurisdiccionales (art. 24.1 CE). La razón estriba en que ha de entenderse que en el mecanismo arbitral, la renuncia al ejercicio del derecho fundamental proviene de la legítima autonomía de la voluntad de las partes, que, libre y voluntariamente, se someten a la decisión de un tercero ajeno a los tribunales de justicia para resolver su conflicto, y ello, correctamente entendido, no implica una renuncia general al derecho fundamental del artículo 24 CE, sino a su ejercicio en un determinado momento, no quebrantándose principio constitucional alguno (SSTC 174/1995, 75/1996 y 176/1996). Precisamente por su naturaleza alternativa a la jurisdicción ordinaria, la STC 174/1995 afirmó que el artículo 38.2, párrafo primero, de la Ley de ordenación de los transportes terrestres, que imponía un arbitraje obligatorio e imperativo, excluyente del acceso la jurisdicción, resultaba contrario al derecho a la tutela judicial efectiva. Allí se afirmó además que "[n]o se opone a esta conclusión el posible control final por los órganos judiciales, a que aluden el Abogado del Estado y el Ministerio Fiscal con referencia al recurso de nulidad del laudo previsto en el art. 45 de la Ley de Arbitraje. La objeción tendría consistencia si dicho control judicial no estuviera limitado -como lo está- a su aspecto meramente externo y no de fondo sobre la cuestión sometida al arbitraje; pero al estar tasadas las causas de revisión previstas en el citado art. 45, y limitarse éstas a las garantías formales sin poderse pronunciar el órgano judicial sobre el fondo del asunto, nos hallamos frente a un juicio externo (STC 43/1988 y Sentencias del Tribunal Supremo que en ella se citan) que, como tal, resulta insuficiente para entender que el control judicial así concebido cubre el derecho a obtener la tutela judicial efectiva que consagra el art. 24.1 C.E."».

Por lo tanto, las partes de un contrato de seguro podrán someter la posible controversia a arbitraje si ambas están conformes. Afirmación que también encontramos en el artículo 2 de la Ley 60/2003, de 23 de diciembre, de Arbitraje, al disponer que **son susceptibles de arbitraje las controversias sobre materias de libre disposición conforme a derecho.**

En el caso de que **las partes de un contrato de seguro no lleguen a ningún acuerdo**, ni siquiera a través del proceso de mediación/arbitraje, el cual como ya hemos visto tiene carácter potestativo, nos llevará a tener que acudir a la vía judicial a través del procedimiento declarativo que corresponda según la cuantía.

El procedimiento a seguir será el **juicio ordinario** en el caso de que la **cuantía de la demanda exceda de 15.000 euros o se trate de demandas cuyo interés económico sea imposible de calcular,** ni siquiera de modo relativo (art. 249 de la LEC, apartado 2) o bien el **juicio verbal cuando la cuantía no exceda de 15.000 euros** (art. 250 de la LEC, apartado 2).

En este último caso, si se trata de un juicio verbal por razón de la cuantía y esta no excede de 2.000 euros no será necesaria la intervención de procurador y abogado como se infiere de los artículos 23 y 31 de la LEC.

> **CUESTIÓN**
>
> **¿Quién será competente para el conocimiento de las acciones derivadas de un contrato de seguro?**
>
> De acuerdo con el artículo 24 de la LCS será competente el juez del domicilio del asegurado, siendo nulo cualquier pacto en contrario.

¿Cuándo prescriben las acciones judiciales contra el seguro?

El **artículo 23 de la LCS** distingue, a efectos de prescripción, las acciones que deriven de un contrato de seguro de daños o un seguro de personas:

– **Seguro de daños**: 2 años.

– **Seguro de personas**: 5 años.

En cuanto a la prescripción es interesante el análisis realizado por el Tribunal Supremo a través de su **sentencia n.° 175/2016, de 17 de marzo, ECLI:ES:TS:2016:1293,** siendo muy clara a la hora de entender el momento desde el cual comienza a contar el plazo de prescripción:

> «(...) No se discute que el plazo aplicable en el presente caso es el de dos años puesto que el seguro de responsabilidad civil corresponde a la primera de dichas categorías, pero la parte recurrente cuestiona la solución que respecto de la fijación del dies a quo establece la sentencia impugnada que lo hace coincidir con la fecha en la cual se comunicó a la entidad asegurada la demanda que contra ella había interpuesto el perjudicado.
>
> El motivo ha de ser estimado y, con él, el recurso de casación, pues hay que distinguir, por un lado, el ejercicio dentro de plazo legal de la acción derivada del contrato de seguro y, por otro, el cumplimiento de las obligaciones legales y contractuales que puedan corresponder al asegurado frente a la aseguradora en orden a hacerle conocedora de la reclamación y del proceso judicial seguido para exigir la responsabilidad civil de dicho asegurado.

El artículo 73 LCS dispone que "por el seguro de responsabilidad civil el asegurador se obliga, dentro de los límites establecidos en la Ley y en el contrato, a cubrir el riesgo del nacimiento a cargo del asegurado de la obligación de indemnizar a un tercero los daños y perjuicios causados por un hecho previsto en el contrato de cuyas consecuencias sea civilmente responsable el asegurado, conforme a derecho".

Esta Sala ha declarado en algunas ocasiones que el plazo de prescripción comienza a correr desde el momento de la firmeza de la sentencia que condena al asegurado a indemnizar a tercero (SSTS 210/2006, de 28 febrero, y 109/2013, de 8 de marzo), siguiendo así lo establecido en el artículo 1969 CC, por considerar que es a partir de dicho momento cuando la acción puede ejercitarse en toda su plenitud ya que se habrá determinado judicialmente la obligación de indemnizar y la cuantía de la indemnización que ha de satisfacer el asegurado, pues una interpretación adecuada del citado artículo 1969 CC requiere que la posibilidad de ejercicio sea efectiva y no una mera posibilidad legal, siendo así que sólo en aquel caso la inactividad involuntaria del reclamante producirá efectos prescriptivos».

Así, la anterior sentencia declara la siguiente **doctrina**:

«Declarar como doctrina jurisprudencial que "el día inicial para el cómputo del plazo de prescripción de dos años, establecido en el artículo 23 LCS para el seguro de daños respecto de la reclamación del asegurado a su aseguradora, en los casos en que haya existido reclamación judicial, es el de la notificación de la resolución que determina la firmeza de la sentencia condenatoria, pues desde ese momento puede ejercitarse la acción de modo efectivo y con pleno conocimiento del alcance de la obligación de indemnizar"».

La acción directa del artículo 76 de la LCS

El **artículo 76 de la LCS** hace referencia a la denominada «acción directa»:

«El perjudicado o sus herederos tendrán acción directa contra el asegurador para exigirle el cumplimiento de la obligación de indemnizar, sin perjuicio del derecho del asegurador a repetir contra el asegurado, en el caso de que sea debido a conducta dolosa de éste, el daño o perjuicio causado a tercero. La acción directa es inmune a las excepciones que puedan corresponder al asegurador contra el asegurado. El asegurador puede, no obstante, oponer la culpa exclusiva del perjudicado y las excepciones personales que tenga contra éste. A los efectos del ejercicio de la acción directa, el asegurado estará obligado a manifestar al tercero perjudicado o a sus herederos la existencia del contrato de seguro y su contenido».

Cuando se trata del ejercicio de la acción directa contra la compañía de seguros de la Administración resulta interesante la **sentencia del Tribunal Supremo n.º 169/2024, de 12 de febrero, ECLI:ES:TS:2024:702**. En ella, ante un caso de mala praxis en la asistencia sanitaria prestada por la sanidad pública señala que se le abren al perjudicado tres opciones legales, sintetizadas de la siguiente manera:

- Formular la oportuna **reclamación administrativa previa ante la propia Administración** para obtener el resarcimiento del daño.

- Acudir a la **vía contencioso-administrativa** en el caso de que en vía administrativa se haya desestimado expresamente o por silencio la reclamación o cuando considere insuficiente la cantidad fijada en concepto de indemnización de daños y perjuicios. En este caso podrá ejercer una acción de condena dirigida contra la Administración de forma exclusiva o bien demandar a la Administración y a su compañía aseguradora.

- Ejercer exclusivamente la **acción directa contra la compañía de seguros de la Administración ante la jurisdicción civil** en base al artículo 76 de la LCS.

Respecto de esta última posibilidad se trata de prescindir de la vía administrativa y demandar exclusivamente a la compañía de seguros como sociedad mercantil ante la jurisdicción civil. La **atribución del conocimiento de la acción directa del artículo 76 de la LCS a la jurisdicción civil** se ha confirmado en el **auto del Tribunal Supremo n.º 2/2022, de 2 de marzo, ECLI:ES:TS:2022:3581A**, conforme al cual «(...) corresponde a la jurisdicción civil resolver los casos de ejercicio de la acción directa del art. 76 LCS contra la compañía aseguradora, siempre que ésta sea la única demandada (...)».

En la misma línea destaca la **sentencia del Tribunal Supremo n.º 1322/2023, de 27 de septiembre, ECLI:ES:TS:2023:3983,** de la que se infiere:

«1.ª- Corresponde a la jurisdicción civil el conocimiento del presente proceso, toda vez que se trata de una demanda de reclamación de una indemnización por el daño sufrido por un particular en su integridad física contra una sociedad mercantil, en aplicación de la acción directa atribuida al perjudicado por una norma de naturaleza material o sustantiva de derecho privado como es el art. 76 de la LCS, sin interpelación de la administración pública, ni acto administrativo que revisar (...).

2.ª- El objeto de este proceso es una acción directa, que corresponde al perjudicado frente a la compañía de seguros del causante del daño, configurada jurídicamente como un derecho propio del perjudicado, autónomo e independiente del que ostenta la entidad asegurada contra la compañía de seguros (...).

(...).

En definitiva, para obtener el resarcimiento del daño sufrido, el perjudicado cuenta con dos derechos, cada uno de ellos instrumentalizado con la correspondiente acción, de los que surgen dos obligaciones diferentes: la del asegurado, causante del daño, que nace del hecho ilícito, y la del asegurador, proveniente también de ese mismo hecho ilícito, pero que presupone la existencia de un contrato de seguro y que está sometida al régimen especial del artículo 76 LCS (SSTS 200/2015, de 17 de abril, que cita la de 12 de noviembre de 2013, reproducidas en la más reciente 321/2019, de 5 de junio).

La víctima puede acumular ambas acciones y ejercitarlas conjuntamente contra el autor del daño y su compañía aseguradora, unidos por vínculos de solidaridad; o bien, ejercitarlas independientemente sólo contra el causante del daño o únicamente contra la compañía de seguros».

Por lo tanto, en casos en que se opte por demandar solo a la compañía de seguros en la vía civil se pueden extraer las siguientes **consecuencias**:

«(...) la condena de la aseguradora dependerá de la existencia de responsabilidad patrimonial de la administración asegurada, que deberá acreditarse, en el proceso civil, bajo los parámetros propios del derecho administrativo (...).

(...)

Pues bien, de la misma manera que los tribunales civiles deben apreciar la existencia de una responsabilidad de la administración asegurada cuando se ejercite la acción directa por vía civil solo contra la compañía de seguros, lo mismo debe hacer la aseguradora cuando el perjudicado prescinde de la reclamación administrativa y le exija el resarcimiento del daño directamente como consecuencia del derecho que le corresponde al amparo del art. 76 LCS.

Por lo tanto, al conocer la aseguradora la reclamación del demandante, para obtener el resarcimiento del daño sufrido, dirigida directa y exclusivamente contra ella, debió abrir expediente para determinar la existencia del siniestro y, en su caso, proceder a su liquidación (art. 18 LCS).

Lo que no puede es ampararse en el argumento de que no está obligada a hacer honor a su compromiso indemnizatorio, si no acude la víctima a la vía administrativa, formulando la correspondiente reclamación patrimonial frente a la administración presuntamente responsable, y esperar a que aquella sea reconocida en el correspondiente expediente administrativo, pues el perjudicado no está obligado a ello, y goza del derecho de dirigir la acción de resarcimiento en vía civil únicamente contra la aseguradora de la administración».

A la vista de las tres posibilidades de que dispone el perjudicado, es necesario señalar que **lo que no podrá hacer aquel es, si optó por acudir a la vía administrativa, acudir posteriormente a la vía civil**, es decir, que se proceda por los tribunales civiles **a revisar el acto administrativo dictado previamente**, pues ello corresponderá exclusivamente a la jurisdicción contencioso-administrativa **(STS n.º 1519/2023, de 6 de noviembre, ECLI:ES:TS:2023:4658)**.

En este punto, es interesante, lo argumentado por el **Tribunal Supremo en su sentencia n.º 358/2021, de 25 de mayo, ECLI:ES:TS:2021:2122**, entre otras, en la que se ha desestimado la acción directa contra la aseguradora de la Administración, cuando la misma se ha utilizado por el perjudicado para conseguir de la aseguradora en vía civil una indemnización superior a la indemnización reconocida en vía administrativa o contencioso-administrativa.

Así, en el caso que se resuelve en la referida sentencia, la perjudicada, pudiendo demandar directamente a la aseguradora en vía civil, optó por acudir al expediente administrativo de responsabilidad patrimonial para exigir la responsabilidad patrimonial de la Administración sanitaria y la consiguiente indemnización del daño sufrido, y consintió que adquiera firmeza la resolución administrativa desestimatoria de su reclamación, dado que igual que «sería contrario a la legalidad que se utilizase la acción directa para impugnar el acto administrativo, que se había consentido, a los solos efectos indemnizatorios», también lo sería utilizar la acción directa contra el asegurador para conseguir que la jurisdicción civil declarase la responsabilidad de la Administración sanitaria asegurada, por ser presupuesto para que responda la aseguradora, tras haber devenido firme el acto administrativo que negó la existencia de dicha responsabilidad.

¿Cuáles son las notas características de la acción directa del artículo 76 de la LCS?

A la hora de exponer las notas características de la citada acción es altamente ilustrativa la **sentencia del Tribunal Supremo n.º 321/2019, de 5 de junio, ECLI:ES:TS:2019:1840,** cuya lectura íntegra recomendamos.

El tratamiento jurisprudencial de la acción directa se basa en tres principios destacados, cuales son, **autonomía de la acción, solidaridad de obligados y dependencia estructural de la responsabilidad del asegurado.** Así el TS en la mentada sentencia sintetiza los siguientes hitos jurisprudenciales al respecto:

> «(i) Se trata de una **acción autónoma e independiente de la que puede tener el perjudicado frente al asegurado** y se configura como un derecho de origen legal que tiene como finalidad la satisfacción del daño producido al tercero perjudicado (STS 484/2018, de 11 de septiembre).
>
> (ii) Implica "un **derecho propio -sustantivo y procesal- del perjudicado frente al asegurador,** con el propósito, de una parte, de un resarcimiento más rápido [...] y, de otra parte, de eludir la vía indirecta en virtud de la cual el perjudicado habría de reclamar al causante del daño y éste al asegurador, lo que provocaba una innecesaria litigiosidad" (STS 87/2015, de 4 de marzo).
>
> (iii) El derecho del tercero a exigir del asegurador la obligación de indemnizar no es el mismo que el que tiene dicho tercero para exigir la indemnización del asegurado, causante del daño. Es decir, **el perjudicado tiene dos derechos a los que corresponden en el lado pasivo dos obligaciones diferentes: "la del asegurado causante del daño** (que nace del hecho ilícito en el ámbito extracontractual o el contractual) **y la del asegurador** (que también surge de ese mismo hecho ilícito, pero que presupone la existencia de un contrato de seguro y que está sometida al régimen especial del artículo 76)" (STS 200/2015, de 17 de abril, que cita la deS12 de noviembre de 2013).
>
> (iv) La **conexidad de ambos obligados resulta de su condición de deudores solidarios.** Por ello, el cumplimiento de la obligación por cualquiera de los dos responsables solidarios extingue la obligación por efecto del art. 1145.1 CC (STS 87/2015, de 4 de marzo).

(v) El art. 76 LCS, al establecer que **la acción directa es inmune a las excepciones que puedan corresponder al asegurador frente al asegurado**, configura una acción especial, que deriva no solo del contrato sino de la ley (STS 200/2015).

(vi) La inmunidad de la acción directa a las excepciones que el asegurador tenga contra su asegurado significa que **no puede oponer las excepciones personales ni las derivadas de la conducta del asegurado**, como por ejemplo el dolo, pero sí las excepciones objetivas, tales como la definición del riesgo, el alcance de la cobertura y, en general, todos los hechos impeditivos objetivos que deriven de la ley o de la voluntad de las partes del contrato de seguro (STS 200/2015, de 17 de abril, con cita de las de 26 de noviembre de 2006, 8 de marzo de 2007 y 23 de abril de 2009).

(vii) En particular, "**la delimitación del riesgo efectuada en el contrato resulta oponible [...] al tercero perjudicado, no como una excepción en sentido propio, sino como consecuencia de la ausencia de un hecho constitutivo del derecho de aquel sujeto frente al asegurador**. Ese derecho podrá haber nacido frente al asegurado en cuanto causante del daño, pero el asegurador no será responsable, porque su cobertura respecto al asegurado contra el nacimiento de la obligación de indemnizar sólo se extiende a los hechos previstos en el contrato. En tales casos, queda excluida la acción directa, pues el perjudicado no puede alegar un derecho al margen del propio contrato" (STS 730/2018, de 20 de diciembre, que cita las sentencias 1166/2004, de 25 de noviembre; 268/2007, de 8 de marzo; 40/2009, de 23 de abril; 200/2015, de 17 de abril; y 484/2018, de 11 de septiembre).

(viii) La acción directa **se entiende sin perjuicio del derecho del asegurador a repetir contra el asegurado**; precisamente, este derecho de repetición solo tiene sentido porque el asegurador no puede oponer al perjudicado el comportamiento doloso del asegurado.

(ix) Su regulación no impide que la pretensión objeto de la acción se someta al régimen del art. 219 LEC, dejando la cuantificación de la indemnización para un momento posterior (STS 213/2015, de 17 de abril): **la aseguradora no queda privada de la posibilidad de excepcionar las cláusulas delimitativas del riesgo**, como es el capital máximo por siniestro "pues nada impedía a la aseguradora plantear o excepcionar esas supuestas cláusulas delimitativas del riesgo tanto en el primer pleito como en el segundo"».

La jurisdicción civil puede pronunciarse prejudicialmente sobre la existencia de responsabilidad de la Administración cuando se ejercite solo la acción directa frente a la aseguradora con dos puntualizaciones, de un lado, el pronunciamiento prejudicial sobre si la Administración ha incurrido en responsabilidad patrimonial se verificará conforme a la norma administrativa y, de otro lado, será a los solos efectos del proceso, sin que ello suponga reconocer competencia a la jurisdicción civil para declarar la responsabilidad de la Administración Pública asegurada, para lo que debe seguirse el procedimiento administrativo previsto legalmente.

En definitiva, lo dispuesto en el artículo 76 de la LCS se funda en **principios de autonomía de la acción, solidaridad de obligados y dependencia** estructural respecto de la responsabilidad del asegurado, y esto comporta que, aunque la acción directa goce de autonomía procesal (al ser posible demandar exclusivamente a la aseguradora ante la jurisdicción civil sin que previamente se sustancie una reclamación en vía administrativa), **la aseguradora no puede quedar obligada más allá de la obligación del asegurado**, pues la jurisdicción contencioso-administrativa es la única competente para condenar a la Administración, mientras que la jurisdicción civil solo conoce de su responsabilidad y consecuencias a efectos prejudiciales en el proceso civil.

CUESTIÓN

¿Está condicionada la actuación de la jurisdicción civil en base al artículo 76 de la LCS por las actuaciones en vía administrativa respecto de la responsabilidad de la Administración por los daños?

En cierto modo sí, pues no cabe acudir a la jurisdicción civil para ejercer la acción del artículo 76 de la LCS en aquellos casos en que el asunto haya sido desestimado en vía administrativa y/o contencioso-administrativa o cuando estimado se pretenda obtener una indemnización superior que la fijada en dicha vía.

Al respecto señala la **sentencia del Tribunal Supremo n.º 1519/2023, de 6 de noviembre, ECLI:ES:TS:2023:4658**, que «En definitiva, si se acude por el perjudicado a la vía administrativa no puede pretender ulteriormente que, por los tribunales del orden jurisdiccional civil, se proceda revisar el acto administrativo dictado, pues ello corresponde exclusivamente a la jurisdicción contencioso-administrativa».

Sin embargo, el caso planteado en la citada sentencia difiere del que motiva la conclusión anterior, ya que en él existen particularidades que determinan la prioridad del orden civil en el conocimiento de la demanda. Lo anterior es así porque en el supuesto de autos el perjudicado optó en todo momento por acudir a la jurisdicción civil de forma exclusiva, descartando la vía administrativa. Las dudas se generan cuando la Administración, tras conocer la intención de demandar en vía civil por el perjudicado, incoa de oficio expediente administrativo relativo a los mismos hechos. Pues bien, en este caso no se da prioridad a lo resuelto en vía administrativa, sino que se considera correcto el pronunciamiento de los tribunales civiles al respecto. Así declara el Alto Tribunal:

«En conclusión, bajo las connotaciones indicadas, es correcto que los tribunales civiles se pronunciaran sobre la demanda formulada, todo ello sin quedar vinculados por las actuaciones administrativas llevadas a efecto encaminadas a evitar la intervención de los tribunales civiles en el ejercicio de una acción propia de su jurisdicción y con respecto a la cual no pueden abstenerse de conocer».

Finalmente, otro supuesto en el que se ejercita la acción directa del artículo 76 de la LCS se encuentra en la **sentencia del Tribunal Supremo n.º 545/2020, de 20 de octubre, ECLI:ES:TS:2020:3492**:

«Los demandantes ejercitaron la acción directa del art. 76 de la LCS contra ambas compañías aseguradoras y, en contra del criterio del Juzgado, que, a tenor del contenido de las pólizas suscritas y límites temporales de las coberturas pactadas, condena exclusivamente a Mapfre, la Audiencia, sin embargo, hace responsable del siniestro a ambas compañías, a través de un pronunciamiento condenatorio conjunto, que no es correcto y que, por lo tanto, determina la estimación del recurso de casación interpuesto.

Hemos proclamado la validez de las cláusulas claim made pactadas entre la Administración, tomadora del seguro con las compañías aseguradoras demandadas. Del condicionado de las pólizas suscritas resulta que el contrato, que da cobertura

---

al siniestro sufrido por los demandantes por la actuación negligente de la asistencia médica dispensada por el Servicio Murciano de Salud, es el concertado con Mapfre, careciendo pues de acción directa los perjudicados para instar la responsabilidad de la compañía W. R. Berkley, que no asumía el siniestro objeto de este proceso.

En efecto, en el caso que nos ocupa, el hecho dañoso se produce dentro la vigencia del primer contrato de seguro, pero se reclama su resarcimiento cuando era el contrato suscrito con Mapfre el que estaba vigente, el cual cubría, en su condicionado contractual, los siniestros acaecidos antes de su entrada en vigor reclamados durante su vigencia, con lo que los actores estaban debidamente cubiertos por el seguro contratado con esta última compañía, y no, por el contrario, con el suscrito con Berkley, que no asumía los siniestros reclamados después del periodo contractual de su vigencia.

El caso presente, no guarda identidad de razón con el contemplado en la sentencia 780/2009, de 2 de diciembre, en la que, en los fundamentos del recurso de casación, se acumulaban normas heterogéneas sobre el objeto del contrato de seguro, régimen de intereses por mora y régimen del seguro de grandes riesgos, cuyo incorrecto planteamiento ya era por sí suficiente para determinar la no admisibilidad del recurso, como expresamente se señaló en dicha resolución; en cualquier caso, no contemplaba un supuesto de sucesiva vigencia de dos pólizas, cada una de ellas con sus coordinadas condiciones de limitación temporal de la cobertura, y el recurso se circunscribía a la aplicación de los intereses del art. 20 de la LCS.

4.-Estimación del recurso y asunción de la instancia

Los demandantes no pueden pretender una doble cobertura del daño, a modo de un inexistente coaseguro, al margen de las relaciones contractuales existentes entre tomadora responsable y aseguradoras. Precisamente la acción directa, a la que se refiere el art. 76 de la LCS, es la que corresponde al perjudicado contra la compañía de seguros del causante del daño que, en el caso enjuiciado, es la compañía de seguros Mapfre y no W.R. Berkley que, en consecuencia, debe de ser absuelta de la demanda deducida contra ella».

3.2. El defensor del asegurado

En primer lugar, cabe señalar que la figura del defensor del asegurado o defensor del cliente encuentra su regulación en la **Orden ECO/734/2004, de 11 de marzo, sobre los departamentos y servicios de atención al cliente y el defensor del cliente de las entidades financieras**.

Dicha orden tiene por objeto regular los requisitos y procedimientos que deben cumplir los departamentos y servicios de atención al cliente, así como el defensor del cliente de las entidades relacionadas en el artículo 2 de la referida orden, entre las que se encuentran las entidades aseguradoras.

Por lo tanto, **toda entidad aseguradora está obligada a atender y resolver las quejas y reclamaciones** que sus clientes les presenten, relacionadas con sus intereses y derechos legalmente reconocidos.

Así, las entidades podrán designar un defensor del cliente, en caso de las aseguradoras, un defensor del asegurado, al que le corresponderá atender y resolver los tipos de reclamaciones que se sometan a su decisión en el marco de lo que disponga el reglamento de funcionamiento, así como promover el cumplimiento de la normativa de transparencia y protección de la clientela y de las buenas prácticas y usos financieros.

> **CUESTIÓN**
>
> **¿Varias entidades podrán designar el mismo defensor del asegurado?**
>
> Sí, la designación podrá efectuarse conjuntamente con otras entidades, de manera que el defensor del asegurado atienda y resuelva reclamaciones de los clientes de todas ellas, de acuerdo con lo disponga su reglamento de funcionamiento.

El defensor del asegurado **actuará con independencia respecto de la entidad** y con total autonomía en cuanto a los criterios y directrices a aplicar en el ejercicio de sus funciones.

El mismo, será una persona o entidad de reconocido prestigio en el ámbito jurídico, económico o financiero, ajena a la organización de la entidad o entidades a que presta sus servicios.

Asimismo, las **decisiones del defensor del asegurado favorables al reclamante vincularán a la entidad**. Esta vinculación no será obstáculo a la plenitud de la tutela judicial, al recurso a otros mecanismos de solución de conflictos ni a la protección administrativa.

¿Cómo será el procedimiento para la presentación, tramitación y resolución de las quejas y reclamaciones ante el defensor del asegurado?

La tramitación de las reclamaciones cuyo conocimiento se atribuya al defensor del asegurado, serán competencia de este, pero **siempre y cuando no hayan sido resueltas previamente por la oficina o servicio objeto de la reclamación o por el departamento o servicio de atención al cliente.**

> **CUESTIÓN**
>
> **¿De qué plazo dispone el defensor del asegurado para dictar un pronunciamiento?**
>
> De 2 meses a contar desde la presentación de la queja o reclamación, pudiendo el reclamante a partir de la finalización de dicho plazo acudir al Comisionado para la Defensa del Cliente de Servicios Financieros que corresponda.

La **presentación de las quejas y reclamaciones** podrán efectuarse de las siguientes formas:

- Personalmente.
- Mediante representación.
- En soporte papel.
- Por medios informáticos, electrónicos o telemáticos, siempre que estos permitan la lectura, impresión y conservación de los documentos.

> **A TENER EN CUENTA.** La utilización de medios informáticos, electrónicos o telemáticos deberá ajustarse a las exigencias previstas en la Ley 6/2020, de 11 de noviembre, reguladora de determinados aspectos de los servicios electrónicos de confianza, que derogó la Ley 59/2003, de 19 de diciembre, de firma electrónica, citada en la Orden ECO/734/2004, de 11 de marzo.

Pero ¿qué datos deberán constar en el documento de queja o reclamación?

- Nombre, apellidos y domicilio del interesado y, en su caso, de la persona que lo represente, debidamente acreditada; número del documento nacional de identidad para las personas físicas y datos referidos a registro público para las jurídicas.

- Motivo de la queja o reclamación, con especificación clara de las cuestiones sobre las que se solicita un pronunciamiento.

- Oficina u oficinas, departamento o servicio donde se hubieran producido los hechos objeto de la queja o reclamación.

- Que el reclamante no tiene conocimiento de que la materia objeto de la queja o reclamación está siendo sustanciada a través de un procedimiento administrativo, arbitral o judicial.

- Lugar, fecha y firma.

Además de todo lo anterior, el/la reclamante deberá aportar, junto al documento anterior, **las pruebas documentales que obren en su poder** en que se fundamente su queja o reclamación.

En cuanto a la **admisión a trámite de la reclamación o queja**, y en el caso de que **no hubiese sido resuelta a favor del cliente por la propia oficina o servicio objeto de la queja o reclamación**, esta será remitida al departamento o servicio de atención al cliente, quien, cuando proceda de acuerdo con el reglamento de funcionamiento, la remitirá, a su vez, al defensor del asegurado.

> **CUESTIÓN**
>
> **¿Qué ocurrirá en el caso de que se presente una reclamación o queja ante el defensor del asegurado y este no sea competente?**
>
> Si la queja o reclamación hubiera sido presentada ante el defensor del asegurado no tratándose de un asunto de su competencia, se remitirá por este al departamento o servicio de atención al cliente. Deberá informarse al reclamante sobre la instancia competente para conocer su queja o reclamación.

Asimismo, lo establecido anteriormente se entenderá sin perjuicio de que el cómputo del plazo máximo de terminación comenzará a contar desde la presentación de la queja o reclamación en el departamento o servicio de atención al cliente o, en su caso, defensor del cliente.

En todo caso, se **deberá acusar recibo por escrito y dejar constancia de la fecha** de presentación a efectos del cómputo de dicho plazo.

La **queja o reclamación se presentará una sola vez por el interesado**, sin que pueda exigirse su reiteración ante distintos órganos de la entidad.

Por otro lado, **si no se encontrase suficientemente acreditada la identidad del reclamante**, o no pudiesen establecerse con claridad los hechos objeto de la reclamación o queja, se requerirá al firmante para completar la documentación remitida en el plazo de diez días naturales, con apercibimiento de que si así no lo hiciese se archivará la queja o reclamación sin más trámite.

A TENER EN CUENTA. El plazo empleado por el reclamante para subsanar los errores a que se refiere el párrafo anterior no se incluirá en el cómputo del plazo de 2 meses.

¿Cuáles podrán ser motivos de rechazo de la admisión a trámite de las quejas y reclamaciones?

– **Omisión de datos esenciales** para la tramitación no subsanables, incluidos los supuestos en que no se concrete el motivo de la queja o reclamación.

– **Cuando se pretenda tramitar como queja o reclamación, recursos o acciones distintos cuyo conocimiento sea competencia de los órganos administrativos, arbitrales o judiciales,** o la misma se encuentre pendiente de resolución o litigio o el asunto haya sido ya resuelto en aquellas instancias.

– Los **hechos, razones y solicitud en que se concreten las cuestiones objeto de la queja o reclamación no se refieran a operaciones concretas o no se ajusten a los requisitos exigidos** por la Orden ECO/734/2004, de 11 de marzo (art. 2.2).

– Cuando **se formulen quejas o reclamaciones que reiteren otras anteriores resueltas**, presentadas por el mismo cliente en relación a los mismos hechos.

– Hubiera **transcurrido el plazo** para la presentación de quejas y reclamaciones que establezca el reglamento de funcionamiento.

Asimismo, cuando se tuviera conocimiento de la tramitación simultánea de una queja o reclamación y de un procedimiento administrativo, arbitral o judicial sobre la misma materia, deberá abstenerse de tramitar la primera.

CUESTIÓN

¿Cómo será la forma de proceder en caso de que la reclamación o queja no sea admitida a trámite?

Se pondrá de manifiesto al interesado mediante **decisión motivada**, dándole un plazo de 10 días naturales para que presente sus alegaciones. Cuando el interesado hubiera contestado y se mantengan las causas de inadmisión, se le comunicará la decisión final adoptada.

Pero ¿los/las interesados/as podrán desistir en algún momento de su reclamación o queja? Sí, además, en cualquier momento. Y tal desistimiento dará lugar a la finalización inmediata del procedimiento en lo que a la relación con el interesado se refiere. No obstante, el defensor del asegurado podrá acordar la continuación del mismo en el marco de su función de promover el cumplimiento de la normativa de transparencia y protección de la clientela y de las buenas prácticas y usos financieros.

> **CUESTIÓN**
>
> **¿Cuándo deberá de finalizar el expediente?**
>
> El expediente deberá finalizar en el plazo máximo de 2 meses, a partir de la fecha en que la queja o reclamación fuera presentada en el departamento o servicio de atención al cliente o, en su caso, defensor del cliente.

La decisión del defensor del asegurado será siempre motivada y contendrá unas conclusiones claras sobre la solicitud planteada en cada queja o reclamación, fundándose en las cláusulas contractuales, las normas de transparencia y protección de la clientela aplicables, así como las buenas prácticas y usos financieros.

Si bien, en el caso de que la decisión se aparte de los criterios manifestados en expedientes anteriores similares, deberán aportarse las razones que lo justifiquen.

¿En qué plazo se notificará la decisión a los interesados? En el plazo de 10 días naturales a contar desde su fecha, por escrito o por medios informáticos, electrónicos o telemáticos, siempre que estos permitan la lectura, impresión y conservación de los documentos, y cumplan los requisitos previstos en la Ley 6/2020, de 11 de noviembre, que derogó la Ley 59/2003, de 19 de diciembre, de firma electrónica, citada en la Orden ECO/734/2004, de 11 de marzo, según haya designado de forma expresa el reclamante y, en ausencia de tal indicación, a través del mismo medio en que hubiera sido presentada la queja o reclamación.

3.3. La Dirección General de Seguros y Fondos de Pensiones

La Dirección General de Seguros y Fondos de Pensiones (DGSFP) es un órgano administrativo y directivo dependiente de la Secretaría de Estado de Economía y Apoyo a la Empresa como se infiere del artículo 2.3 del Real Decreto 410/2024, de 23 de abril, por el que se desarrolla la estructura orgánica básica del Ministerio de Economía, Comercio y Empresa.

En cuanto a las **funciones** de este órgano hay que estar a la enumeración que contempla el artículo 8 del citado Real Decreto 410/2024, de 23 de abril, entre ellas destacan, por lo que aquí interesa, las siguientes:

- La contestación a las consultas formuladas en materia de seguros y reaseguros privados, distribución de seguros y reaseguros, y planes y fondos de pensiones (letra c).

- La protección administrativa a los asegurados, beneficiarios, terceros perjudicados y partícipes en planes de pensiones mediante la atención y resolución de las reclamaciones y quejas presentadas contra las entidades y personas sujetas a supervisión (letra ñ).

Se infiere del artículo 30 de la Ley 44/2002, de 22 de noviembre, de Medidas de Reforma del Sistema Financiero, que será el **Servicio de Reclamaciones de la DGSFP** el encargado de atender las consultas, quejas y reclamaciones que se formulen por los ciudadanos en materia de seguros. En relación con este servicio de reclamaciones hay que tener presente la D.A. 1.ª de la Orden ECC/2502/2012, de 16 de noviembre, de la que resulta:

– Se trata de un órgano administrativo dependiente del director general de seguros.

– Sus funciones son:

  • Atender las consultas, quejas y reclamaciones previstas en la Ley 44/2002, de 22 de noviembre.

  • La asistencia en la supervisión sobre conductas de mercado de las entidades sujetas a supervisión de la DGSFP.

  • El fomento de iniciativas en materia de educación financiera y la elaboración de estudios en materias relacionadas con la protección de los asegurados, la transparencia y las mejores prácticas en el mercado.

  • Las demás funciones de protección a los asegurados, beneficiarios, terceros perjudicados y partícipes en planes de pensiones que se le encomienden.

– El director general de seguros podrá dictar las instrucciones necesarias para la organización y funcionamiento del servicio de reclamaciones del DGSFP.

¿Cuál es el procedimiento para resolver las consultas, quejas y reclamaciones ante la DGSFP?

La resolución de las consultas, quejas y reclamaciones que los ciudadanos dirijan a la DGSFP se ajustará a lo previsto en la **Orden ECC/2502/2012, de 16 de noviembre, por la que se regula el procedimiento de presentación de reclamaciones ante los servicios de reclamaciones del Banco de España, la Comisión Nacional del Mercado de Valores y la Dirección General de Seguros y Fondos de Pensiones.**

> **CUESTIÓN**
>
> **¿Qué se entiende por consultas, quejas y reclamaciones?**
>
> Conforme al artículo 2 de la Orden ECC/2502/2012, de 16 de noviembre, se entiende por:
>
> – Consultas: las solicitudes de asesoramiento e información relativas a cuestiones de interés general sobre los derechos de los usuarios de servicios financieros en materia de transparencia y protección de la clientela, o sobre los cauces legales para el ejercicio de tales derechos.

- Quejas: las presentadas por los usuarios de servicios financieros por las demoras, desatenciones o cualquier otro tipo de actuación deficiente que se observe en el funcionamiento de las entidades financieras contra las que se formula la queja.

- Reclamaciones: las presentadas por los usuarios de servicios financieros que pongan de manifiesto, con la pretensión de obtener la restitución de su interés o derecho, hechos concretos referidos a acciones u omisiones de las entidades financieras reclamadas que supongan para quien las formula un perjuicio para sus intereses o derechos y que deriven de presuntos incumplimientos por las entidades reclamadas, de la normativa de transparencia y protección de la clientela o de las buenas prácticas y usos financieros.

¿Quién tendrá legitimación para formular quejas, reclamaciones o consultas? Podrán presentar quejas o reclamaciones y formular consultas, personalmente o mediante representación, las personas físicas o jurídicas, españolas o extranjeras, debidamente identificada, en su condición de usuarios de los servicios financieros prestados por cualquiera de las entidades supervisadas, en este caso, por la DGSFP, siempre y cuando se trate de sus intereses y derechos legalmente reconocidos o sus derechos en materia de transparencia y protección de la clientela y cauces legales para su ejercicio (art. 3 de la Orden ECC/2502/2012, de 16 de noviembre).

Así pues, están legitimados en concreto:

- Las personas o entidades que actúen en defensa de los intereses particulares de sus clientes.

- Partícipes o inversores.

- Los tomadores de seguros, asegurados, beneficiarios, terceros perjudicados o los derechohabientes de cualquiera de ellos.

- Los partícipes y beneficiarios de planes de pensiones.

- Las asociaciones y organizaciones representativas de legítimos intereses colectivos de los usuarios de servicios financieros.

- Para formular consultas, las oficinas y servicios de información y atención al cliente.

CUESTIONES

1. ¿Qué sucede cuando la consulta, reclamación o queja se presenta ante un servicio de reclamaciones que no es competente?

Las consultas, reclamaciones y quejas podrán presentarse indistintamente en cualquiera de los tres servicios de reclamaciones —Banco de España, Comisión Nacional del Mercado de Valores o DGSFP—, si bien si el servicio que la recibe no es competente, la remitirá inmediatamente al que lo sea.

2. Cuando el ámbito de competencia de la consulta, queja o reclamación se refiera a dos o más servicios de reclamaciones ¿cómo se resolverá?

En estos casos el expediente se tramitará por el servicio de reclamaciones que corresponda atendiendo a la naturaleza jurídica de la entidad reclamada. Asimismo, el servicio de reclamaciones al que corresponda la tramitación del expediente solicitará informe a los otros servicios de reclamaciones sobre los asuntos de la competencia de estos, informes que se integrarán en el informe final que se dicte.

En cuanto al **procedimiento** hay que distinguir según se trate de reclamaciones o quejas o consultas. Sin perjuicio del estudio más detallado del procedimiento relativo a las reclamaciones y quejas, no puede obviarse la existencia de un procedimiento propio en relación con las consultas —artículos 16 y 17 de la Orden ECC/2502/2012, de 16 de noviembre— del que destacan las siguientes notas características:

- La presentación de una consulta no interrumpe los plazos previstos para el ejercicio de los derechos ni suspende la tramitación de los procedimientos.

- La consulta debe contestarse en el plazo máximo de un mes desde su presentación ante el servicio competente, si bien la falta de contestación en plazo no supone la aceptación de los criterios de los usuarios manifestados en la consulta.

- La contestación a la consulta tendrá carácter informativo y no será vinculante para personas, actividades o supuestos previstos en la consulta.

Por lo que aquí interesa, el **procedimiento de reclamaciones y quejas** consta de los siguientes **trámites** (arts. 5 a 15 de la Orden ECC/2502/2012, de 16 de noviembre):

|| Presentación

La presentación de las quejas y reclamaciones se podrá hacer en soporte papel o por medios electrónicos, a través de los registros electrónicos habilitados.

Para facilitar la presentación en formato papel, se podrán utilizar los formularios que el Servicio de Reclamaciones ha elaborado a estos efectos, sin perjuicio de que, si lo estima más conveniente, pueda utilizar otro formato de presentación.

La interposición de las reclamaciones o quejas no paralizará la resolución y tramitación de los procedimientos correspondientes, si bien sí se suspenderán o interrumpirán los plazos para el ejercicio de acciones o derechos que puedan ejercitar quienes figuren en ellos como interesados.

A TENER EN CUENTA. El uso de los servicios de reclamaciones para atender las quejas o reclamaciones se entiende sin perjuicio de la utilización de otros sistemas de protección previstos, especialmente, en la normativa arbitral y de consumo.

CUESTIÓN

¿Cuál es el contenido mínimo de la reclamación o queja?

La reclamación o queja debe contener (art. 6 de la Orden ECC/2502/2012, de 16 de noviembre):

- Datos identificativos del reclamante y, en su caso, del representante.

- Datos identificativos de la entidad reclamada.

- Motivo de la reclamación o queja, debiendo constar expresamente que la misma no está pendiente de resolución o litigio ante órganos administrativos, arbitrales o jurisdiccionales.

– Acreditar el transcurso del plazo de dos meses desde la presentación de la reclamación o queja ante el departamento o servicio de atención al cliente o defensor del cliente sin que haya sido resulta o que ha sido denegada la admisión o desestimada, total o parcialmente, su petición.

– Lugar, fecha y firma.

– Asimismo, deberá acompañarse la documentación imprescindible para resolver las cuestiones planteadas.

No podrán alegarse, al formular la reclamación o queja, hechos diferentes de los alegados en la reclamación o queja previa ante el departamento o servicio de atención al cliente o, en su caso, defensor del cliente, con excepción de los hechos relacionados que se hubieran producido con posterioridad a su sustanciación.

Será requisito necesario para la admisión de la reclamación o queja el haber formulado previamente la misma ante el departamento o servicio de atención al cliente o, en su caso, al defensor del cliente en los términos del artículo 7 de la Orden ECC/2502/2012, de 16 de noviembre.

Se exceptúan del requisito anterior los casos en que la reclamación o queja tenga por objeto la demora o incumplimiento de una decisión del departamento o servicio de atención al cliente o, en su caso, del defensor del cliente, en sentido favorable al cliente, que hubiera versado sobre el objeto de la queja o reclamación.

Asimismo, se contempla la posibilidad de presentar quejas o reclamaciones colectivas, pero ¿qué significa esto? Que podrá presentarse una única reclamación o queja conjunta por parte de distintos reclamantes cuando estos se vean afectados por conductas que tengan un contenido y fundamento idéntico o sustancialmente similar, de la misma entidad.

La presentación de estas reclamaciones o quejas se hará a través de un único representante y las mismas se tramitarán por los servicios de reclamaciones como un único expediente y se resolverán en una única resolución (art. 9 de la Orden ECC/2502/2012, de 16 de noviembre).

Acumulación de expedientes (art. 8 de la Orden ECC/2502/2012, de 16 de noviembre)

Los casos en que podrá acordarse la acumulación de expedientes, para su tramitación conjunta son los siguientes:

– Cuando se trate de reclamaciones o quejas presentadas por distintas personas, y se refieran a la misma entidad financiera, que guarden una identidad sustancial o una íntima conexión en los hechos o problemas puestos de manifiesto.

– Cuando se trate de reclamaciones o quejas formuladas por una misma persona referidas a cuestiones que guarden una identidad sustancial o una íntima conexión, y que no consistan en una mera reiteración.

A TENER EN CUENTA. La acumulación no afectará a la mención individualizada de las reclamaciones o quejas en el resumen estadístico de la memoria anual prevista en el artículo 30.4 de la Ley 44/2002, de 22 de noviembre.

Inadmisión de reclamaciones o quejas (art. 10 de la Orden ECC/2502/2012, de 16 de noviembre)

Se **inadmitirán por falta de competencia** de los servicios de reclamaciones cuando:

- Se pretenda tramitar como reclamaciones o quejas, recursos o acciones distintas cuyo conocimiento sea competencia de los órganos administrativos, arbitrales o judiciales, o aquellos se encuentren pendientes de litigio ante estos órganos.

- En la reclamación o queja se planteen controversias sobre determinados hechos cuya prueba únicamente pueda ser realizada en vía judicial.

- Se planteen controversias sobre la cuantificación económica de los daños y perjuicios que eventualmente haya podido ocasionar a los usuarios de los servicios financieros la actuación, incluso sancionable, de las entidades sometidas a supervisión, o sobre cualquier otra valoración económica.

- La reclamación o queja se fundamente en una controversia cuya resolución requiera necesariamente la valoración de expertos con conocimientos especializados en una materia técnica ajena a la normativa de transparencia y protección de la clientela o a las buenas prácticas y usos financieros.

Asimismo, son **causas de inadmisión**:

- Que se advierta carencia de fundamento o inexistencia de pretensión por omisión de datos esenciales para la tramitación.

- Que los hechos, razones y solicitud en que se concreten las cuestiones objeto de las reclamaciones o quejas no se refieran a operaciones concretas o sean distintos a los aducidos en la reclamación previa.

- Que se articulen como reclamaciones o quejas, las consultas sobre derechos en materia de transparencia y protección a la clientela y sobre los cauces legales existentes para su ejercicio.

- Que se formulen reclamaciones o quejas que reiteren otras anteriores ya resueltas idénticas o similares en fundamento, sujeto u objeto.

- Que se presenten ante el servicio de reclamaciones de la DGSFP, reclamaciones o quejas relativas a contratos de grandes riesgos, seguros colectivos o planes de pensiones que instrumenten compromisos por pensiones de las empresas con sus trabajadores o beneficiarios, que no se refieran a la condición de usuario de servicios financieros de las entidades aseguradoras o de entidades gestoras de fondos de pensiones.

- Que haya transcurrido el plazo de prescripción de acciones o derechos previsto y en todo caso el plazo de 6 años desde la producción de los hechos sin que se haya presentado la reclamación o queja.

En caso de inadmisión de las reclamaciones o quejas se pondrá de manifiesto al interesado en informe motivado, dándole un plazo de 10 días hábiles para alegaciones. Si contestado por el interesado, se mantienen las causas de inadmisión, se le comunicará la decisión final adoptada.

Cuando se tenga conocimiento de la **tramitación simultánea de reclamaciones o quejas y un procedimiento administrativo, arbitral o judicial** sobre la misma materia ¿qué sucederá? Deberá abstenerse de tramitar la reclamación o queja, decretándose sin más el archivo del expediente, previa comunicación al interesado.

|| Tramitación de las reclamaciones y quejas

La tramitación de las reclamaciones y quejas se ajustará a lo previsto en los artículos 11 a 16 de la Orden ECC/2502/2012, de 16 de noviembre. Así pues, abierto el expediente se procederá a **informar al interesado**, en el plazo de 10 días hábiles en las reclamaciones y de 5 días hábiles en las quejas, de que la tramitación:

- Se entiende sin perjuicio de las acciones que le asisten para hacer valer sus derechos y de los plazos y cauces para su ejercicio.
- No paralizará la resolución y tramitación de los procedimientos.
- Su terminación en el informe final del servicio de reclamaciones no tiene carácter vinculante ni la consideración de acto administrativo recurrible.

En el plazo señalado, se **remitirá también a la entidad contra la que se dirija una copia de la reclamación o queja y de los documentos aportados**, a los efectos de que **presente las alegaciones y documentación** que considere conveniente ¿de qué plazo dispone para ello? De 15 días hábiles en las reclamaciones y de 10 días hábiles en las quejas. Copia de las alegaciones y documentación presentada se remitirán al reclamante bien por el servicio de reclamaciones o bien directamente por las entidades reclamadas.

¿Podrá el reclamante pronunciarse sobre las alegaciones de la entidad? Sí en un plazo idéntico de 15 días hábiles en caso de reclamaciones y 10 días hábiles en caso de quejas.

A TENER EN CUENTA. Los requerimientos que se formulen a la entidad deberán ser cumplimentados en el plazo de 15 días hábiles en las reclamaciones o en el de 10 días hábiles en las quejas, transcurridos los cuales sin contestación se tendrán por incumplidos a los efectos de continuar la tramitación del expediente.

Tanto el reclamante como la entidad reclamada podrán acceder a las actuaciones del expediente.

En caso de controversia entre las alegaciones de una y otra parte, corresponderá a la entidad fundamentar sus alegaciones.

A falta de contestación de la entidad en plazo o pasado el plazo para que los interesados muestren su posible disconformidad, se emitirá el informe que da por terminado el expediente.

¿Cómo terminará el expediente? Debe concluir con un informe en el plazo máximo de:

- Cuatro meses desde la presentación de la reclamación en el servicio competente.

- Tres meses desde la presentación de la queja en el servicio competente. En este caso, cuando el objeto de la queja sea la demora o incumplimiento de una decisión del departamento o servicio de atención al cliente o, en su caso, del defensor del cliente el plazo máximo para el informe será de un mes y medio.

Si el informe no puede emitirse en el plazo previsto, deberán constar expresamente las causas de ello en el informe final, si bien ello no supone la aceptación del motivo de las reclamaciones. A falta de informe final en plazo, se comunicará esta circunstancia al interesado, sin perjuicio de la obligación de concluir el expediente dirigiéndose en todo caso por escrito al reclamante expresando su criterio mediante el informe correspondiente.

En cuanto al **informe** cabe destacar:

- Será motivado.

- Debe contener unas conclusiones claras en las que conste si de lo actuado se infiere quebrantamiento de normas de transparencia y protección y si la entidad se ha ajustado o no a las buenas prácticas y usos financieros.

- Debe pronunciarse sobre todas las cuestiones que planteen las reclamaciones.

- Será notificado a los interesados y a la entidad reclamada en el plazo de 10 días hábiles en las reclamaciones y de 5 días hábiles en las quejas desde su fecha de emisión.

- No tiene carácter vinculante y no se considera acto administrativo recurrible.

> **A TENER EN CUENTA.** Si bien no existe obligación de aplicar en el informe final criterios manifestados en informes anteriores por reclamaciones similares, lo cierto es que los cambios de criterio deben motivarse.

Se contempla la posibilidad de **desistimiento de los interesados** en cualquier momento, lo cual dará lugar a la finalización inmediata del procedimiento en lo que se refiere a la relación con el interesado y sin perjuicio de que el servicio competente acuerde su prosecución por la existencia de un interés general en las cuestiones planteadas. Asimismo, sin perjuicio de las responsabilidades disciplinarias o de otro orden que procedan, el servicio de reclamaciones puede formular a la entidad las indicaciones pertinentes.

Finalmente, añade el artículo 18 de la Orden ECC/2502/2012, de 16 de noviembre, que:

«Si la tramitación de los expedientes de reclamaciones o quejas revela datos que puedan constituir indicios de conductas sancionables, en particular, cuando se dedujese el quebrantamiento grave o reiterado de normas de transparencia o protección a la clientela, o se detecten indicios de conductas delictivas, o de infracciones tributarias, de consumo o competencia, o de otra naturaleza, el servicio de reclamaciones pondrá los hechos en conocimiento del departamento u organismo competente en la materia a los efectos oportunos».

4.
EL CONSORCIO DE COMPENSACIÓN DE SEGUROS

El Consorcio de Compensación de Seguros (CCS) es definido por el Ministerio de Asuntos Económicos y Transformación Digital como el «instrumento al servicio del sector asegurador español, con una amplia trayectoria histórica, es una entidad pública empresarial adscrita al Ministerio de Asuntos Económicos y Transformación Digital, a través de la Dirección General de Seguros y Fondos de Pensiones. Desempeña múltiples funciones en el ámbito del seguro, y entre ellas destacan las relacionadas con la cobertura de los riesgos extraordinarios, el seguro obligatorio de automóviles, el seguro agrario combinado y la liquidación de entidades aseguradoras».

El Consorcio, en materia de riesgos extraordinarios, tendrá por objeto indemnizar en régimen de compensación, las pérdidas derivadas de acontecimientos extraordinarios acaecidos en España y que afecten a riesgos en ella situados.

Pero ¿qué se entiende por acontecimientos extraordinarios? De acuerdo con el artículo 6 del Real Decreto Legislativo 7/2004, de 29 de octubre, los siguientes:

- Fenómenos de la naturaleza:
  - Terremotos y maremotos.
  - Las inundaciones extraordinarias.
  - Las erupciones volcánicas.
  - La tempestad ciclónica atípica.
  - Las caídas de cuerpos siderales y aerolitos.
- Los ocasionados violentamente como consecuencia de terrorismo, rebelión, sedición, motín y tumulto popular.
- Hechos o actuaciones de las Fuerzas Armadas o de las Fuerzas y Cuerpos de Seguridad en tiempo de paz.

Además, se entenderán por riesgos situados en España los que afecten a:

- Los vehículos con matrícula española.
- Los bienes inmuebles situados en el territorio nacional.

- Los bienes muebles que se encuentren en un inmueble situado en España estén o no cubiertos por la misma póliza de seguro, excepto aquellos que se encuentren en tránsito comercial.

- En el caso de seguros de personas, cuando el asegurado tenga su residencia habitual en España.

- En los demás casos, cuando el tomador del seguro tenga su residencia habitual en España o, si fuera una persona jurídica, tenga en España su domicilio social o la sucursal a que se refiere el contrato.

¿Qué siniestros no serán indemnizables por el Consorcio de Compensación de Seguros?

- Los que no den lugar a indemnización según la Ley 50/1980, de 8 de octubre, de contrato de seguro.

- Los ocasionados en personas o bienes asegurados por contrato de seguro distinto a aquellos en que es obligatorio el recargo a favor del Consorcio.

- Los debidos a vicio o defecto propio de la cosa asegurada.

- Los producidos por conflictos armados, aunque no haya precedido la declaración oficial de guerra.

- Los que por su magnitud y gravedad sean calificados por el Gobierno como «catástrofe o calamidad nacional».

- Los derivados de la energía nuclear.

- Los debidos a la mera acción del tiempo o los agentes atmosféricos distintos a los fenómenos de la naturaleza señalados en el apartado 1.

- Los causados por actuaciones producidas en el curso de reuniones y manifestaciones llevadas a cabo conforme a lo dispuesto en la Ley Orgánica 9/1983, de 15 de julio, reguladora del Derecho de Reunión, así como durante el transcurso de huelgas legales, salvo que las citadas actuaciones pudieran ser calificadas como acontecimientos extraordinarios conforme al apartado 1.

- Los indirectos o pérdidas de cualquier clase derivados de daños directos o indirectos, distintos de la pérdida de beneficios que se delimite reglamentariamente.

¿Qué fines tiene? Este organismo como está inspirado en el principio de compensación tiene como fin cubrir los riesgos en los seguros que se determinan en el Real Decreto Legislativo 7/2004, de 29 de octubre.

El Consorcio de Compensación de Seguros en relación con la LRCSCVM

¿Cuáles son sus funciones? Estas se encuentran detalladas en el artículo 11 de la LRCSCVM, entre las que destacamos la siguiente:

«d) Indemnizar los daños a las personas y en los bienes cuando, en supuestos incluidos dentro del ámbito del aseguramiento de suscripción obligatoria o en los párrafos precedentes de este artículo, surgiera controversia entre el Consorcio de Compensación de Seguros y la entidad aseguradora acerca de quién debe indemnizar al perjudicado. No obstante lo anterior, si ulteriormente se resuelve o acuerda que corresponde indemnizar a la entidad aseguradora, ésta reembolsará al Consorcio de Compensación de Seguros la cantidad indemnizada más los intereses legales, incrementados en un 25 por 100, desde la fecha en que abonó la indemnización».

El motivo de destacar esta función se debe a que el **Tribunal Supremo en su sentencia n.º 25/2019, de 24 de enero, ECLI:ES:TS:2019:139**, fijó **doctrina** al respecto.

Se reconoce en esta sentencia que tanto la doctrina como la jurisprudencia coinciden en considerar que el sistema de seguro de hechos derivados de la circulación persigue precisamente ese fin, esto es, la protección de la víctima, de forma que no quede desprotegida sino amparada. Para conseguir esta protección se exige la obligatoriedad del propietario del vehículo de suscribir un contrato de seguro sobre el vehículo hasta el límite del aseguramiento obligatorio, y que, para el supuesto de que el propietario incumpliese esa obligación, y por ende el vehículo careciese de cobertura, se prevé un sistema público para cubrir los riesgos, que es el Consorcio de Compensación de Seguros, que en ese caso actúa como fondo de garantía.

> «(...) el art. 11.3 TRLRC y SCVM, y así lo reitera el art. 20 del Reglamento, conceda al perjudicado acción directa contra el Consorcio de Compensación de Seguros en los casos señalados en este artículo (como en situaciones de aseguramiento de la cobertura del siniestro se prevé en el art. 76 LCS contra la aseguradora). Para a continuación concederle que pueda repetir en los supuestos definidos en el art. 10 de esa Ley, así como contra el propietario y el responsable del accidente cuando se trate de vehículo no asegurado, o contra los autores, cómplices o encubridores del robo o robo de uso del vehículo causante del siniestro, así como contra el responsable del accidente que conoció de la sustracción de aquél.
>
> Se observa que en esa acción de repetición no se contempla el supuesto del art. 11.1. d) TRLRC y SCVM, que es el de autos.
>
> La razón reside en que, dada su singularidad, la Ley ha querido prever la repetición en la misma letra d), y en ésta el derecho que se le confiere al CCS es el de reembolso a su favor por la entidad aseguradora de la indemnización satisfecha por él al perjudicado, más los intereses incrementados en un 25 por 100, desde la fecha en que abonó la indemnización.
>
> No se contempla, pues, ni al propietario ni al responsable del accidente.
>
> 5.-Consecuencia de lo expuesto es que el Consorcio de Compensación de Seguros no asume el pago al perjudicado en su condición de un tercero, sino que su obligación de indemnizar y posterior de derecho de repetición y reembolso, cuando proceda, nacen de la Ley, y ésta es el TRLRC y SCVM (art. 11), que es la que lo prevé, y no la Ley de Contrato de Seguro».
>
> Por todo ello, el Alto Tribunal vino a fijar la siguiente doctrina:
>
> "Se fija como doctrina que en los supuestos en los que se declara la existencia de seguro obligatorio del automóvil en el vehículo causante

del accidente, el Consorcio de Compensación de Seguros, que había indemnizado al perjudicado, no se coloca en la posición de éste, y lo que le corresponde es el reembolso en los términos que prevé el art. 11. 1 d) TRLRC y SCVM".

El papel del Consorcio de Compensación de Seguros en caso de fenómenos naturales: DANAS, volcanes, etc.

En los casos de riesgos extraordinarios, como los ocurridos con la erupción del volcán en La Palma y las inundaciones causadas por la DANA en Valencia, el Consorcio estará obligado a satisfacer las indemnizaciones derivadas de siniestros producidos por estos acontecimientos extraordinarios a los asegurados y aseguradas que hayan satisfecho los correspondientes recargos en favor de aquel y se encuentra en alguna de las situaciones siguientes:

- El riesgo extraordinario que esté cubierto por el Consorcio no esté amparado por póliza de seguro.

- Que, aun estando amparado por póliza de seguro, las obligaciones de la entidad aseguradora no pudieran ser cumplidas por haber sido declarada judicialmente en concurso o que, hallándose en una situación de insolvencia, estuviese sujeta a un procedimiento de liquidación intervenida o esta hubiera sido asumida por el propio Consorcio.

Así, en este el caso **serán indemnizables los daños personales, en viviendas, en vehículos, negocios, obras industriales, obras civiles,** etc.

Si bien, debemos tener en cuenta que la cobertura se extiende a los daños directos ocasionados por estos eventos, siempre y cuando el tomador del seguro haya satisfecho los correspondientes recargos a favor del Consorcio de Compensación de Seguros.

Asimismo, hay que tener en cuenta lo dispuesto en el **artículo 5 del Real Decreto 300/2004, de 20 de febrero, por el que se aprueba el Reglamento del seguro de riesgos extraordinario** que señala en sus apartados 3, 4 y 5 los siguiente:

«3. Si, en el momento de producción de un siniestro debido a un acontecimiento extraordinario, la suma asegurada a valor total fuera inferior al valor del interés asegurado, el Consorcio de Compensación de Seguros indemnizará el daño causado en la misma proporción en que aquélla cubra dicho interés asegurado. A estos efectos, se tendrán en cuenta todos los capitales fijados para los bienes siniestrados, aunque lo estuvieran en distintas pólizas de las incluidas en el artículo 4, siempre que estuvieran en vigor y se hallaran en período de efecto. Lo anterior se efectuará de forma separada e independiente para la cobertura de daños directos y la de pérdida de beneficios.

4. No obstante lo dispuesto en el apartado 1:

a) En las pólizas que cubran daños propios a los vehículos a motor la cobertura de riesgos extraordinarios por el Consorcio de Compensación de Seguros garantizará la totalidad del interés asegurable aunque la póliza ordinaria sólo lo haga parcialmente.

b) Cuando los vehículos únicamente cuenten con una póliza de responsabilidad civil en vehículos terrestres automóviles, la cobertura de riesgos extraordinarios por el Consorcio de Compensación de Seguros garantizará el valor del vehículo en el estado en que se encuentre en el momento inmediatamente anterior a la ocurrencia del siniestro según precios de compra de general aceptación en el mercado.

5. Asimismo, en los seguros de vida que, de acuerdo con lo previsto en el contrato, y de conformidad con la normativa reguladora de los seguros privados, generen provisión matemática, la cobertura de riesgos extraordinarios por el Consorcio de Compensación de Seguros se referirá a los capitales en riesgo para cada asegurado, es decir, a la diferencia entre las sumas aseguradas y las provisiones matemáticas que, de conformidad con la normativa citada, la entidad aseguradora que hubiera emitido la póliza deba tener constituidas. En estos contratos, el importe correspondiente a dichas provisiones matemáticas deberá ser satisfecho, en caso de siniestro de carácter extraordinario, por la mencionada entidad aseguradora».

CUESTIONES

1. ¿Cuál es plazo para comunicar el siniestro a la compañía de seguros?

De acuerdo con el artículo 16 de la LCS será dentro del plazo máximo de 7 días desde el conocimiento del siniestro, salvo que se haya fijado en la póliza un plazo más amplio. Si bien es habitual que este plazo se amplíe y más en el presente caso dado la magnitud de lo ocurrido.

2. ¿Existe plazo de carencia para las coberturas del Consorcio de Compensación de Seguros?

Sí, de acuerdo con el artículo 8 del **Real Decreto 300/2004, de 20 de febrero, por el que se aprueba el Reglamento del seguro de riesgos extraordinarios**, no quedarán cubiertos por el seguro de riesgos extraordinarios los daños y pérdidas derivadas de los fenómenos de la naturaleza que afecten a bienes asegurados por pólizas cuya fecha de emisión o de efecto, si fuera posterior, no preceda en 7 días naturales a aquel en que ha ocurrido el siniestro. Si bien, este periodo de carencia no regirá en los siguientes casos:

- Los de reemplazo o sustitución de la póliza, en la misma u otra entidad, sin solución de continuidad, salvo en la parte que fuera objeto de aumento o nueva cobertura. No se entenderá que ha existido interrupción de la cobertura en el reemplazo o sustitución de la póliza cuando la emisión y comienzo de efectos de la póliza posterior se hayan producido después del vencimiento de la anterior pero antes de la suspensión de efectos de ésta.

- Para la parte de los capitales asegurados que resulte de la revalorización automática prevista en la póliza.

- En los supuestos en que quede demostrada la imposibilidad de contratación anterior del seguro por inexistencia de interés asegurable.

Además, en los seguros de personas no será de aplicación el anterior periodo de carencia.

5.
ANÁLISIS DE CASOS DESTACADOS EN RECLAMACIONES EN MATERIA DE SEGUROS

5.1. Reclamaciones en vía judicial

Seguro de accidentes. Intencionalidad del asegurado

‖ **Sentencia del Tribunal Supremo n.° 659/2015, de 23 de noviembre, ECLI:ES:TS:2015:4892**

En el caso enjuiciado por el Tribunal Supremo el asegurado, con intención de cometer un robo con fuerza en las cosas, sufrió un corte cuando pretendía huir del lugar donde perpetraba el delito, y posteriormente se introdujo, con intención de ocultarse, en una chimenea donde finalmente falleció desangrado.

El asegurado tenía suscrito un seguro combinado de decesos y accidentes en que el beneficiario del mismo era su hijo.

El juzgado de primera instancia estimó la demanda del beneficiario del seguro al entender que el hecho que causó la muerte del asegurado es conforme a la definición de accidente, que se contiene tanto en la póliza contratada como en el artículo 100 de la LCS. Pues, argumenta la sentencia de primera instancia, que el artículo 19 de la LCS solo excluye aquellos accidentes causados por mala fe del asegurado, y añadía que una cosa es la intencionalidad del asegurado para producir el riesgo y otra la temeridad manifiesta en su producción, y en este caso no habría intencionalidad por parte del fallecido.

Contra tal sentencia la entidad aseguradora interpone recurso de apelación y basa su defensa en señalar que la intencionalidad del asegurado debe interpretarse como una intencionalidad directa o dolosa y como indirecta o eventual, pues tanto una como otra caben dentro del concepto de intencionalidad, que es la cualidad que se predica de lo que se hace de forma deliberada o a sabiendas.

A mayor abundamiento, la defensa procesal de la entidad aseguradora distingue entre:

- El **siniestro** que sería el accidente sufrido, que no niega que sería un hecho involuntario del asegurado.
- El **resultado**, que es el fallecimiento del asegurado.

Y es el resultado, el que entiende la parte demandada, que obedecería a la propia voluntad, al negarse a recibir, libre y conscientemente, asistencia médica.

Pero ¿qué entiende el Tribunal Supremo?

«No puede aceptarse, en suma, la opinión doctrinal que asimila los supuestos de temeridad manifiesta a los supuestos de intencionalidad en la causación del accidente, habida cuenta de que el término intencionalidad, dolo o mala fe, empleado en diversas ocasiones por la LCS, no deja lugar a dudas acerca de que no comprende la negligencia, aunque sea manifiesta, especialmente si se tiene en cuenta que cuando la LCS quiere incluir junto a los de dolo los casos de culpa grave por parte de alguno de los intervinientes en el contrato de seguro lo hace constar expresamente así (vg., arts. 10 II y III, 16 III, 48 II LCS).

En suma existe doctrina que entiende como relevante la ausencia de la provocación voluntaria de la lesión, esto es, que **la causa de la lesión ha de ser ajena al propósito o intención del asegurado**.

(...)

(iv) Mucho más razonable y lógico que su voluntaria desidia a recibir asistencia sanitaria, es que el asegurado, con el perfil delincuencial que tenía, tras perpetrar el robo con fuerza en las cosas, abortase su consumación por razones que se ignoran, y que su única representación fuese huir para no ser detenido y tener que sufrir las consecuencias penales de su acción. En el curso de la huida sufre el accidente ya descrito, y teniendo en cuenta sus circunstancias personales, resulta más lógico deducir que se representase seguir con la cuida y, puesto a salvo, acudir a ser curado de su herida a algún ambulatorio o centro hospitalario, en vez de inferir que lo que se representase fuese fallecer desangrado y que así lo aceptase. Circunstancia esta última que no se compadece con su conducta de pedir auxilio al comprobar que su huida ya no era posible.

(v) **No existe, por tanto desconexión y ruptura del nexo causal entre el accidente y el desgraciado resultado final, más propio del atolondrado pensamiento del sujeto que de la provocación voluntaria del mismo**».

Legitimación herederos en seguro por accidentes

Sentencia de la Audiencia Provincial de Cantabria n.º 403/2023, de 14 de julio, ECLI:ES:APS:2023:901

Antes de entrar al fondo cabe señalar que la sentencia que se analiza a continuación versa sobre un accidente de circulación de vehículos.

El caso trae causa en que la sentencia de instancia entiende que los actores, en este caso los herederos de la víctima, **carecen de legitimación** para exigir a la aseguradora demandada la indemnización de los perjuicios causados en un accidente de tráfico.

Pero la Audiencia Provincial de Cantabria *a sensu contrario* estima que el recurso ha de ser acogido favorablemente atendiendo a lo previsto en los artículos 76 de la LCS y 7 del Real Decreto Legislativo 8/2004, de 29 de octubre, por el que se aprueba el texto refundido de la Ley sobre responsabilidad civil y seguro en la circulación de vehículos a motor. En este sentido señala:

> «(...) la sentencia infringe manifiestamente la previsión contenida en el art. 76 de la Ley 50/1980 de Contrato de Seguro, en el que se establece que el perjudicado o sus herederos tendrán acción directa contra el asegurador para exigirle el cumplimiento de la obligación de indemnizar.
>
> En el mismo sentido, el art. 7 del Real Decreto Legislativo 8/2.004, de 29 de octubre, por el que se aprueba el texto refundido de la Ley sobre responsabilidad civil y seguro en la circulación de vehículos de motor establece: El asegurador, dentro del ámbito del aseguramiento obligatorio y con cargo al seguro de suscripción obligatoria, habrá de satisfacer al perjudicado el importe de los daños sufridos en su persona y en sus bienes, así como los gastos y otros perjuicios a los que tenga derecho según establece la normativa aplicable. Únicamente quedará exonerado de esta obligación si prueba que el hecho no da lugar a la exigencia de responsabilidad civil conforme al artículo 1 de la presente Ley.
>
> El perjudicado o sus herederos tendrán acción directa para exigir al asegurador la satisfacción de los referidos daños, que prescribirá por el transcurso de un año.
>
> Difícilmente se puede sostener, como hace la sentencia de instancia, que el daño real causado a la perjudicada no se encontraba determinado antes de su fallecimiento, pues consta la información facilitada por el facultativo a quien la aseguradora encomendó el seguimiento de la lesionada, así como otro informe pericial emitido a instancias de la parte actora, acomodado a las reglas de valoración de la Ley 35/2015, siendo las conclusiones expuestas por los dos médicos sustancialmente coincidentes; Consta asimismo la existencia de la preceptiva oferta motivada, así como pagos parciales a cuenta de la indemnización que se reconoce adeudada por la entidad aseguradora».

En relación con lo anterior, también son aplicables al caso los artículos 43 y siguientes de la Ley 35/2015, de 22 de septiembre, relativos al concreto supuesto en el que **los herederos perciben en tal condición, y no en la condición de perjudicados, la indemnización que correspondía a la víctima cuando esta no ha fallecido a causa del accidente y el óbito se ha producido antes de que se haya fijado la indemnización,** precisamente porque el legislador considera que el derecho a reclamar tal indemnización, aunque no esté cuantificada, ya ha ingresado en el patrimonio de la víctima.

Y, por último, cabe señalar que la audiencia entiende que hay gastos que **no son indemnizables** en este caso como son los gastos de adaptación de la vivienda para supresión de barreras arquitectónicas, teniendo en cuenta que estos gastos no han llegado a producir un detrimento patrimonial comprobado, ni tal detrimento patrimonial va a producirse en el futuro, por lo que no existe perjuicio resarcible por tal concepto para la víctima ni para sus herederos, pero sí **tendrán derecho los herederos de la víctima a la indemnización por las secuelas estabilizadas mientras la lesionada vivió, pero las consecuencias lesivas indemnizables ya no atienden al futuro**, al desaparecer la posibilidad de su eventual producción con el fallecimiento de la víctima.

Seguro de accidentes y cláusula limitativa de derechos del asegurado

‖ **Sentencia del Tribunal Supremo n.º 140/2020, de 2 de marzo, ECLI:ES:TS:2020:705**

El asegurado fallece en un accidente de tráfico estando vigente un seguro de accidentes que cubría dicho riesgo, —fallecimiento en accidente de circulación— y es por ello que su cónyuge demanda a la compañía de seguros reclamando la indemnización correspondiente.

En las instancias anteriores la demanda fue desestimada tomando como base la existencia de una cláusula limitativa de derechos del asegurado, la cual estaba prevista en las condiciones generales del contrato, existiendo, a su vez, en las condiciones particulares una remisión general a las cláusulas limitativas de derechos y exclusiones contenidas en aquellas.

Dicha cláusula excluía de la cobertura del seguro «Las consecuencias de actos delictivos, imprudencia manifiestamente temeraria o culpa grave del Asegurado, así como los debidos a su participación en desafíos, apuestas, riñas o peleas que deriven en agresiones físicas, siempre y cuando no hubiese actuado en legítima defensa o en tentativa de salvamento de bienes».

Habiéndose producido el accidente del que deriva el fallecimiento del asegurado cuando circulaba en su motocicleta sin el permiso necesario y bajo la influencia de bebidas alcohólicas se entendió en las instancias previas que tenía este hecho cabida en la exclusión de la cláusula referida.

Pues bien, en el caso concreto no se trata de determinar si la conducción y accidente en tales circunstancias entran dentro de la imprudencia manifiestamente temeraria o culpa grave del asegurado contenidas en la cláusula, sino si la incorporación de la misma en el contrato se ha efectuado en la forma legalmente prevista para que pueda aplicarse en este caso y excluir la indemnización por la aseguradora.

Tratándose de una cláusula limitativa de derechos del asegurado habrá de ajustarse a lo previsto en el artículo 3 de la LCS, esto significa que debe cumplir dos requisitos:

- Se destaque de modo especial, lo cual en este caso se cumple toda vez que se incluye «(…) escrita en letra negrita de color azul y resaltada mediante un sombreado del mismo color (…)».

– Sea específicamente aceptada por escrito, siendo aquí donde surge la controversia pues contenida la cláusula en las condiciones generales y con una remisión genérica en las particulares a las que pudieran contenerse en aquellas, son exclusivamente las particulares las que se firman expresamente por el asegurado.

En este sentido, el Alto Tribunal entiende que no basta la firma de las condiciones particulares a pesar de existir dicha remisión, sino que para cumplir el requisito que en este caso se discute es necesario que exista firma expresa donde se contenga la cláusula limitativa en cuestión, aunque eso suponga firmar tanto las condiciones generales como la remisión a ellas contenida en las particulares. Así declara el TS en la sentencia que se examina y con cita a la **doctrina jurisprudencial** contenida en las **STS n.º 402/2015, de 14 de julio, ECLI:ES:TS:2015:3754**, que:

> «"(…) es un requisito que debe concurrir cumulativamente con el anterior (STS de 15 de julio de 2008, RC 1839/2001), por lo que es imprescindible la firma del tomador. Como se ha señalado anteriormente, la firma no debe aparecer solo en el contrato general, sino en las condiciones particulares que es el documento donde habitualmente deben aparecer las cláusulas limitativas de derechos. La STS de 17 de octubre de 2007 (RC 3398/2000) consideró cumplida esta exigencia cuando la firma del tomador del seguro aparece al final de las condiciones particulares y la de 22 de diciembre de 2008 (RC 1555/2003), admitió su cumplimiento por remisión de la póliza a un documento aparte en el que aparecían, debidamente firmadas, las cláusulas limitativas debidamente destacadas. En ningún caso se ha exigido por esta Sala una firma para cada una de las cláusulas limitativas".
>
> 2.ª) De esta doctrina jurisprudencial se desprende que si, como sucede en el presente caso, las condiciones particulares se remiten a las cláusulas limitativas que aparezcan en las condiciones generales que se entregan al tomador/asegurado, este deberá firmar también estas condiciones generales».

En conclusión, se estima el recurso de casación y se condena a la aseguradora al pago de la indemnización correspondiente y ello a pesar de que la conducta del asegurado fallecido pueda considerarse determinante del siniestro, pues **el defecto de forma** relativo a la incorporación de la cláusula limitativa de derechos impide su aplicación.

Seguro de vida y deber de declaración del riesgo (art. 10 de la LCS)

Sentencias del Tribunal Supremo n.º 235/2021, de 29 de abril, ECLI:ES:TS:2021:1533 y n.º 912/2023, de 8 de junio, ECLI:ES:TS:2023:2574

Se plantean en estas sentencias dos supuestos de contratos de seguros de vida en que la declaración de riesgos del asegurado no recoge patologías previas a la celebración del contrato.

En ambos casos, la aseguradora entiende que no debe atender el pago de la indemnización correspondiente por el fallecimiento del asegurado, pues no tenía conocimiento de su situación real de salud y ello impidió que el seguro concertado aludiese a los riesgos reales existentes.

Para resolver los recursos planteados en las sentencias que se examinan hay que tener en cuenta lo siguiente respecto del deber de declaración del riesgo previsto en el artículo 10 de la LCS:

- Debe entenderse como un deber de contestación o respuesta a las preguntas que formule el asegurador, recayendo en este las consecuencias de la falta de cuestionario y de un cuestionario incompleto, genérico o ambiguo.
- Es necesario determinar en cada caso si las preguntas formuladas al asegurado conducían a que este pudiese ser consciente de que la falta de mención de determinadas patologías suponía ocultación o silencio sobre datos relevantes para la valoración del riesgo y relacionados con el siniestro.

Lo determinante, en estos casos, para la liberación del pago de la prestación a cargo del asegurador no es la mera inexactitud en las respuestas del asegurado sino el dolo o culpa grave.

Asimismo, en cuanto a la relevancia de la relación causal entre el dato omitido y el riesgo cubierto, la jurisprudencia señala como requisitos para el incumplimiento del deber de declaración leal del artículo 10 de la LCS los siguientes:

«1) que se haya omitido o comunicado incorrectamente un dato relevante; 2) que dicho dato hubiera sido requerido por la aseguradora mediante el correspondiente cuestionario y de manera clara y expresa; 3) que el riesgo declarado sea distinto del real; 4) que el dato omitido o comunicado con inexactitud fuera conocido o debiera haber sido conocido con un mínimo de diligencia por el solicitante en el momento de realizar la declaración; 5) que el dato sea desconocido para la aseguradora en ese mismo momento; y 6) que exista una relación causal entre la circunstancia omitida y el riesgo cubierto».

A la vista de lo anterior, concluye el Tribunal Supremo en los casos planteados lo siguiente.

En primer lugar, la **STS n.º 235/2021, de 29 de abril, ECLI:ES:TS:2021:1533,** entiende que no puede excluirse la obligación de la aseguradora al pago de la indemnización cuando el asegurado omitió determinadas patologías previas por las que no fue expresamente preguntado en el cuestionario y no pudo aquel plantearse, dado el tiempo transcurrido desde que aquellas se le presentaron, la relevancia que dichas patologías podían tener en la actualidad para la valoración del riesgo:

«2.ª) Aunque la jurisprudencia viene entendiendo que el asegurado infringe su deber de declaración del riesgo cuando, pese a la generalidad del cuestionario, existen elementos significativos que el asegurado debería representarse como objetivamente influyentes para que la aseguradora pudiera valorar el riesgo, no es este el caso.

(…) que el asegurado tuviera que ser consciente de sus antiguos problemas de tensión y colesterol alto, en tanto que le fueron diagnosticados en su día, no implica que esos problemas persistieran ni que por lo tanto el asegurado tuviera que ser consciente de padecerlos en el momento de firmar la póliza, que fue lo que se le preguntó, y mucho menos que tuviera que representarse necesariamente su importancia para el riesgo que pretendía asegurar.

(…)

3.ª) En definitiva, no hay constancia de que esos remotos antecedentes persistieran cuando firmó la póliza, ni que en ese momento impidieran al asegurado llevar una vida normal (pues tampoco constan periodos de incapacidad por enfermedad), por lo que no cabe reprochar al asegurado que no se los representara como objetivamente influyentes para que la aseguradora pudiera valorar el riesgo, pues de nuevo procede resaltar que lo que libera a la aseguradora, conforme al art. 10 LCS, es el dolo o la culpa grave del asegurado, no la mera inexactitud en sus respuestas».

En segundo lugar, la **STS n.º 912/2023, de 8 de junio, ECLI:ES:TS:2023:2574**, establece que la falta de declaración de las patologías previas no se considera excluyente del pago de la indemnización por la aseguradora, toda vez que el fallecimiento se ha producido por causa ajena a dichas patologías. Entiende el Alto Tribunal que falta la relación de causalidad entre la circunstancia omitida y el riesgo cubierto.

En este sentido señala que, si bien es cierto que el tomador del seguro y asegurado, antes de contestar al cuestionario de salud, padecía ciertas patologías y que en el mismo negó la existencia de algunas concretas, no es menos cierto que «(…) no existe relación alguna entre las preguntas del cuestionario/patologías previas y la enfermedad que provocó el fallecimiento del asegurado. Y, además, que el razonamiento de la recurrente afirmando que de haber conocido el cuadro conjunto de enfermedades que padecía el asegurado jamás hubiera perfeccionado el contrato de seguro, por conllevar una altísima morbo-mortalidad asociada, creando un riesgo sencillamente inasegurable por cualquier compañía, incurre en el defecto argumental de la petición de principio, al apoyar la conclusión (que jamás hubiera perfeccionado el contrato de seguro) en premisas que se dan por sentadas sin previa demostración (que los datos de salud que silenció el tomador del seguro configuraban un cuadro conjunto de enfermedades que conllevaba una altísima morbo-mortalidad asociada, y que ello creaba un riesgo inasegurable por cualquier compañía).

En definitiva, en el caso no cabe apreciar, conforme a lo exigido por nuestra doctrina, que los datos de salud silenciados estuvieran causalmente relacionados con el siniestro. Y tampoco, que tuvieran la relevancia determinante para la valoración del riesgo que afirma la recurrente. Las pruebas han descartado lo primero. Y lo segundo no se puede establecer, simplemente, porque ella lo diga. Requiere de una prueba fiable y convincentemente demostrativa conforme a los criterios operativos y de explotación aplicados en el ramo de seguro correspondiente por la técnica aseguradora».

Retraso en la comunicación del siniestro

‖ **Sentencia del Tribunal Supremo n.º 905/2023, de 7 de junio, ECLI:ES:TS:2023:2572**

En este caso se trata de un seguro de asistencia en viaje en el que la aseguradora rechaza hacerse cargo de los gastos generados por la hospitalización del asegurado en tanto este no le comunicó el siniestro en el plazo legal previsto.

Este tipo de seguro de asistencia en viaje no aparece expresamente recogido en la LCS, si bien esto no significa que esta no le sea de aplicación a tenor de lo dispuesto en el artículo 2 de la misma en tanto entra en el concepto de contrato de seguro previsto en el artículo 1 de la LCS.

Así pues, aclarado lo anterior, la LCS, en su artículo 16, contempla dos deberes de asegurado con distintas sanciones para el caso de incumplimiento:

- El deber de comunicar el siniestro en el plazo máximo de 7 días desde que haya acaecido, en cuyo caso si no se cumple podrá la aseguradora reclamar los daños y perjuicios derivados de la falta de declaración.

- El deber de dar al asegurador toda información sobre las circunstancias y consecuencias del siniestro, en cuyo caso, su incumplimiento supone la pérdida del derecho a la indemnización cuando haya concurrido dolo o culpa grave.

Pues bien, en el caso previsto en la sentencia que se analiza, el asegurado no comunicó el siniestro en plazo debido a la gravedad de su estado de salud, lo cual se considera suficientemente justificado y no excluye la responsabilidad de la aseguradora. Asimismo, comunicó la información relativa al siniestro y la necesidad de cubrir los gastos generados con posterioridad, pero también con retraso, si bien esto último, entiende el Tribunal Supremo, que conllevaría las consecuencias del artículo 16 de la LCS si supone un perjuicio económico mayor para la aseguradora. Esto último no se justifica suficientemente en el caso planteado, por lo tanto, ha de abonar los gastos de hospitalización la aseguradora hasta el límite previsto en el contrato.

En este sentido señala la mencionada sentencia:

> «(...) debe hacerse una distinción, derivada de la propia naturaleza de esta modalidad de seguro, que por un lado garantiza prestaciones de carácter inmediato (la asistencia en viaje propiamente dicha, incluida la sanitaria, como sucedió en este caso) y por otro asegura prestaciones que pueden dilatarse en el tiempo (las indemnizatorias o de reintegro de gastos). Respecto de las prestaciones puramente asistenciales, la comunicación del siniestro equivale a la petición de ayuda o asistencia (que se proporcione un medio de transporte alternativo, un alojamiento o un servicio médico -consulta, hospitalización, intervención quirúrgica-, por poner diversos ejemplos), por lo que la falta de comunicación únicamente implica una especie de renuncia tácita a los derechos que, sobre tales cuestiones, reconoce el contrato al asegurado, ya que incluso puede haber obtenido

el auxilio por otros medios. Por el contrario, respecto de las prestaciones económicas (indemnización o reintegro de gastos), la falta de comunicación sí puede tener las consecuencias a que se refiere el art. 16 LCS, si ello supone una agravación de las obligaciones pecuniarias del asegurador.

3.- Ahora bien, tales consecuencias no implican necesariamente la posibilidad de denegar la indemnización, consecuencia que no está prevista en el citado art. 16 LCS, salvo en los casos de ocultación de información con dolo o culpa grave; sino, en su caso, la solicitud de una indemnización de daños y perjuicios por parte de la aseguradora, que en este caso no ejercitó por vía de reconvención ni de compensación.

(…)

4.- Lo expuesto debe conducir a la estimación de esta parte del recurso de casación, pues el retraso inicial en la comunicación del siniestro estuvo justificado por la gravedad del estado de salud del asegurado, que tuvo que ser intervenido quirúrgicamente de urgencia para tratarle una septicemia. Mientras que el retraso posterior (que no ocultación de información) no consta que causara perjuicios económicos a la aseguradora, o por lo menos, ni han sido justificados por ella, ni los ha reclamado por vía de reconvención o de compensación».

Dies a quo para el cálculo de los intereses del art. 20 de la LCS

El **Tribunal Supremo a través de su sentencia n.º 853/2024, de 11 de junio, ECLI:ES:TS:2024:3299,** estima un recurso de casación contra la sentencia de la Audiencia Provincial de Asturias que condenó a una entidad aseguradora a indemnizar a su asegurado de las lesiones graves que sufrió a consecuencia de una cirugía mal realizada.

La sentencia anulada contenía un **error de cálculo de los intereses del artículo 20 de la LCS por que solo se tuvieron en cuenta los devengados desde la fecha de interposición de la demanda.**

El perjudicado por la negligencia médica interpuso un recurso de casación alegando la infracción del artículo 20 de la LCS, apartado 8, también señaló que la sentencia de apelación se apartaba de la jurisprudencia del TS, ya que los intereses legales han de aplicarse desde la fecha que tuvo lugar el siniestro.

La compañía de seguros, que en primera instancia fue absuelta, sí que resulto condenada en vía de apelación al apreciar la Audiencia Provincial que de la cirugía se derivó un daño desproporcionado. No obstante, **en esta segunda instancia se tomó la fecha de interposición de la demanda como** *dies a quo* **para el cálculo de los intereses del art. 20 de la LCS, motivo por el cual el perjudicado recurrió la sentencia ante el TS, obteniendo un fallo a su favor.**

La sentencia del Alto Tribunal ha reafirmado la importancia de los intereses moratorios en casos de mala praxis médica, subrayando que la judicialización del caso no exime a la aseguradora de su responsabilidad de indemnizar puntualmente.

Así, reza el tenor literal de la sentencia:

«En este caso, la Audiencia Provincial hace mención a la existencia de una incertidumbre sobre la cobertura del seguro, pero posteriormente no desarrolla en qué consistió dicha situación de incertidumbre. Respecto a la validez y vigencia de la póliza, nada se discutió en las actuaciones. Y la controversia sobre la responsabilidad del asegurado -la existencia de mala praxis- no puede ser el fundamento de la exoneración de los intereses o el retraso de su devengo pues, conforme recoge la copiosa jurisprudencia antes citada, bastaría con judicializar el caso para eludir la sanción que, por mora del asegurador, conlleva el art. 20 LCS. Y tampoco es causa para dicha exoneración que las sentencias de instancia sean discrepantes.

Por el contrario, si la propia sentencia considera que el caso enjuiciado se trata de un supuesto de daño desproporcionado, resulta contradictorio que aprecie una situación de incertidumbre que permita modular temporalmente el devengo de intereses pues, precisamente por la desproporción, la aseguradora debería haber sido consciente desde el principio del grave resultado lesivo, así como que se encontraba ante una actuación que iba a generar, por lo inexplicable del resultado, una responsabilidad civil de su asegurado (sentencia 556/2019, de 22 de octubre). Que, como alega la parte demandada, el resultado fuera absolutamente excepcional o desconocido en la literatura científica, precisamente abunda en lo expuesto y no lo contradice. Al margen de que la aseguradora siempre tenía la oportunidad de eludir estos intereses mediante la consignación a que se refiere el propio art. 20 LCS, una vez que desde el primer momento pudo someter al perjudicado a las pruebas médicas pertinentes y ser consciente de la gravedad de lo acontecido.

4.- Tampoco encuentra justificación en el art. 20.6 LCS el retraso en el devengo de los intereses, puesto que la aseguradora no ha probado que no tuviera conocimiento del siniestro con anterioridad a la reclamación o al ejercicio de la acción por el perjudicado o sus heredero».

Distinción entre causa delimitadora del riesgo y limitativa del derecho del asegurado

La sentencia del Tribunal Supremo n.º 1321/2023, de 27 de septiembre, ECLI:ES:TS:2023:3993, es sumamente clara al respecto.

Entiende que, para la individualización del riesgo, su adecuación a los intereses de las partes y fijación de la cuantía de la prima o precio del seguro, se acude a la inclusión en las correspondientes pólizas de condiciones delimitadoras y limitativas del riesgo asegurado.

Si bien, la distinción entre unas y otras, desde un punto de vista teórico, aparece sencilla, pero, en su aplicación práctica, no deja de presentar dificultades.

Una **condición delimitadora define el objeto del contrato**, perfila el compromiso que asume la compañía aseguradora, de manera tal que, si el siniestro acaece fuera de dicha delimitación, positiva o negativamente explicitada en el contrato, no nace la obligación de la compañía aseguradora de hacerse cargo de su cobertura.

Por el contrario, las **cláusulas limitativas**, desempeñan un papel distinto, pues **producido el riesgo actúan para restringir, condicionar o modificar el derecho de resarcimiento del asegurado.**

En este sentido, la **sentencia del Tribunal Supremo n.º 541/2016, de 14 de septiembre, ECLI:ES:TS:2016:4058**, explica:

> «(...) desde un punto de vista teórico, la distinción entre cláusulas de delimitación de cobertura y cláusulas limitativas parece, a primera vista, sencilla, de manera que las primeras concretan el objeto del contrato y fijan los riesgos que, en caso de producirse, hacen surgir en el asegurado el derecho a la prestación por constituir el objeto del seguro. Mientras que las cláusulas limitativas restringen, condicionan o modifican el derecho del asegurado a la indemnización o a la prestación garantizada en el contrato, una vez que el riesgo objeto del seguro se ha producido».

Dados los obstáculos para intentar estableces criterios distintivos entre unas y otras cláusulas, la jurisprudencia ha ido perfilando tal distinción y al respecto cabe citar, también, la **sentencia del Tribunal Supremo n.º 853/2006, de 11 de septiembre, ECLI:ES:TS:2006:6597**, que establece:

> «Las cláusulas delimitadoras del riesgo son, pues, aquéllas mediante las cuales se concreta el objeto del contrato, fijando que riesgos, en caso de producirse, por constituir el objeto del seguro, hacen surgir en el asegurado el derecho a la prestación, y en la aseguradora el recíproco deber de atenderla. La jurisprudencia mayoritaria declara que son cláusulas delimitativas aquellas que determinan qué riesgo se cubre, en qué cuantía, durante qué plazo y en qué ámbito espacial (SSTS 2 de febrero 2001; 14 mayo 2004; 17 marzo 2006). Ello permite distinguir lo que es la cobertura de un riesgo, los límites indemnizatorios y la cuantía asegurada o contratada, de las cláusulas del contrato que limitan los derechos de los asegurados, una vez ya se ha concretado el objeto del seguro, por cuanto nada tienen que ver con estas, sino con las delimitativas, en cuanto pertenecen al ámbito de la autonomía de la voluntad, constituyen la causa del contrato y el régimen de los derechos y obligaciones del asegurador, y no están sujetas a los requisitos impuestos por la Ley a las limitativas, conforme el art. 3, puesto que la exigencia de este precepto no se refiere a una condición general o a sus cláusulas excluyentes de responsabilidad de la aseguradora, sino a aquéllas que son limitativas de los derechos del asegurado (STS 5 de marzo 2003, y las que en ella se citan)».

5.2. Reclamaciones ante la DGSFP

A TENER EN CUENTA. Estas reclamaciones han sido consultadas en la «Memoria del servicio de reclamaciones de la Dirección General de Seguros y Fondos de Pensiones 2021» publicada en la web https://dgsfp.mineco.gob.es/

Reclamación 6/2021. Defecto de forma.
Incumplimiento artículo 3 de la LCS

Un fallo del servicio de reclamaciones de la DGSFP considera a una compañía de seguros responsable de un incumplimiento en su contrato.

El motivo: la aseguradora no declaró de manera correcta la cobertura del fallecimiento y decesos. La reclamante, afectada tras la pérdida de su marido, fue indemnizada por el fallecimiento en cuestión, pero no con el importe completo al que tenía derecho.

El servicio de reclamaciones de la DGSFP considera que la compañía aseguradora es responsable de un incumplimiento en su contrato. La reclamante expuso que su marido había suscrito un contrato de seguro con coberturas de fallecimiento, incapacidad permanente absoluta y decesos. Cuando este falleció, la entidad aseguradora se hizo cargo de los gastos del sepelio y abonó la indemnización por fallecimiento, pero dedujo del mismo el importe asumido por el entierro.

En la póliza de seguro estaba estipulado que el importe de la garantía de gestión del servicio fúnebre, que se configuraba como un anticipo del capital del seguro de vida se descontaría de este último. Sin embargo, el seguro de vida contaba con un capital asegurado de 52.000 euros, mientras que el seguro de decesos tenía un capital asegurado de 6.010,12 euros.

El fallo de la DGSFP se basó en un incumplimiento de los requisitos de claridad y precisión de la póliza establecidos en el artículo 3 de la LCS. En otras palabras, se consideró que la compañía aseguradora no había aclarado de manera correcta la cobertura de fallecimiento y decesos. Por ello, la entidad tuvo que abonar a la reclamante una indemnización por importe de 52.000 euros, y además prestar el servicio fúnebre del asegurado por un importe de hasta 6.010,12 euros.

Un fallo que demuestra la importancia de aclarar los detalles del seguro en el momento de su firma, para evitar así situaciones como las que se han visto en este caso.

Reclamación 7/2021. Incumplimiento
de contrato. Seguro de decesos

El reclamante basa su queja en que la entidad aseguradora con la que su madre tenía contratada una póliza de decesos no ha cumplido con la cobertura establecida en el contrato, tras el fallecimiento de aquella. La reclamación del afectado está relacionada con los gastos derivados del traslado de la localidad donde su madre falleció a la localidad donde deseaba ser inhumada, así como los gastos del tanatorio y cementerio.

La entidad aseguradora ha manifestado que el servicio fúnebre estaba garantizado en la localidad del domicilio de la asegurada, y que los familiares decidieron el traslado a otra localidad de forma unilateral, lo cual no estaba contemplado en la póliza. Asimismo, ha informado de que la garantía de traslado solo opera cuando el asegurado fallece fuera de su lugar de domicilio, algo que no sucedió en este caso.

A pesar de todo ello, según la letra del contrato aportado, el único requisito para que se produzca la cobertura es que el valor del servicio contratado esté actualizado cuando se produzca el fallecimiento de la asegurada, sin necesidad de que el desplazamiento desde su lugar de residencia habitual sea imprescindible para que opere la cobertura.

Aclarado lo anterior, la DGSFP ha decidido que, siempre que el valor del servicio contratado estuviera actualizado, la entidad aseguradora debería haber cubierto el traslado de la asegurada fallecida a la localidad designada por sus causahabientes y haber prestado el servicio de decesos contratado en la póliza, por lo que el afectado reclama la cantidad que le correspondería por contrato.

Reclamación 10/2021. Remisión a la página web de la entidad aseguradora para conocer las condiciones generales del seguro de hogar contratado

La entidad aseguradora denegó el siniestro de una reclamación por impago de alquiler, argumentando que la póliza no cubría dicha garantía. El reclamante, mostró su disconformidad con tal decisión.

Para ello, alegaba que la póliza, aportada al expediente, especificaba de manera muy genérica que su cobertura incluía: «Los conflictos derivados del contrato de alquiler». Asimismo, la entidad aseguradora facilitaba toda la información adicional y específica sobre esa cláusula en su página web, y así lo hizo constar en el contrato de seguro.

En la página web de la entidad sí que es cierto que se especificaba de forma clara que la protección se limitaba a los casos en donde el asegurado fuese inquilino de la vivienda, salvo en caso de demanda por impago.

En este sentido, el servicio de reclamaciones determinó que al no entregarse al tomador el contenido íntegro de las condiciones generales en el momento de la contratación, ya que únicamente se hace remisión al contenido de una página web, se había vulnerado lo dispuesto en el artículo 3 de la LCS, que reza:

> «Las condiciones generales, que en ningún caso podrán tener carácter lesivo para los asegurados, **habrán de incluirse por el asegurador en la proposición de seguro si la hubiere y necesariamente en la póliza de contrato o en un documento complementario, que se suscribirá por el asegurado y al que se entregará copia del mismo. Las condiciones generales y particulares se redactarán de forma clara y precisa.** Se destacarán de modo especial las cláusulas limitativas de los derechos de los asegurados, que deberán ser específicamente aceptadas por escrito.
>
> Las condiciones generales del contrato estarán sometidas a la vigilancia de la Administración Pública en los términos previstos por la Ley.
>
> Declarada por el Tribunal Supremo la nulidad de alguna de las cláusulas de las condiciones generales de un contrato, la Administración Pública competente obligará a los aseguradores a modificar las cláusulas idénticas contenidas en sus pólizas».

Tras la evaluación de los anteriores hechos se concluyó que la cláusula objeto del conflicto vulnera el citado artículo.

En consecuencia, la DGSFP dictaminó que la entidad aseguradora debía asumir el siniestro presentado por el reclamante, ya que al no constar la cláusula en el contrato que se entrega al tomador en el momento de la contratación, no se cumplía con el requisito de aceptación exigido por la LCS.

ANEXO I.
CASOS PRÁCTICOS

Caso práctico | Requisitos para el pago de la indemnización en el contrato de seguro

PLANTEAMIENTO

¿Cuáles son los requisitos para el pago de la indemnización en un contrato de seguro?

RESPUESTA

El asegurador tiene la obligación, en caso de que se produzca el evento cuyo riesgo es objeto de cobertura, a pagar una indemnización al asegurado, para ello habrá de estarse a lo previsto en el artículo 18 de la LCS. En este sentido, la obligación del asegurador debe cumplirse al término de las investigaciones y peritaciones necesarias para establecer la existencia del siniestro y, en su caso, el importe de los daños que del mismo resulten. No obstante, cuando la compañía aseguradora reciba la declaración del siniestro conforme a lo previsto en el artículo 16 de la LCS dispondrá de un plazo de 40 días para efectuar el pago del importe mínimo de lo que el asegurador pueda deber, según las circunstancias que el asegurador conozca.

De la redacción del citado artículo 18 de la LCS, se deduce que la obligación no es inmediata. El asegurador comprobará a través del perito correspondiente los siguientes extremos:

- La existencia del siniestro: que el suceso esté previsto en el contrato de seguro.
- Verificación sobre la vigencia del contrato, es decir:
  - Que no sea nulo por falta de algún condicionante.
  - Que el contrato no esté en suspenso, como puede ser por la falta del pago de la prima correspondiente (art. 15 de la LCS).
  - Que no exista mala fe, dolo o culpa grave en el origen del suceso o en el deber de comunicar el siniestro (art. 16 de la LCS).
- La determinación del importe económico de los daños.

Cabe añadir, aunque por norma general la forma de materializar la indemnización supone una indemnización económica, existen otras fórmulas de indemnización como pueden ser: la reparación del daño o la reposición del objeto dañado, siempre y cuando el asegurado acepte estas alternativas.

La fórmula de reparación se utiliza normalmente para daños en edificios, fontanería, pintura y otros similares, ya que es un sistema cómodo para el asegurado y más económico para el asegurador.

Caso práctico | ¿Sería discriminatorio por razón de sexo un contrato de seguro en el que paguen menos las mujeres que los hombres?

PLANTEAMIENTO

¿Se consideraría discriminatorio el hecho de que en un contrato de seguro las mujeres paguen menos que los hombres?

RESPUESTA

Sí, se considera discriminatorio el hecho de que se tenga en cuenta el criterio del sexo para determinar la prima o las prestaciones de un contrato de seguro.

No obstante, para llegar a esta respuesta fue necesario que el Tribunal de Justicia de la Unión Europea (TJUE) se pronunciase al respecto e invalidase el contenido del artículo 5.2 de la Directiva del Consejo 2004/113/CE, de 13 de diciembre de 2004, por la que se aplica el principio de igualdad de trato entre hombres y mujeres al acceso a bienes y servicios y su suministro. Este precepto señalaba:

> «No obstante lo dispuesto en el apartado 1, los Estados miembros podrán decidir, antes del 21 de diciembre de 2007 autorizar diferencias proporcionadas de las primas y prestaciones de las personas consideradas individualmente en los casos en que la consideración del sexo constituya un factor determinante de la evaluación del riesgo a partir de datos actuariales y estadísticos pertinentes y exactos (...)».

Así, admitida la posibilidad de establecer diferencias en las primas y las prestaciones de un contrato de seguro por razón del sexo de la persona, la sentencia del TJUE n.º C-236/09, 1 de marzo de 2011, ECLI:EU:C:2011:100, declara:

> «28 Según reiterada jurisprudencia del Tribunal de Justicia, el principio de igualdad de trato exige que no se traten de manera diferente situaciones comparables y que no se traten de manera idéntica situaciones diferentes, a no ser que dicho trato esté objetivamente justificado (véase la sentencia de 16 de diciembre de 2008, Arcelor Atlantique et Lorraine y otros, C-127/07, Rec. p. I-9895, apartado 23).
> (...)
> 30 Es incontrovertido que el objetivo de la Directiva 2004/113 en el sector de los seguros consiste, tal y como se desprende de su artículo 5, apartado 1, en la aplicación de la norma de primas y prestaciones independientes del sexo. El decimoctavo considerando de dicha Directiva señala expresamente que, a fin de garantizar la igualdad de trato entre hombres y mujeres, la utilización del sexo como factor actuarial no deberá dar lugar a diferencias en las primas y las prestaciones de las personas individuales. El decimonoveno considerando de dicha Directiva define la facultad concedida a los Estados miembros para no aplicar la norma de primas y prestaciones independientes del sexo como una "excepción". Por consiguiente, la Directiva 2004/113 parte de la premisa de que, en aras de la aplicación del principio de igualdad de trato entre mujeres

y hombres consagrado en los artículos 21 y 23 de la Carta, las situaciones en que se encuentran respectivamente las mujeres y los hombres a efectos de las primas y prestaciones de seguros que contratan son comparables.

31 Dadas las circunstancias, existe un riesgo de que el Derecho de la Unión permita indefinidamente la excepción a la igualdad de trato entre mujeres y hombres prevista en el artículo 5, apartado 2, de la Directiva 2004/113.

32 Dicho precepto, que permite a los Estados miembros afectados mantener de modo ilimitado en el tiempo una excepción a la norma de primas y prestaciones independientes del sexo, es contrario a la consecución del objetivo de igualdad de trato entre mujeres y hombres marcado por la Directiva 2004/113 y resulta incompatible con los artículos 21 y 23 de la Carta.

33 Por consiguiente, dicho precepto ha de considerarse inválido tras la expiración un período transitorio adecuado».

En consonancia, la posibilidad contenida en el artículo 5.2 de la citada directiva se declara inválida con efectos desde el 21 de diciembre de 2012, por lo que las diferencias por razón de sexo en las primas y prestaciones de un contrato de seguro sí serían discriminatorias.

Caso práctico | Desacuerdo entre compañía aseguradora y asegurado en la liquidación del siniestro

PLANTEAMIENTO

En caso de desacuerdo en la valoración de los daños sufridos en un siniestro, ¿cómo puede solucionar esta discrepancia el cliente con su compañía de seguros?

RESPUESTA

Para dar respuesta a esta cuestión hay que estar a lo previsto en el artículo 38 de la LCS relativo al seguro contra daños. Así, producido el siniestro, en el plazo de 5 días desde la comunicación del siniestro (art. 16 de la LCS), el tomador o asegurado deben comunicar por escrito al asegurador la relación de los objetos existentes al tiempo del siniestro, la de los salvados y la estimación de los daños. El asegurado deberá probar la preexistencia de los objetos, siendo el contenido de la póliza una presunción a favor del asegurado cuando razonablemente no puedan aportarse pruebas más eficaces.

Si las partes llegan a acuerdo en cuanto al importe y forma de la indemnización, se procederá al pago, los problemas surgen en el caso contrario cuando en el plazo de 40 días del artículo 18 de la LCS las partes no llegan a acuerdo. Pues bien, en este caso cada parte designará un perito cuya aceptación debe constar por escrito, si alguna de ellas no lo designa deberá hacerlo en los ocho días siguientes a la fecha en que sea requerida por la que hubiere designado el suyo, y de no hacerlo en este último plazo se entenderá que acepta el dictamen que emita el perito de la otra parte, quedando vinculado por el mismo.

Designados los peritos, si llegan a acuerdo lo reflejarán en un acta conjunta con el siguiente contenido: causas del siniestro, valoración de los daños, circunstancias que influyan en la determinación de la indemnización y propuesta del importe de esta.

Existiendo discrepancia entre los peritos, se designará un tercer perito de conformidad o, en defecto de esta, según la Ley de Jurisdicción Voluntaria o la legislación notarial. El dictamen pericial se emitirá en el plazo que se fije o, a falta de este, en 30 días desde la aceptación de su nombramiento y será vinculante para las partes salvo que lo impugnen judicialmente.

Respecto del procedimiento previsto en el artículo 38 de la LCS resulta interesante la **sentencia de la Audiencia Provincial de Málaga n.° 426/2024, de 12 de junio, ECLI:ES:APMA:2024:2359**, de la que se infiere:

> «(...) debe partirse del fin que la ley contempla para el trámite previsto en el referido art. 38 LCS, que conste en facilitar una **liquidación lo más rápida posible cuando las partes discrepen en la cuantificación económica de los daños derivados del siniestro**, debiéndose añadir que sólo cuando el procedimiento responda a dicha finalidad aparece como imperativo para los litigantes, desapareciendo esa nota de imperatividad cuando la discrepancia no se centre tan sólo en la cuantificación, como ocurre cuando el asegurador discrepe en el fondo de la reclamación, por cuestionar la existencia misma del siniestro, su cobertura u otras circunstancias que pudieron influir en su causación o en el resultado.

(...)

El procedimiento previsto en el art. 38 LCS es un **procedimiento extrajudi-cial para la liquidación del daño encaminado a lograr un acuerdo sobre el importe y la forma de la indemnización y no a resolver cuestiones sobre las causas del siniestro y la interpretación del contrato.** De esto se infiere, en primer lugar, que resulta innecesario y no está justificado que el asegurador que rechaza la cobertura acuda a este procedimiento, ni que exija hacerlo al asegurado; en segundo lugar, el efecto vinculante del dictamen del perito único no se extiende a cuestiones ajenas a la cuantificación de la prestación debida por el asegurador y no impide a éste cuestionar la existencia del siniestro, su cobertura por la póliza de seguro, y las circunstancias que pudieron influir en su origen o en el resultado, no estando por tanto vinculado por la valoración atribuida por el perito de la otra parte a las partidas que si entiende objeto de cobertura.

Ahora bien la imperatividad del procedimiento desaparece por cuanto la discrepancia, aunque incide en la cuantificación, es relativa también al fondo, pues cuestiona la cobertura de la póliza de seguro respecto de esas partidas así como sobre la interpretación del contrato, según se colige de la sentencia de primera instancia. Teniendo en cuenta que la estimación del recurso de casa-ción es dar respuesta a la cuestión de fondo, siendo relevante la interpretación de la póliza de seguro y de la ley, no procede que esta sala ofrezca respuesta al mismo asumiendo la instancia, sino que sea la audiencia quien revise el fondo de la cuestión, con libertad de criterio y dentro del ámbito de los motivos del recurso de apelación».

Caso práctico | ¿Una abogada no ejerciente necesita tener un seguro de responsabilidad civil?

PLANTEAMIENTO

Una graduada en derecho actualmente se encuentra inscrita en el Colegio de Abogados de A Coruña, pero como abogada no ejerciente. ¿Esta persona estaría asegurada por su colegio de abogados, aunque figure como colegiada no ejerciente?

RESPUESTA

El artículo 20.1 del Código Deontológico de la Abogacía Española establece que «Se deberá tener cubierta la responsabilidad profesional en cuantía adecuada a los riesgos que implique». En el caso de los colegiados no ejercientes se entiende que al no ejercer la profesión no están sometidos a riesgos profesionales y, por lo tanto, no tendrán que contratar un seguro de responsabilidad civil.

Caso práctico | Acción directa contra compañía de seguros derivada de responsabilidad civil de una Administración pública

PLANTEAMIENTO

En un caso de responsabilidad civil de una Administración pública, ¿se puede ejercitar la acción directa contra la compañía de seguros por vía civil?

RESPUESTA

La respuesta ha de ser afirmativa, conforme a lo previsto en el **artículo 76 de la LCS** del que se infiere la posible acción directa contra el asegurador por parte del perjudicado o sus herederos para exigirle el cumplimiento de la obligación de indemnizar, sin perjuicio del derecho del asegurador a repetir contra el asegurado, en el caso de que sea debido a la conducta dolosa de este, el daño o perjuicio causado a tercero.

No obstante, el problema surge cuando la responsabilidad de la Administración pública ha sido reclamada inicialmente mediante reclamación administrativa, en este sentido resulta especialmente interesante la **sentencia del Tribunal Supremo n.º 358/2021, de 25 de mayo, ECLI:ES:TS:2021:2122**, que señala:

> «TERCERO.- El recurso ha de ser estimado porque la sentencia recurrida se opone a la doctrina jurisprudencial de esta sala fijada a partir de su sentencia de pleno 321/2019 y reiterada en las sentencias 579/2019, de 5 de noviembre, 473/2020, de 17 de septiembre, de pleno, y 501/2020, de 5 de octubre, sobre la vinculación de la jurisdicción civil a lo resuelto por la Administración en el expediente de responsabilidad patrimonial, o en su caso a la resuelto por la jurisdicción contencioso- administrativo si se impugna el acto administrativo.
>
> Según esta jurisprudencia, el análisis de los efectos de la resolución administrativa firme en el proceso civil no debe enfocarse tanto desde la perspectiva de la cosa juzgada como desde las peculiaridades del seguro de responsabilidad civil y de la acción directa y, muy especialmente, de la dependencia estructural respecto de la responsabilidad del asegurado. En este sentido, se recuerda que la acción directa del art. 76 LCS se funda en los principios de autonomía de la acción, solidaridad de obligados y dependencia estructural respecto de la responsabilidad del asegurado, y que esto comporta que, aunque la acción directa goce de autonomía procesal (al ser **posible demandar exclusivamente a la aseguradora ante la jurisdicción civil sin que previamente se sustancie una reclamación en vía administrativa**), la aseguradora no pueda quedar obligada más allá de la obligación del asegurado, pues la **jurisdicción contencioso-administrativa es la única competente para condenar a la Administración mientras que la jurisdicción civil sólo conoce de su responsabilidad y consecuencias** a efectos prejudiciales en el proceso civil.
>
> Esta jurisprudencia, con arreglo a lo cual esta sala ha desestimado la acción directa contra la aseguradora de la Administración cuando se ha utilizado por el perjudicado para conseguir de la aseguradora en vía civil una indemnización superior a la indemnización reconocida en vía administrativa o contencioso-ad-

ministrativa, es también aplicable a un caso como el presente en el que **la perjudicada, pudiendo demandar directamente a la aseguradora en vía civil, optó por acudir al expediente administrativo de responsabilidad patrimonial** para exigir la responsabilidad patrimonial de la Administración sanitaria y la consiguiente indemnización del daño sufrido, y consintió que adquiera firmeza la resolución administrativa desestimatoria de su reclamación, dado que igual que "sería contrario a la legalidad que se utilizase la acción directa para impugnar el acto administrativo, que se había consentido, a los solos efectos indemnizatorios" (sentencia 321/2019, citada por la 579/2019), también lo sería utilizar la acción directa contra el asegurador para conseguir que la jurisdicción civil declarase la responsabilidad de la Administración sanitaria asegurada —por ser presupuesto para que responda la aseguradora— tras haber devenido firme el acto administrativo que negó la existencia de dicha responsabilidad».

En el mismo sentido la **STS n.º 169/2024, de 12 de febrero, ECLI:ES:TS:2024:702,** cuya lectura íntegra recomendamos por su claridad al exponer este tema, reconoce expresamente entre las opciones del perjudicado **ejercitar exclusivamente la acción directa contra la compañía de seguros ante la jurisdicción civil.** En este caso «(...) la condena de la aseguradora dependerá de la existencia de responsabilidad patrimonial de la administración asegurada, que deberá acreditarse, en el proceso civil, bajo los parámetros propios del derecho administrativo, lo que no es cuestión extravagante, sino expresamente prevista en el art. 42 de la LEC, que regula las cuestiones prejudiciales no penales que se susciten en el proceso civil». Recuerda el Supremo que lo que estaría vedado al perjudicado es acudir a la vía administrativa y, si su pretensión es rechazada, acudir posteriormente a la vía civil.

Caso práctico | Pago de los gastos de defensa jurídica contando o no con seguro de defensa jurídica

PLANTEAMIENTO

Teniendo contratado un seguro de responsabilidad civil general donde se cubre la asistencia jurídica en caso de necesitarla, ¿podrá el asegurado elegir un abogado y procurador libremente y repercutir su coste a la aseguradora?

RESPUESTA

Para responder a la cuestión planteada vamos a traer a colación la **sentencia del Tribunal Supremo n.º 646/2010, de 27 de octubre, ECLI:ES:TS:2010:5785 y la sentencia del Tribunal Supremo n.º 91/2008, de 31 de enero, ECLI:ES:TS:2008:831.**

El artículo 74 de la LCS regula el deber de dirección jurídica a cargo del asegurado del propio contrato de seguro de responsabilidad civil.

Asimismo, del apartado 1 de este artículo se desprende que es regla general en el seguro de responsabilidad civil que el asegurador asuma la dirección jurídica de su asegurado frente a las reclamaciones del perjudicado, siendo de cuenta de aquel los gastos de defensa que se ocasionen.

Si bien, la anterior regla general cuenta con las siguientes excepciones:

- Medie pacto en contrario.
- Cuando quien reclama está asegurado en la misma compañía, o existe algún conflicto de intereses, situación en que el asegurado puede optar entre el mantenimiento de la dirección jurídica del asegurador o confiar su propia defensa a otra persona y quedaría obligado el asegurador a abonar los gastos de la dirección jurídica hasta el límite pactado en la póliza.
- La compañía de seguros incurre en pasividad que le fuera imputable pues si con su dejadez o conducta omisiva causara un daño al asegurado, habría de responder frente a este por incumplimiento, no ya de un derecho que le confiere al asegurado la ley y la propia póliza, sino de un deber respecto de los intereses en juego del mismo, comprendiendo tal responsabilidad la asunción de los gastos de defensa que haya tenido que procurarse el asegurado por sus propios medios.

El mencionado artículo 74 de la LCS tiene, por tanto, un estricto ámbito de aplicación que viene siendo, la defensa del asegurado a cargo del asegurador, frente a reclamaciones de terceros fundadas en la responsabilidad civil cubierta por el seguro.

En conclusión, el citado artículo regula el deber de dirección jurídica a cargo del asegurado derivado del propio contrato de seguro de responsabilidad civil, si bien es doctrina del TS que, por no comprender un seguro de defensa jurídica, el cual ha de ser objeto de contratación independiente, el seguro de responsabilidad civil se rige, en lo que respecta a la defensa del asegurado que incurre en responsabilidad civil frente a terceros, por el régimen establecido en el art. 74 de la LCS, que atribuye al asegurador la simple dirección jurídica del asegurado frente a la reclamación del perjudicado, siendo de su cuenta los gastos de defensa que se ocasionen.

Por el contrario y a diferencia del régimen establecido en el mencionado artículo, el seguro de defensa jurídica en sentido estricto obliga al asegurador, dentro de los límites establecidos en la ley y en el contrato, a hacerse cargo de los gastos en que pueda incurrir el asegurado como consecuencia de su intervención en un procedimiento administrativo judicial o arbitral, y a prestarle los servicios de asistencia jurídica judicial y extrajudicial derivados de la cobertura del seguro, de acuerdo con el artículo 76 a) de la LCS, teniendo derecho dicho asegurado a elegir libremente el procurador y abogado que hayan de representarle y defenderle en cualquier clase de procedimiento conforme al artículo 76 d) de la LCS.

Caso práctico | Heredero legal en seguros y derecho al usufructo de la prima

PLANTEAMIENTO

En los seguros de vida, la causante hizo dos tipos de designaciones, en un primer lugar designó como beneficiaria a su hija, indicando nombre y apellidos, y en otra tan solo designó como beneficiarios a sus herederos legales. En el testamento legó a su cónyuge el usufructo vitalicio e instituyó a su única hija como heredera. ¿En los seguros en los que designa como beneficiarios a sus herederos legales, tiene el cónyuge derecho al usufructo de la prima donde han sido designados beneficiarios los herederos legales?

RESPUESTA

La respuesta ha de ser negativa. El viudo no tendría derecho al usufructo de la prima, ello con base en el art. 88 de la LCS en relación con el 84 y 85 del mismo texto legal, y en aplicación de la jurisprudencia que nos indica que las cuantías del contrato de seguro no forman parte de la herencia. Esto significa «(...) el capital correspondiente al seguro de vida fallecido el asegurado y con beneficiarios designados, le pertenece a aquellos por título contractual y no por título hereditario, y ello por mucho que la designación se haya efectuado genéricamente a los herederos, o a los herederos legales (...)», (a tal respecto la sentencia de la Audiencia Provincial de Murcia n.º 503/2011, de 2 de noviembre, ECLI:ES:APMU:2011:2337, o **sentencia de la Audiencia Provincial de Ciudad Real n.º 291/2016, de 3 de noviembre, ECLI:ES:APCR:2016:760**).

Si bien caben dos concreciones, la primera, que, de ser bien ganancial, hay que tener en consideración la posibilidad de la cuota del cónyuge supérstite a la hora de la liquidación de la sociedad de gananciales.

En caso de no existir sociedad de gananciales, o haber sido ya liquidada la misma, la cuantía resultante relativa a la prima del seguro de vida, y toda vez que **ha instituido como heredera a su hija**, es decir, tiene un heredero designado, se debería aplicar la referida doctrina, y por tanto aplicar la teoría de la pertenencia del capital correspondiente al seguro de vida por título contractual y no hereditario.

Caso práctico | Seguro de hogar. Infraseguro

PLANTEAMIENTO

¿Puede considerarse un infraseguro que, durante la contratación del seguro, la vivienda haya sido declarada vivienda de temporada en lugar de vivienda habitual?

RESPUESTA

Se puede alegar ese hecho, máxime si no se ha comunicado el cambio de situación de la vivienda una vez que se ha producido y entendiendo que existiría un mayor riesgo, o por lo menos diferente, al ser vivienda de temporada y, por ello, aun no existiendo discrepancias en las valoraciones, el riesgo sería mayor y, por tanto, la prima también debería serlo.

A efectos de disminuir el importe, para el caso, de indemnización, se utilizará todo lo que legal y jurisprudencialmente se pueda.

Para que se proceda conforme a la aplicación de la regla del infraseguro, se debe alegar, en primer lugar, que se ha actuado contraviniendo lo dispuesto en el art. 10 de la Ley de Contrato de Seguro (LCS), debiéndose tener en consideración las exoneraciones que al respecto existen.

Así, resulta interesante la **sentencia de la Audiencia Provincial de Girona n.º 337/2019, de 20 de septiembre, ECLI:ES:APGI:2019:1346.** En ella se prevé que:

> «Las consecuencias del incumplimiento de este deber son las establecidas en el artículo 10 II LCS y consisten en:
>
> a) La facultad del asegurador de "rescindir el contrato mediante declaración dirigida al tomador del seguro en el plazo de un mes, a contar del conocimiento de la reserva o inexactitudes del tomador del seguro".
>
> b) La reducción de la prestación del asegurador "proporcionalmente a la diferencia entre la prima convenida y la que se hubiese aplicado de haberse conocido la verdadera entidad del riesgo". Esta reducción se produce únicamente si el siniestro sobreviene antes de que el asegurador haga la declaración de rescisión.
>
> c) La liberación del asegurador del pago de la prestación. Este efecto solo se produce, según el artículo 10 II, último inciso, LCS, "[s]i medió dolo o culpa grave del tomador del seguro" (SSTS de 31 de mayo de 2004; 17 de julio de 2007, rec. 3121/2000).
>
> La reducción de la prestación del asegurador no exige que concurran circunstancias de dolo o culpa grave del tomador del seguro, sino sólo la existencia de reticencias o inexactitudes en la declaración, (...).
>
> La facultad del asegurado de rechazar el siniestro y de liberarse de la obligación de indemnizar solamente puede ejercitarse en caso de que en la declaración previa de riesgos haya mediado dolo o culpa grave por parte del tomador del seguro, a diferencia de lo que ocurre para el ejercicio de la facultad de rescisión o de reducir la prestación.
>
> Y efectivamente como ya lo valora la sentencia de instancia concurre dolo o culpa grave en las declaraciones que tienen como finalidad el engaño del asegurador, aunque no se tenga la voluntad de dañar a la otra parte (...)».

De determinarse que existe un infraseguro en este caso, habrá de estarse a lo previsto en el artículo 30 de la LCS.

Caso práctico | ¿Es responsable el propietario de un vehículo que lo lleva a un taller de reparación, cuando el mecánico al comprobar la reparación sufre un accidente de circulación con el mismo?

PLANTEAMIENTO

El propietario de un vehículo lo lleva a un taller para que lo reparen. Una vez hecha la reparación, el mecánico prueba el vehículo para comprobar que todo está correcto y durante la prueba sufre un accidente de circulación. ¿Existe responsabilidad del propietario del vehículo en este caso?

RESPUESTA

En la **sentencia del Tribunal Supremo n.º 640/2014, de 4 de noviembre, ECLI:ES:TS:2014:4843**, se resuelve un supuesto similar.

En este caso, como consecuencia del accidente, se produjeron unas lesiones y daños. La compañía aseguradora del vehículo pagó una indemnización por las mismas a la compañía de seguros del taller mecánico.

Después de ello, y por aplicación del artículo 43 de la LCS, y artículo 10 del Real Decreto Legislativo 8/2004, de 29 de octubre, ejercitó la oportuna **acción de repetición**, mediante la interposición de la correspondiente demanda reclamando la cantidad sufragada.

En primer lugar, el juzgado de primera instancia estimó la demanda argumentando que el propietario de un vehículo en reparación no es responsable de la conducta del mecánico cuando, al circular para comprobar si el vehículo está bien reparado, causa un accidente, pues la responsabilidad se desplaza, en aplicación del artículo 1903 del Código Civil, al dueño del taller.

Contra esta resolución, se interpuso recurso de apelación, y la Audiencia Provincial lo estimó, revocando la sentencia dictada en primera instancia, por las siguientes razones:

> «a) No puede otorgarse al conductor del vehículo asegurado, el gerente del taller, la condición de tercero responsable por cuanto estaba autorizado por la propietaria del vehículo para realizar las pruebas de la reparación circulando por la vía pública.
> b) Autorizado para ello, el gerente-mecánico se convierte en conductor asegurado por la aseguradora del vehículo.
> c) En consecuencia, no teniendo el gerente-mecánico la condición de tercero responsable, la aseguradora que debe responder no es la del taller, sino la del vehículo entregado para reparación».

Tras ello, la aseguradora del vehículo interpuso un recurso de casación ante el Tribunal Supremo, alegando infracción del artículo 43 de la LCS y 10 del Real Decreto Legislativo 8/2004, de 29 de octubre, en relación con el artículo 1902 del CC y el artículo 1903 del CC.

El Tribunal Supremo **estima** la motivación anterior, expresando lo siguiente:

«1. **Concurren los requisitos del artículo 43 de la Ley de Contrato de Seguro** y no se da ninguna de las causas limitativas del ejercicio de la acción establecida en él. Así:

a) La entidad recurrente, la aseguradora, pagó la indemnización correspondiente a los perjudicados por el accidente de circulación causado por el gerente- mecánico del taller de reparación.

b) La acción ejercitada no lo es en perjuicio de la asegurada, propietaria del automóvil.

c) La entidad recurrente ha dirigido su acción contra el gerente del taller de reparación y la aseguradora de este, no, pues, contra ninguna de las personas cuyos actos u omisiones pudieran dar origen a responsabilidad de la asegurada (al contrario, este podría dirigirse contra el responsable del accidente), ni tampoco contra los parientes de la asegurada a que se refiere el artículo 43 de la mencionada Ley del Contrato de Seguro.

d) La cantidad reclamada no es superior a la pagada como indemnización.

2. **El causante del accidente cuando conducía el vehículo entregado para su reparación -por derivación, la entidad propietaria del taller y la aseguradora de este- tenía la condición de tercero responsable**, que es una de las personas contra las que la aseguradora, pagada la indemnización, puede repetir, a tenor del artículo 10 b) de la Ley sobre Responsabilidad Civil y Seguro en la Circulación de Vehículos a Motor

Aunque se entendiera que la propietaria del vehículo, al dejarlo en el taller para su reparación, había autorizado a que la eficacia de esta se comprobara circulando por una vía pública, en ningún caso podría afirmarse que había autorizado a que lo hiciera una persona determinada, de forma que esta adquiriera la condición de asegurada o quedara amparada por el seguro obligatorio del vehículo. (Entender lo contrario sería negar a la propietaria del vehículo la posibilidad de dirigirse contra esa persona determinada habiendo sido la causante del accidente».

En conclusión, ha de negarse en el caso planteado la responsabilidad del propietario del vehículo y el derecho de repetición que le asiste a la aseguradora de este contra el taller o, en su caso, el mecánico, por la cantidad que haya abonado por los daños causados en el siniestro.

Caso práctico | Determinación del riesgo asegurado en un seguro de accidentes. ¿Accidente o declaración de invalidez?

PLANTEAMIENTO

«A» sufre un accidente laboral en el año 2016 y como consecuencia de las secuelas del mismo se declara su situación de invalidez permanente total en el año 2020.

«A» tenía contratado a la fecha del accidente un seguro de accidentes que contemplaba la cobertura de invalidez permanente total en caso de tal eventualidad.

A efectos de determinar la cantidad que en virtud del referido seguro le corresponde a «A» ¿qué constituye el riesgo asegurado?, ¿el accidente o la declaración de invalidez?

Respecto de los intereses que deben generarse en virtud del artículo 20 de la LCS ¿cuál es el momento inicial de su devengo?

RESPUESTA

En relación con la determinación del riesgo asegurado, la jurisprudencia ha sido divergente en este punto, existiendo dos posturas contradictorias las cuales aparecen claramente expuestas en **la sentencia del Tribunal Supremo n.° 736/2016, de 21 de diciembre, ECLI:ES:TS:2016:5525**. Así, de un lado, existe la corriente jurisprudencial que fija el riesgo asegurado en la declaración de invalidez, señalando el Alto Tribunal al respecto:

> «(...) las obligaciones de la aseguradora no nazcan del hecho generador, de la causa violenta, súbita, externa, que origina la lesión corporal determinante de la incapacidad, sino que surgen de la invalidez misma (SSTS de 17 de mayo de 1985, 22 de septiembre de 1987), que constituye el riesgo asegurado (STS 19 de enero de 1984), siendo la fecha de la declaración de incapacidad la determinante de los efectos temporales y económicos de cobertura del seguro concertado, y de la aplicabilidad de las condiciones pactadas (STS 13 de junio de 1989).
>
> (...)
>
> La tesis de estas sentencias es que si el riesgo asegurado en la póliza de accidentes es la incapacidad o invalidez, el siniestro tiene lugar cuando dicha situación se declara, de modo que, conforme al artículo 20.6 de la LCS ("será término inicial del cómputo de dichos intereses la fecha del siniestro") no hay posibilidad de mora hasta después de la declaración de incapacidad».

De otro lado, y como postura adoptada por la jurisprudencia en aras de unificar los criterios existentes al respecto, está la corriente que señala que constituye el riesgo asegurado el accidente en sí. En este sentido, entiende el TS:

> «(...) el evento dañoso se refiera a un proceso integrado por diversas fases que, en tanto en cuanto no se completa su realización, no se da el siniestro y

195

así, para que la lesión pueda ser calificada como accidente, a efectos de su aseguramiento, ha de producir ya la invalidez, temporal o permanente, o la muerte del sujeto. Es decir, que no podrá hablarse de siniestro causante de indemnización si no se produce la invalidez o muerte, pero ello no implica que el momento que haya de tenerse en cuenta para determinar si el siniestro está excluido del deber de indemnizar por no haber precedido en treinta días a la fecha de la póliza, sea el de la muerte del asegurado, sino que ha de tenerse como tal aquél en que se produjo la causa determinante de la lesión corporal y en que dio comienzo el evento dañoso; (...).

(...) el riesgo asegurado es el accidente -la lesión corporal- que se manifiesta en unas secuelas de invalidez temporal o permanente y muerte. Estas secuelas ya no son el riesgo, sino los efectos de su actualización, como se advierte en el artículo 104 de la citada Ley. Por ello, lo decisivo es que cuando ocurre un accidente la póliza que asegura este riesgo esté vigente. Si es así, se aplicará la cobertura, aunque la determinación de la invalidez a partir de la presentación del certificado médico de incapacidad se haya producido con posterioridad y la póliza ya no esté vigente. Lo importante es la relación de causalidad entre el accidente y sus secuelas; no la fecha en que se manifiesten éstas, ni mucho menos la de su constatación administrativa o médica. La cobertura se establece en función del riesgo asegurado, aunque proteja el daño indemnizable derivado de éste, que puede manifestarse con posterioridad al siniestro. Así lo afirma la jurisprudencia civil que distingue claramente entre el accidente, como riesgo asegurado, y el daño derivado del mismo: "la declaración de la invalidez, lejos de significar el hecho de la causación del daño o del siniestro, es meramente una formalidad administrativa determinante, entre otras, de las consecuencias económicas en diversos aspectos del accidente, pero en modo alguno puede identificarse con éste" (sentencia de la Sala Primera del Tribunal Supremo de 17 de junio de 1993; en el mismo sentido sentencia de 6 de febrero de 1995)».

Pues bien, reflejo de la adopción de esta segunda corriente es el caso resuelto en la **sentencia de la Audiencia Provincial de Granada n.º 377/2024, de 28 de junio, ECLI:ES:APGR:2024:1443**, el cual —idéntico al planteado en este práctico— permite responder en los términos siguientes.

En primer lugar, el riesgo asegurado en un caso de seguro de accidentes será el accidente en sí mismo entendido, según el artículo 100 de la LCS, como «la lesión corporal que deriva de una causa violenta súbita, externa y ajena a la intencionalidad del asegurado, que produzca invalidez temporal o permanente o muerte».

En segundo lugar, en cuanto al momento inicial del devengo de los intereses correspondientes conforme al artículo 20 de la LCS será el de la fecha del siniestro y se ajustarán aquellos a lo previsto en el número cuarto del citado precepto.

Caso práctico | ¿Un seguro en el que se pagan dos primas diferentes puede contener cláusulas limitativas de cobro de los riesgos contratados?

PLANTEAMIENTO

«B» tenía contratada una póliza de seguro colectiva con una garantía principal de vida-jubilación y una garantía complementaria de invalidez permanente.

Por cada garantía «B» pagaba una prima independiente, por lo que quedaban cuantificadas cada una de ellas independientemente en la póliza.

A «B» se le reconoció mediante resolución una invalidez permanente absoluta para todo tipo de trabajo, por lo que reclamó a la compañía de seguros el pago de 79.526,29 euros que corresponden al capital pactado para la invalidez y el pago de la garantía de vida y jubilación (supervivencia).

La aseguradora, por su parte únicamente le abonó la parte que correspondía a la invalidez, ya que entendía que la otra garantía quedaba extinguida en aplicación de la siguiente cláusula limitativa que se recogía en el contrato:

> «El pago efectuado en caso de invalidez absoluta y permanente anula en todas sus partes el contrato, con extinción de las garantías principales y complementarias».

¿El correcta la cláusula limitativa contenida en el contrato?

RESPUESTA

Para dar respuesta al presente práctico vamos a apoyarnos en la **sentencia del Tribunal Supremo n.º 789/2024, de 3 de junio, ECLI:ES:TS:2024:2980.**

Como punto de partida debemos de aclarar la definición de cláusula limitativa que, de acuerdo con el TS y diferenciándolas de las cláusulas delimitadoras del riesgo, las define de la siguiente forma:

> «Son cláusulas delimitadoras del riesgo aquellas que concretan el objeto del contrato, fijando qué riesgos, en caso de producirse, hacen surgir en el asegurado el derecho a la prestación por constituir el objeto del seguro (sentencias 853/2006, de 11 de septiembre; 1051/2007, de 17 de octubre; 598/2011, de 20 de julio; 273/2016, de 22 de abril; 498/2016, de 19 de julio; 609/2019, de 14 de noviembre; y 100/2022, de 7 de febrero).
> Mientras que son cláusulas limitativas las que condicionan o modifican el derecho del asegurado y por tanto la indemnización, cuando el riesgo objeto del seguro se hubiere producido (sentencias 58/2019, de 29 de enero; y 836/2022, de 28 de noviembre). En relación con lo cual, la jurisprudencia de esta sala ha determinado, de forma práctica, el concepto de cláusula limitativa, referenciándolo al contenido natural del contrato, en relación con el alcance típico o usual que corresponde a su objeto, con arreglo a lo dispuesto en la ley o en la práctica aseguradora (sentencias 273/2016, de 22 de abril; 58/2019, de 29 de enero; y 423/2024, de 1 de abril)».

En resumen, las garantías complementarias en los seguros de vida son coberturas opcionales que se añaden al contrato principal sin perder su identidad formal. La jurisprudencia, aunque no ofrece un pronunciamiento directo sobre el caso aquí analizado, proporciona ejemplos relevantes que ayudan a entender la relación entre las garantías complementarias y el contrato principal, así como las implicaciones del incumplimiento en el pago de la prima:

«Es cierto que la sentencia 932/2003, de 8 de octubre, (invocada en el recurso de casación) trató sobre una cláusula muy similar de un seguro de vida con coberturas complementarias de invalidez absoluta y accidentes, que preveía que, una vez satisfecha la suma asegurada por la invalidez, no cabría el pago del capital asegurado en caso de fallecimiento; pero no llegó a pronunciarse sobre su carácter delimitador del riesgo o limitativo de los derechos del asegurado, conforme al art. 3 LCS, porque ese tema se planteó como cuestión nueva en casación y no había sido alegado en la instancia. Y la otra sentencia que cita la parte recurrente, la 718/2003, de 7 de julio, se refiere a un seguro de daños y no a un seguro de personas, aparte de que analizó un clausulado que nada tiene que ver con el litigioso.

4.- A falta de precedentes inmediatos, consideramos que la cuestión debe analizarse a partir del concepto de contrato de seguro y de las obligaciones recíprocas de las partes, en relación con la función contractual y económica de la prima.

El art. 1 LCS establece:

"El contrato de seguro es aquel por el que el asegurador se obliga, mediante el cobro de una prima y para el caso de que se produzca el evento cuyo riesgo es objeto de cobertura a indemnizar, dentro de los límites pactados, el daño producido al asegurado o a satisfacer un capital, una renta u otras prestaciones convenidas".

En similares términos, el párrafo primero del art. 83 LCS dispone:

"Por el seguro de vida el asegurador se obliga, mediante el cobro de la prima estipulada y dentro de los límites establecidos en la Ley y en el contrato, a satisfacer al beneficiario un capital, una renta u otras prestaciones convenidas, en el caso de muerte o bien de supervivencia del asegurado, o de ambos eventos conjuntamente"».

Así, el TS en la mencionada sentencia, entiende que en un caso similar al aquí analizado realmente no se pactó un único contrato de seguro que contempla una garantía principal y una garantía complementaria, a cambio de una prima, sino que lo que contrató el asegurado fueron dos seguros, uno de vida-jubilación (supervivencia) y otro de invalidez absoluta, cada uno de ellos con su respectiva prima, por lo que concluye nuestro Alto Tribunal:

«Conforme a estas consideraciones, si se pagaba una prima diferente para cada riesgo, una cláusula que excluye la cobertura de uno de los riesgos por el acaecimiento del otro, tiene el carácter, cuando menos, de limitativa, como correctamente apreció la Audiencia Provincial».

Caso práctico | Cobertura del seguro obligatorio en caso de incendio de coche en un garaje cuando está parado

PLANTEAMIENTO

«A» estacionó su vehículo en el garaje de una vivienda unifamiliar propiedad de «X». Al día siguiente, después de horas parado, el vehículo comenzó a arder provocando un incendio que causó daños en la vivienda.

El incendio se originó en el interior del vehículo, en su circuito eléctrico.

«X» tenía suscrita una póliza de seguro de hogar con la aseguradora «Y», mientras que «A» tenía concertado un seguro obligatorio de uso y circulación de vehículo de motor con la compañía «Z».

¿Quién debe responder de los daños ocasionados, «Y» o «Z»?

RESPUESTA

Para determinar a quién corresponde responder de los daños ocasionados en la vivienda de «X» es preciso aclarar si el incendio del vehículo en cuestión queda incardinado dentro del concepto de hecho de la circulación o no.

Al respecto resulta interesante la **sentencia del Tribunal Supremo n.º 674/2019, de 17 de diciembre, ECLI:ES:TS:2019:3983**, dictada en un caso idéntico al planteado y en función de la cuestión prejudicial resuelta en la **STJUE n.º C-100/18, de 20 de junio de 2019, ECLI:EU:C:2019:517**.

Así pues, considera la jurisprudencia que el estacionamiento y el período de inmovilización de un vehículo son estadios naturales y necesarios que forman parte de su utilización como medio de transporte, de modo que el vehículo cumple esta función tanto cuando está en movimiento como cuando se encuentra estacionado y parado entre desplazamientos.

En virtud de lo anterior, el estacionamiento del vehículo incendiado, en el caso que nos ocupa, en un garaje privado entra dentro de la función de aquel como medio de transporte, sin que ello se desvirtúe por el hecho de que el vehículo lleve más de 24 horas estacionado. Por lo tanto, en consonancia con la protección de las víctimas de accidentes causados por vehículos automóviles, cabe concluir que el incidente producido entra dentro del concepto de hecho de la circulación.

Concluye el TJUE:

> «(...) está comprendida en el concepto de "circulación de vehículos" que figura en esta disposición una situación, como la del litigio principal, en la que un vehículo estacionado en un garaje privado de un inmueble y utilizado conforme a su función de medio de transporte comenzó a arder, provocando un incendio que se originó en el circuito eléctrico del vehículo y causando daños en el inmueble, aun cuando el vehículo llevara más de 24 horas parado en el momento en que se produjo el incendio».

En definitiva, corresponderá la cobertura del siniestro y responderá de los daños ocasionados en la vivienda la compañía «Z» en virtud del seguro obligatorio de uso y circulación de vehículo de motor concertado por «A».

ANEXO II.
FORMULARIOS

Demanda contra aseguradora
(contrato de seguro de vida)

AL JUZGADO DE PRIMERA INSTANCIA DE [LOCALIDAD]

Don/Doña [NOMBRE_PROCURADOR_CLIENTE] procurador/a de los tribunales, en nombre y representación de **don/doña** [NOMBRE_CLIENTE], tal y como consta acreditado en el poder apud acta que se acompaña con la presente, bajo la dirección letrada de **don/doña** [NOMBRE_ABOGADO_CLIENTE] colegiado/a número [NÚMERO] por el ICA de [LUGAR], ante el juzgado comparezco y, como mejor proceda en derecho,

DIGO

Por medio del presente escrito formulo solicitud de **DEMANDA DE** [DESCRIPCIÓN] **(1)** en reclamación de cantidad contra la aseguradora [NOMBRE_PARTE_CONTRARIA] con domicilio social en [DESCRIPCIÓN] y número de CIF [NÚMERO], y todo ello con base en los siguientes

HECHOS

PRIMERO.- Con fecha [FECHA] se suscribió contrato de seguro de vida entre el cónyuge de mi mandante y la demandada, haciendo constar como parte beneficiaria de la póliza del seguro contratado a la hoy actora.

Se acompaña como **documento n.º** [NÚMERO] copia de la póliza, así como **documento n.º** [NÚMERO] pago de la última prima abonada.

Asimismo, se acompaña como **documento n.º** [NÚMERO] certificado de defunción del tomador.

SEGUNDO.- En la cláusula [NÚMERO] de la póliza suscrita y adjunta, se estableció como cantidad garantizada para el caso de deceso del tomador, la cuantía de [NÚMERO] euros.

TERCERO.- Fallecido el tomador, como se observa del propio certificado de defunción, en fecha [FECHA], la causa del fallecimiento se acreditó ser [DESCRIPCIÓN], causa afín a la notificada como enfermedad del tomador, tal y como se puede observar de lo dispuesto en el informe pericial médico que aportamos como **documento n.º** [NÚMERO].

CUARTO.- Efectuado el pertinente trámite de comunicación a la hoy demandada, a la que se les adjuntó el informe forense, junto con el certificado de defunción emitido por el correspondiente registro civil, la compañía demandada se negó al abono de la cuantía establecida en el contrato de seguro alegando [DESCRIPCIÓN].

QUINTO.- A la demandada se le ha requerido por vía [DESCRIPCIÓN] a los efectos de que procediese al pago de la cantidad establecida, negándose una y otra vez a efectuar ingreso alguno, visto lo cual no nos ha dejado más opción que proceder judicialmente.

Se acompañan como **documentos n.º** [NÚMERO] a n.º [NÚMERO] copia de las reclamaciones efectuadas, así como las negativas expuestas por la adversa.

A los anteriores hechos les son de aplicación los siguientes,

FUNDAMENTOS DE DERECHO

I.- JURISDICCIÓN Y COMPETENCIA

Corresponde a la jurisdicción civil, con arreglo a lo establecido en los artículos 9, 21 y concordantes de la Ley Orgánica del Poder Judicial, así como en la Ley de Enjuiciamiento Civil (LEC) en sus artículos 36 y concordantes.

Es competente el juzgado al que me dirijo conforme al artículo 52 de la Ley de Enjuiciamiento Civil (LEC), apartado 2, y del artículo 24 de la Ley de Contrato de Seguro (LCS).

II.- CAPACIDAD

Las partes ostentan la capacidad procesal necesaria conforme lo establecido en los artículos 6, 7, 7 bis y siguientes de la Ley de Enjuiciamiento Civil.

III.- LEGITIMACIÓN

El artículo 10 de la LEC legitima a demandante y demandado, al ser el/la beneficiario/a del seguro y la aseguradora del contrato suscrito cuyo cumplimiento se solicita, de conformidad con lo dispuesto, asimismo, en la LCS en su artículo primero y en el artículo 83 de la LCS.

IV.- POSTULACIÓN Y DEFENSA

La demanda se presenta por medio de procurador/a legalmente habilitado/a para actuar ante los tribunales de este partido, y bajo la dirección de letrado/a en ejercicio, conforme a lo dispuesto en el art. 23 de la LEC y en el artículo 31 de la LEC, respectivamente.

V.- PROCEDIMIENTO

Corresponde la sustanciación del presente procedimiento por los cauces del [DESCRIPCIÓN]. **(1)**

VI.- CUANTÍA

Se establece la cuantía del procedimiento en [NÚMERO] euros al ser la cuantía exigible de conformidad con lo estipulado contractualmente.

VII.- FONDO DEL ASUNTO

El seguro de vida aparece regulado en los artículos 83 a 99 de la LCS, debiéndose resaltar que el artículo 83 de la LCS en su primer párrafo establece:

> «Por el seguro de vida el asegurador se obliga, mediante el cobro de la prima estipulada y dentro de los límites establecidos en la Ley y en el contrato, a satisfacer al beneficiario un capital, una renta u otras prestaciones convenidas, en el caso de muerte o bien de supervivencia del asegurado, o de ambos eventos conjuntamente».

Asimismo, el artículo 10 de la LCS **(2)** indica en su primer inciso que:

> «El tomador del seguro tienen el deber, antes de la conclusión del contrato, de declarar al asegurador, de acuerdo con el cuestionario que éste le someta, todas las circunstancias por él conocidas que puedan influir en la valoración del riesgo. Quedará exonerado de tal deber si el asegurador no le somete cuestionario o cuando, aun sometiéndoselo, se trate de circunstancias que puedan influir en la valoración del riesgo y que no estén comprendidas en él».

Por tanto, se observa que el tomador ha cumplido lo expuesto legislativamente, no así la compañía aseguradora.

Se debe indicar, en aplicación de lo dispuesto por el Tribunal Supremo por ejemplo en su **sentencia n.º 669/2014, de 2 de diciembre, ECLI:ES:TS:2014:5095**, que:

«El artículo 10 de la Ley de Contrato de Seguro, ubicado dentro del Título I referente a las Disposiciones Generales aplicables a toda clase de seguros, ha concebido más que un deber de declaración, un deber de contestación o respuesta del tomador de lo que se le pregunta por el asegurador, ya que éste, por su mayor conocimiento de la relevancia de los hechos a los efectos de la adecuada valoración del riesgo, debe preguntar al contratante aquellos datos que estime oportunos. Concepción que se ha aclarado y reforzado, si cabe, con la modificación producida en el apartado 1º de este artículo 10, al añadirse el último párrafo del mismo que dice que: "quedará exonerado de tal deber (el tomador del seguro) si el asegurador no le somete cuestionario o cuando, aún sometiéndoselo, se trate de circunstancias que puedan influir en la valoración del riesgo y que no estén comprendidas en el (...)".

(...)

12. Pero, como apunta la doctrina, **para que pueda apreciarse una infracción de este deber de declaración del riesgo porque el descrito es diverso del real, es necesario que la discordancia sea relevante**, porque las circunstancias en las que se basó la valoración del riesgo hubieran influido en las condiciones en que se contrató el seguro y en la decisión del asegurador de aceptar el contrato».

En el caso que nos ocupa, el tomador declaró en el cuestionario padecer de [DESCRIPCIÓN], y el fallecimiento se produce por una dolencia íntimamente relacionada con la expuesta, y de difícil consideración aislada, tal y como se observa de la pericial aportada.

Es por ello, por lo que se debe entender que la aseguradora tenía constancia de la misma (así se describe en la propia póliza con respecto a la enfermedad descrita).

VIII.- COSTAS

Deberán ser impuestas a la adversa para el caso de oponerse, en virtud del artículo 394 de la LEC.

IX.- INTERESES

Deben aplicarse los intereses del artículo 20 de la LCS por incurrir en mora la adversa.

Recoge la **STS n.º 514/2016, de 21 de julio, ECLI:ES:TS:2016:3639**:

«Si en toda reclamación con fundamento en un seguro de vida se permitiese que esa alegación, luego no probada, se constituyese en causa justificada para verse exonerada la aseguradora del pago de los intereses del artículo 20 LCS, per se y sin algo más que la reforzase, se haría una interpretación no restrictiva y, por ende, contraria al carácter sancionador que se le atribuye a la norma».

X.- *IURA NOVIT CURIA*

En todo lo no invocado resulta de aplicación el principio *iura novit curia*, plasmado en el párrafo segundo del punto primero del artículo 218 de la Ley de Enjuiciamiento Civil, en virtud del cual serán aplicables las demás normas que sean de pertinente, especial o general aplicación, y que el juzgador podrá tener en cuenta de oficio sin necesidad de que hayan sido previamente alegadas o invocadas por alguna de las partes intervinientes.

En atención a todo lo expuesto,

SUPLICO AL JUZGADO:

Que teniendo por presentado este escrito junto con los documentos que se acompañan y sus copias, los admita, les dé la tramitación legal oportuna, y, previos los trámites de rigor, se dicte resolución por la que **SE CONDENE A LA DEMANDADA A QUE ABONE A MI MANDANTE LA CANTIDAD DE** [NÚMERO] **EUROS** más los intereses expuestos del artículo 20 de la LCS, con todo lo demás que sea procedente en derecho.

Con imposición expresa de costas a la contraparte.

Por ser justicia en [LOCALIDAD] a [FECHA]

Ldo/a. [NOMBRE_LETRADO_CLIENTE] | Proc/a. [NOMBRE_PROCURADOR_CLIENTE]

PRIMER OTROSÍ DIGO: siendo intención de esta parte cumplir con todos los requisitos legales, a tenor de lo previsto en el artículo 231 de la Ley de Enjuiciamiento Civil, se solicita se le diere traslado de cualquier defecto que adoleciere la presente demanda, para la inmediata subsanación de la misma.

En su virtud,

SUPLICO AL JUZGADO:

Que tenga por efectuada la anterior manifestación a los efectos oportunos.

Por ser de justicia, fecha y lugar *ut supra*.

Ldo/a. [NOMBRE_LETRADO_CLIENTE] | Proc/a. [NOMBRE_PROCURADOR_CLIENTE]

---

(1) Juicio ordinario si la cuantía excede de 15.000 euros o es imposible de calcular (artículo 249 de la LEC, apartado 2) o juicio verbal si la cuantía no excede de 15.000 euros (artículo 250 de la LEC, apartado 2).

(2) El artículo 10 de la LCS se modifica por el Real Decreto-ley 5/2023, de 28 de junio, en vigor a partir del 30 de junio de 2023, con tal modificación se añade un último párrafo al referido artículo, a través del cual se exime al tomador de un seguro de vida de la obligación de declarar si él o el asegurado han padecido cáncer una vez hayan transcurrido 5 años desde la finalización del tratamiento radical sin recaída posterior:

«El tomador de un seguro sobre la vida no está obligado a declarar si él o el asegurado han padecido cáncer una vez hayan transcurrido cinco años desde la finalización del tratamiento radical sin recaída posterior. Una vez transcurrido el plazo señalado, el asegurador no podrá considerar la existencia de antecedentes oncológicos a efectos de la contratación del seguro, quedando prohibida toda discriminación o restricción a la contratación por este motivo».

Demanda contra aseguradora (contrato de seguro de accidentes. Infarto)

AL JUZGADO DE PRIMERA INSTANCIA DE [LOCALIDAD]

Don/Doña [NOMBRE_PROCURADOR_CLIENTE] procurador/a de los tribunales, en nombre y representación de **don/doña** [NOMBRE_CLIENTE], tal y como consta acreditado en el poder apud acta que se acompaña con la presente, bajo la dirección letrada de **don/doña** [NOMBRE_ABOGADO_CLIENTE] colegiado/a n.º [NÚMERO] por el ICA de [LUGAR], ante el juzgado comparezco y, como mejor proceda en derecho,

DIGO

Por medio del presente escrito formulo solicitud de **DEMANDA DE** [DESCRIPCIÓN] (1) en reclamación de cantidad contra la aseguradora [NOMBRE_PARTE_CONTRARIA] con domicilio social en [DESCRIPCIÓN] y número de CIF [NÚMERO], y todo ello con base en los siguientes,

HECHOS

PRIMERO.- Con fecha [FECHA] se suscribió contrato de seguro de accidente entre el cónyuge de mi mandante y la demandada, haciendo constar como parte beneficiaria de la póliza del seguro contratado a la hoy actora.

Se acompaña como **documento n.º** [NÚMERO] copia de la póliza, así como documento n.º [NÚMERO] justificante del pago de la última prima abonada.

Como **documento n.º** [NÚMERO] se adjunta certificado de defunción del tomador.

SEGUNDO.- En la cláusula [NÚMERO] de la póliza suscrita y adjunta, se estableció como cantidad garantizada para el caso de deceso del tomador por accidente, la cuantía de [NÚMERO] euros.

TERCERO.- Fallecido el tomador, como se observa del propio certificado de defunción, en fecha [FECHA], la causa del mismo se constató ser infarto de miocardio [DESCRIPCIÓN], a consecuencia de la actividad laboral que venía realizando correspondiente a [DESCRIPCIÓN] y tal y como se puede observar de lo dispuesto en el informe pericial médico que aportamos como **documento n.º** [NÚMERO].

CUARTO.- Efectuado el pertinente trámite de comunicación a la hoy demandada, a la que se les adjuntó el informe pericial junto con el certificado de defunción emitido por el correspondiente registro civil, la compañía demandada se negó al abono de la cuantía establecida en el contrato de seguro alegando no ser producida la defunción por causa incardinada en lo relatado por el artículo 100 de la Ley de Contrato de Seguro como accidente [DESCRIPCIÓN].

QUINTO.- A la demandada se le ha requerido por vía [DESCRIPCIÓN] a los efectos de que procediese al pago de la cantidad establecida, negándose una y otra vez a efectuar ingreso alguno, visto lo cual no nos ha dejado más opción que proceder judicialmente.

Se acompañan como **documentos n.º** [NÚMERO] a [NÚMERO] copia de las reclamaciones efectuadas, así como las negativas expuestas por la adversa.

A los anteriores hechos les son de aplicación los siguientes,

FUNDAMENTOS DE DERECHO

I.- JURISDICCIÓN Y COMPETENCIA

Corresponde a la jurisdicción civil, con arreglo a lo establecido en los artículos 9, 21 y concordantes de la Ley Orgánica del Poder Judicial, así como en la Ley de Enjuiciamiento Civil (LEC) en sus artículos 36 y concordantes.

Es competente el juzgado al que me dirijo conforme al artículo 52 de la Ley de Enjuiciamiento Civil (LEC) y del artículo 24 de la Ley de Contrato de Seguro (LCS).

II.- CAPACIDAD

Las partes ostentan la capacidad procesal necesaria conforme lo establecido en los artículos 6, 7, 7 bis y siguientes de la Ley de Enjuiciamiento Civil.

III.- LEGITIMACIÓN

El artículo 10 de la LEC legitima a demandante y demandado, al ser el/la beneficiario/a del seguro y la aseguradora del contrato suscrito cuyo cumplimiento se solicita, de conformidad con lo dispuesto, asimismo en la LCS, concretamente, en el artículo primero de la LCS y en el artículo 83 de la LCS al que se remite el párrafo segundo del artículo 100 de la LCS relativo al seguro de accidentes.

IV.- PROCEDIMIENTO

Corresponde la sustanciación del presente procedimiento por los cauces del [DESCRIPCIÓN]. **(1)**

V.- POSTULACIÓN Y DEFENSA

La demanda se presenta por medio de procurador/a legalmente habilitado/a para actuar ante los tribunales de este partido, y bajo la dirección de letrado/a en ejercicio, conforme a lo dispuesto en el artículo 23 de la LEC y en el artículo 31 de la LEC, respectivamente.

VI.- CUANTÍA

Se establece la cuantía del procedimiento en [NÚMERO] euros al ser la cuantía exigible de conformidad con lo estipulado contractualmente.

VII.- FONDO DEL ASUNTO

El seguro de accidentes se regula en los artículos 100 a 104 de la LCS, siendo de aplicación al mismo las disposiciones relativas al seguro de vida de los artículos 83 a 86 de la LCS y del primer párrafo del artículo 87 de la LCS, de conformidad con lo dispuesto en el artículo 100 de la LCS inciso segundo, debiéndose resaltar que el artículo 83 de la LCS en su primer párrafo establece:

> «Por el seguro de vida el asegurador se obliga, mediante el cobro de la prima estipulada y dentro de los límites establecidos en la Ley y en el contrato, a satisfacer al beneficiario un capital, una renta u otras prestaciones convenidas, en el caso de muerte o bien de supervivencia del asegurado, o de ambos eventos conjuntamente».

En cuanto al concepto de accidente el propio artículo 100 de la LCS lo define como «la lesión corporal que deriva de una causa violenta súbita, externa y ajena a la intencionalidad del asegurado, que produzca invalidez temporal o permanente o muerte».

La jurisprudencia ha precisado en relación con ese concepto legal que «(...) para que se produzca el siniestro típico es necesario la confluencia de una cadena o sucesión de hechos con relevancia jurídica, íntimamente conectados entre sí, que la doctrina denomina "desgracia accidental", consistentes en la concurrencia de: (i) un **evento violento, súbito, externo e involuntario** (causa inicial, originadora o eficiente); (ii) que genere una **lesión corporal** (efecto de la causa inicial y causa secundaria del resultado final); (iii) que, a su vez, produzca **invalidez temporal, permanente o la muerte** (resultado final)». En este sentido se pronuncia la **sentencia del Tribunal Supremo n.º 426/2020, de 15 de julio, ECLI:ES:TS:2020:2501.**

Por lo que se refiere a la incardinación del infarto de miocardio en el concepto de accidente a los efectos del seguro de accidentes interesa a esta parte resaltar lo dispuesto por el Alto Tribunal en diferentes casos.

Sentencia del Tribunal Supremo n.º 118/2008, de 21 de febrero, ECLI:ES:TS:2008:2188

> «A) En el seguro de accidentes, a tenor de la jurisprudencia, el infarto puede aparecer expresamente incluido en la póliza como riesgo cubierto (SSTS de 24 de marzo de 1995, 7 de febrero de 2001). Asimismo, puede resultar también expresamente excluido en la póliza. En caso de falta de estipulación expresa, el infarto únicamente puede ser calificado como accidente a efectos del contrato de seguro (art. 100 LCS) si responde a una causa externa, inmediata e independiente de los factores orgánicos (SSTS de 13 de febrero de 1968, 29 de junio de 1968, 23 de febrero de 1978, 20 de junio de 2000, 5 de junio de 2001, 27 de diciembre de 2001, 5 de marzo de 1992, 15 de diciembre de 1992, 14 de noviembre de 2002, rec. 1313/1997, 27 de noviembre de 2003, rec. 327/1998, 7 de junio de 2006).
>
> Doctrinalmente se ha propugnado, en esta línea, una interpretación del artículo 100.1 LCS similar a la seguida por la Sala de lo Social del Tribunal Supremo en relación con los accidentes de trabajo. Nos hallaríamos ante un accidente en los episodios cardiacos o vasculares cuando, además de manifestarse súbitamente, concurran con una causa externa, como puede ser, por ejemplo, una fuerte excitación nerviosa debida a una discusión violenta, el hacer un esfuerzo violento o tener una impresión fuerte, entre otros (SSTS, Sala Cuarta, de 12 de diciembre de 1983, 9 de octubre de 1984, 19 de noviembre de 1985, 25 de marzo de 1986, 2 de febrero de 1987, 4 de marzo de 1988, 20 de marzo de 1990, 27 de junio de 1990, 14 de junio de 1994).
>
> Entre las causas que la jurisprudencia de esta Sala considera como externas puede figurar el estrés laboral (SSTS de 11 de noviembre de 2003, 14 de junio de 1994, 10 de febrero de 2007, 1 de marzo de 2007), la caída de un vehículo (STS de 28 de febrero de 1991), el esfuerzo físico y las tensiones en el trabajo (SSTS de 27 de diciembre de 2001, 27 de febrero de 2003, 24 de marzo de 2006, rec. 3276/1999), el ejercicio físico de especial intensidad en la práctica deportiva (STS 23 de octubre de 1997). En suma, entre las causas externas determinantes del accidente se cuentan los esfuerzos de especial intensidad realizados en la práctica deportiva que causan un infarto, siempre que no se hallen excluidos en la póliza».

Sentencia del Tribunal Supremo n.º 709/2015, de 18 de diciembre, ECLI:ES:TS:2015:5446

> «Es cierto que esta Sala **en ocasiones**, excepcionalmente y **cuando el fallecimiento de la persona se produce por infarto de miocardio lo ha equiparado a "accidente"** a efectos del contrato de seguro, pero para ello ha exigido unos **requisitos** muy concretos, como que **obedezcan a causa externa, inmediata y ajena a factores orgánicos.** En tal sentido la Sentencia de 11 de noviembre de 2003 señaló que, "si bien el infarto de miocardio no está comprendido en los

supuestos del artículo 100 de la Ley de Contrato de Seguro, salvo estipulación, sin embargo, **debe comprenderse dentro del seguro de accidente cuando tenga su génesis en una causa externa**, y a tal efecto se ha tomado en consideración la causa inmediata consistente en **la presión y el estrés consecuencia del aumento del trabajo (Sentencia de 14 de junio de 1994), el esfuerzo físico en el desarrollo del trabajo para el que se hallaba capacitado (Sentencia de 27 de diciembre de 2001) y el esfuerzo y tensiones en el desempeño del trabajo (Sentencia de 27 de febrero de 2003)"**».

Es lo que ha ocurrido en el caso que nos ocupa, toda vez que el cónyuge de mi mandante se encontraba [DESCRIPCIÓN], aspectos estos de fácil comprobación con las testificales que se solicitarán en el momento procesal oportuno, así como en la pericial que se acompaña con la presente.

Asimismo, en cuanto al deber de declaración del riesgo el artículo 10 de la propia LCS **(2)** indica en su primer inciso que:

«El tomador del seguro tienen el deber, antes de la conclusión del contrato, de declarar al asegurador, de acuerdo con el cuestionario que éste le someta, todas las circunstancias por él conocidas que puedan influir en la valoración del riesgo. Quedará exonerado de tal deber si el asegurador no le somete cuestionario o cuando, aun sometiéndoselo, se trate de circunstancias que puedan influir en la valoración del riesgo y que no estén comprendidas en él».

Por tanto, se observa que el tomador ha cumplido lo expuesto legislativamente, no así la compañía aseguradora.

VIII.- COSTAS

Deberán ser impuestas a la adversa para el caso de oponerse, en virtud del artículo 394 de la LEC.

IX.- INTERESES

Deben aplicarse los intereses del **artículo 20 de la LCS** por incurrir en mora la adversa.

Cabe traer a colación la STS n.º 514/2016, de 21 de julio, ECLI:ES:TS:2016:3639, que reza como sigue:

«Si en toda reclamación con fundamento en un seguro de vida se permitiese que esa alegación, luego no probada, se constituyese en causa justificada para verse exonerada la aseguradora del pago de los intereses del artículo 20 LCS, per se y sin algo más que la reforzase, se haría una interpretación no restrictiva y, por ende, contraria al carácter sancionador que se le atribuye a la norma».

X.- *IURA NOVIT CURIA*

En todo lo no invocado resulta de aplicación el principio *iura novit curia*, plasmado en el párrafo segundo del punto primero del artículo 218 de la Ley de Enjuiciamiento Civil, en virtud del cual serán aplicables las demás normas que sean de pertinente, especial o general aplicación, y que el juzgador podrá tener en cuenta de oficio sin necesidad de que hayan sido previamente alegadas o invocadas por alguna de las partes intervinientes.

En atención a todo lo expuesto,

SUPLICO AL JUZGADO:

Que, teniendo por presentado este escrito junto con los documentos que se acompañan y sus copias, los admita, les dé la tramitación legal oportuna, y, previo los trámites de rigor, se dicte resolución por la que **SE CONDENE A LA DEMANDADA A QUE ABONE A MI MANDANTE LA CANTIDAD DE** [NÚMERO] euros más los intereses expuestos del artículo 20 de la LCS, con todo lo demás que sea procedente en derecho.

Con imposición expresa de costas a la contraparte.

Por ser de justicia en [LOCALIDAD] a [FECHA].

Ldo/a. [NOMBRE_LETRADO_CLIENTE] | Proc/a. [NOMBRE_PROCURADOR_CLIENTE]

PRIMER OTROSÍ DIGO: siendo intención de esta parte cumplir con todos los requisitos legales, a tenor de lo previsto en el artículo 231 de la LEC, se solicita se le diere traslado de cualquier defecto que adoleciere la presente demanda, para la inmediata subsanación de la misma.

En su virtud,

SUPLICO AL JUZGADO:

Que tenga por efectuada la anterior manifestación a los efectos oportunos.

Por ser de justicia, fecha y lugar *ut supra*.

Ldo/a. [NOMBRE_LETRADO_CLIENTE] | Proc/a. [NOMBRE_PROCURADOR_CLIENTE]

---

(1) Juicio ordinario si la cuantía excede de 15.000 euros o es imposible de calcular (artículo 249 de la LEC, apartado 2) o juicio verbal si la cuantía no excede de 15.000 euros (artículo 250 de la LEC, apartado 2).

(2) El artículo 10 de la LCS se modifica por el Real Decreto-ley 5/2023, de 28 de junio, en vigor a partir del 30 de junio de 2023, con tal modificación se añade un último párrafo al referido artículo, a través del cual se exime al tomador de un seguro de vida de la obligación de declarar si él o el asegurado han padecido cáncer una vez hayan transcurridos 5 años desde la finalización del tratamiento radical sin recaída posterior:
«El tomador de un seguro sobre la vida no está obligado a declarar si él o el asegurado han padecido cáncer una vez hayan transcurridos cinco años desde la finalización del tratamiento radical sin recaída posterior. Una vez transcurrido el plazo señalado, el asegurador no podrá considerar la existencia de antecedentes oncológicos a efectos de la contratación del seguro, quedando prohibida toda discriminación o restricción a la contratación por este motivo».

Demanda de juicio verbal por incumplimiento de contrato de seguro de defensa jurídica

AL JUZGADO DE PRIMERA INSTANCIA DE
[LOCALIDAD] QUE POR TURNO CORRESPONDA

Don/Doña [NOMBRE_PROCURADOR_CLIENTE] procurador/a de los tribunales, en nombre y representación de **don/doña** [NOMBRE_CLIENTE], tal y como consta acreditado en el poder apud acta que se acompaña con la presente, bajo la dirección letrada de **don/doña** [NOMBRE_ABOGADO_CLIENTE] colegiado/a número [NÚMERO] por el ICA de [LOCALIDAD], ante el juzgado comparezco y, como mejor proceda en derecho,

DIGO

Por medio del presente escrito formulo demanda de **JUICIO VERBAL EN RECLAMACIÓN DE CANTIDAD POR INCUMPLIMIENTO DE CONTRATO (1)**, contra la compañía aseguradora [NOMBRE_EMPRESA], con CIF [NÚMERO] y domicilio en [DOMICILIO], demanda que tiene su fundamento en los siguientes

HECHOS

PRIMERO.- En fecha [FECHA] mi cliente se vio involucrado como víctima en un accidente con su automóvil. Como consecuencia de la colisión que esta parte sufre, nace una obligación a su favor de resarcir la cantidad de [CANTIDAD] euros, en concepto de responsabilidad civil.

– [DESCRIPCIÓN_HECHOS].

Sin embargo, a causa de [ESPECIFICAR] las partes implicadas en el siniestro no llegaron a un acuerdo por lo que tuvieron que resolver sus diferencias ante los tribunales. [ESPECIFICAR_PROCESO].

SEGUNDO.- Mi representado tiene suscrito su contrato de seguro de automóvil con la compañía [NOMBRE]. En las siguientes condiciones [ESPECIFICAR]. Dentro de las coberturas que le ofrece este contrato está la de seguro de asistencia jurídica contenido en la cláusula n.º [NÚMERO] de dicho documento.

Se adjunta como **documento n.º** [NUMERO] copia del contrato.

TERCERO.- Como mencionábamos en el hecho primero, al verse mi mandante sumergido en un procedimiento judicial, la aseguradora se hará cargo de los trámites y gastos en los que incurra este. Ante esta situación la compañía decide asignarle un/una letrado/a y un/una procurador/a sin la previa consulta con el propio afectado, mi cliente.

CUARTO.- Durante el proceso, y a pesar de que don/doña [NOMBRE] entregó toda la documentación que le fue solicitada a través del mediador de seguro, que fue el que intervino en la mediación de este seguro y persona idónea para recibir dicha documentación y trasladarla al letrado o la aseguradora, ha existido una mala tramitación del siniestro. En tal sentido destaca que todos los documentos reclamados no llegaron a la demandada o su letrado, de tal forma que [ESPECIFICAR].

QUINTO.- Dentro de la mala praxis que mencionábamos con anterioridad, tampoco se mandó a la aseguradora contraria burofax o telegrama interrumpiendo la prescripción de la acción por lo que la responsabilidad de dejar pasar el plazo es imputable únicamente al/la letrado/a designado/a por la demandada, sin que ni renunciase a la defensa ni le permitiesen elegir letrado/a propio.

FUNDAMENTOS DE DERECHO

I.- JURISDICCIÓN

Son de aplicación al caso el art. 117 de la CE y el art. 21 de la LOPJ.

Por el art. 9 de la LOPJ, apartado 2, y el art. 36 de la LEC, los tribunales y juzgados del orden civil conocerán de las materias que le son propias, de las que no estén atribuidas a otro orden jurisdiccional, y con la extensión y límites que le son inherentes.

II.- COMPETENCIA

Objetivamente, y según lo dispuesto en el apartado 1 del artículo 85 de la LOPJ y el artículo 45 de la LEC, el conocimiento de este litigio corresponde a los juzgados de primera instancia, sin perjuicio de la aplicación del artículo 48 de la LEC.

Es competente el juzgado al que me dirijo conforme al artículo 52 de la Ley de Enjuiciamiento Civil (LEC), apartado 2, y del artículo 24 de la Ley de Contrato de Seguro (LCS).

III.- PROCEDIMIENTO (1)

De conformidad con lo dispuesto en el artículo 248 de la LEC y en el artículo 250 de la LEC, apartado 2, corresponde dar a la presente demanda la tramitación prevista para el juicio verbal, regulado en el título III del libro II de la LEC (artículos 437 y siguientes), siendo así mismo de aplicación las disposiciones comunes a los procesos declarativos previstas en el título I de dicho libro (artículos 248 y siguientes).

Expresa el actor su voluntad de cumplir los requisitos exigidos por la ley, interesando a tenor de lo establecido en el artículo 231 de la LEC la subsanación de cualquier defecto en el que hubiera podido incurrirse.

IV.- CAPACIDAD Y LEGITIMACIÓN

Ambas partes se encuentran capacitadas y legitimadas activamente la demandante y pasivamente la demandada a tenor de lo dispuesto en los artículos 6, 7, 7 bis y 10 de la LEC.

V.- POSTULACIÓN Y DEFENSA

Se cumplen con las normas procesales de postulación conforme a lo dispuesto en los artículos 23 y 31 de la LEC.

VI.- CUANTÍA

Por exigirlo el apartado 1 del artículo 253 de la LEC, manifestamos que la cuantía de esta demanda, calculada con arreglo a la regla 1.ª del artículo 251 del mismo cuerpo legal, asciende a [CANTIDAD_EN_LETRA] euros ([CANTIDAD] €).

VII.- FONDO DEL ASUNTO

a) El artículo 76 a) de la LCS, dispone que «por el seguro de defensa jurídica, el asegurador se obliga, dentro de los límites establecidos en la ley y en el contrato, a hacerse cargo de los gastos en que pueda incurrir el asegurado como consecuencia de su intervención en un procedimiento administrativo, judicial o arbitral, y a prestarle los servicios de asistencia jurídica judicial y extrajudicial derivados de la cobertura del seguro».

b) Por su parte invocamos también el artículo 76 d) del mismo cuerpo legal que establece que:

> «El asegurado tendrá derecho a elegir libremente el Procurador y Abogado que hayan de representarle y defenderle en cualquier clase de procedimiento.
>
> El asegurado tendrá, asimismo, derecho a la libre elección de Abogado y Procurador en los casos en que se presente conflicto de intereses entre las partes del contrato.
>
> El Abogado y Procurador designados por el asegurado no estarán sujetos, en ningún caso, a las instrucciones del asegurador».

c) La **sentencia del Tribunal Supremo n.º 373/2019, de 27 de junio, ECLI:ES:TS:2019:2173**, señala que:

> «(..) el art. 76 d) de la LCS, que es el que reconoce la libre elección de abogado y procurador en el seguro de defensa jurídica, concede ese derecho de elección al asegurado, pero es necesario acudir a los términos de la póliza para determinar la persona física o jurídica asegurada en cada caso.
>
> (...)
>
> Por tanto, no cabe una interpretación como la que postula la parte recurrida y hace suya la sentencia de apelación, pues incurría en el desconocimiento de la regla de las cláusulas sorprendentes y, más en concreto, de las expectativas razonables del asegurado.
>
> Este, tras la lectura de las personas garantizadas por el contrato, no podría esperar que él pudiese elegir abogado y su cónyuge no, obligándoles a una doble defensa en un supuesto en que ambos son víctimas de un siniestro en el que la responsabilidad civil es de un tercero.
>
> Lo contrario los abocaría a peligros y contradicciones evidentes, cuando entre ellos no existe conflicto de intereses.
>
> Tan es así que la minuta (documento 8 de la demanda) se extiende a nombre de ambos.
>
> En consecuencia, la calificación del contrato de seguro como contrato de adhesión lleva a la sala a aplicar la regla de "interpretatio contra preferentem" (art. 1288 CC), conforme a la cual la interpretación de las condiciones contractuales oscuras predispuestas por el asegurador nunca podrá beneficiar a este y perjudicar al asegurado (STS 20 de diciembre de 2002, entre otras), que sería el caso de autos».

Además de esto y debido a la mala praxis tanto de la aseguradora como del propio abogado designado por esta, se incumplen los artículos 1101 y 1104 del CC.

Será de aplicación también el artículo 1902 del CC que dispone la obligación de reparar el daño causado al que por acción u omisión cause daño a otro.

VII.- COSTAS

Las costas serán impuestas a la parte cuyas pretensiones fueran totalmente desestimadas conforme a lo dispuesto en el artículo 394 de la Ley de Enjuiciamiento Civil.

Por todo ello,

SUPLICO AL JUZGADO:

Que teniendo por presentado este escrito, con sus documentos acompañantes y sus copias, el/la letrado/a de la Administración de Justicia los admita, y tenga por formulada demanda de **JUICIO VERBAL** contra la aseguradora [NOMBRE_EMPRESA] y por el tribunal se sirva dictar en su día sentencia por la que se condene a la demandada, al cumplimiento de sus obligaciones contractuales o en su caso al abono de la cantidad de [CANTIDAD] euros más los intereses legales y los que correspondan desde la firmeza de la sentencia condenándoles, igualmente al pago de todas las costas causadas.

Por ser justicia que se pide en [CIUDAD] a [DIA] de [MES] de [AÑO]

Ldo./Lda. [NOMBRE_LETRADO_CLIENTE] | Proc./a. [NOMBRE_PROCURADOR_CLIENTE]

PRIMER OTROSÍ DIGO: siendo intención de esta parte cumplir con todos los requisitos legales, a tenor de lo previsto en el artículo 231 de la Ley de Enjuiciamiento Civil, se solicita se le diere traslado de cualquier defecto que adoleciere la presente demanda, para la inmediata subsanación de la misma.

SUPLICO AL JUZGADO:

Que tenga por efectuada la anterior manifestación a los efectos oportunos.

Por ser de justicia, fecha y lugar *ut supra*.

Ldo./Lda. [NOMBRE_LETRADO_CLIENTE] | Proc/a. [NOMBRE_PROCURADOR_CLIENTE]

---

(1) Para su tramitación por juicio verbal, no podrá superar la cuantía de 15.000 euros, que establece el artículo 250 de la LEC.

Solicitud de exhibición de contrato de seguro de responsabilidad civil

AL JUZGADO DE PRIMERA INSTANCIA DE [CIUDAD]

Don/Doña [NOMBRE_PROCURADOR] procurador/a de los tribunales, en nombre y representación de **don/doña** [NOMBRE_CLIENTE] cuya representación se acredita por medio de la primera copia de escritura de poder que acompaño, rogando que testimoniada que sea me sea devuelta por ser necesaria para otros usos, ante el juzgado comparezco bajo la dirección técnica letrada de **don/doña** [NOMBRE_ABOGADO] y como mejor proceda en derecho,

DIGO

Se interesa la práctica de **DILIGENCIAS PRELIMINARES** en base a la exhibición de contrato de seguro de responsabilidad civil de don/doña [NOMBRE_CONTRARIA] vecino/a de esta localidad, calle [DOMICILIO_CONTRARIA]

Y ello derivado de los siguientes,

HECHOS

PRIMERO.- Con fecha [FECHA] mi poderdante tuvo un accidente de circulación, en el que el otro vehículo implicado, marca [NOMBRE] modelo [NOMBRE] matrícula [NÚMERO] propiedad y conducido por don/doña [NOMBRE_CONTRARIA] portaba en el día de autos, fotocopia del contrato de seguro que decía tener y sobre el cual se hizo, en su momento, el parte amistoso de accidente.

SEGUNDO.- Como quiera que la citada fotocopia carecía de la claridad necesaria para constatar todos los datos que obraban en la misma, y preservándose esta parte de su derecho de presentar una futura reclamación, por vía civil, ante la insatisfacción de la indemnización solicitada a la compañía aseguradora, interesa le sea exhibido por don/doña [NOMBRE_CONTRARIA] causante de la colisión el contrato de seguro de responsabilidad civil.

TERCERO.- Los anteriores hechos se acreditan debidamente con la presentación de los siguientes, DOCUMENTOS:

– Documento n.º [NÚMERO].

– Documento n.º [NÚMERO].

– Documento n.º [NÚMERO].

A los anteriores hechos le son de aplicación los siguientes,

FUNDAMENTOS DE DERECHO

I.- JURISDICCIÓN Y COMPETENCIA

La competencia para el conocimiento de la presente solicitud corresponde al juzgado de primera instancia al que me dirijo, de conformidad con lo dispuesto en el apartado 1 del artículo 257 de la Ley de Enjuiciamiento Civil, en adelante LEC, por ser el del domicilio [ESPECIFICAR].

II.- CAPACIDAD

Las partes ostentan la capacidad necesaria para ser parte, así como la capacidad procesal a tenor de los artículos 6 y siguientes de la LEC

III.- POSTULACIÓN Y DEFENSA

Se actúa con representación procesal para comparecer en juicio según establece el art. 23 de la Ley de Enjuiciamiento Civil

IV.- CLASE DE DILIGENCIAS PRELIMINARES

Según establece el número 5.º del apartado 1 del artículo 256 de la LEC, para la preparación de todo juicio podrá solicitarse como diligencia preliminar la exhibición del contrato de seguro de responsabilidad civil por quien lo tenga en su poder, a petición de quien se considere perjudicado por un hecho que pudiera estar cubierto por seguro de responsabilidad civil, tal es el caso que nos ocupa [ESPECIFICAR].

V.- OFRECIMIENTO DE CAUCIÓN

A tenor de lo dispuesto en el artículo 256 de la LEC, apartado 3, al pedir las diligencias preliminares el solicitante deberá de ofrecer caución para responder de los gastos, daños y perjuicios que se pudieren causar, en este sentido, se ofrece caución de [CANTIDAD EN LETRA] euros ([CANTIDAD] €)

VI.- NEGATIVA

En caso de negativa a llevar a cabo las diligencias, se invoca la regla segunda del artículo 261 de la LEC, que dispone que:

> «2.ª Si se hubiese solicitado la exhibición de títulos y documentos y el tribunal apreciare que existen indicios suficientes de que pueden hallarse en un lugar determinado, ordenará la entrada y registro de dicho lugar, procediéndose, si se encontraren, a ocupar los documentos y a ponerlos a disposición del solicitante, en la sede del tribunal».

En su virtud,

SUPLICO AL JUZGADO:

Que, teniendo por presentado este escrito con los documentos que a él se acompañan se sirva admitirlo; se me tenga por comparecido y parte en la representación procesal que ostento de don/doña [NOMBRE CLIENTE], entendiéndose conmigo las sucesivas actuaciones en el modo y forma previsto en la ley; accediendo a la petición, previa constitución por esta parte de caución que se ofrece, de la práctica de diligencias preliminares de exhibición del contrato de seguro de responsabilidad civil de don/doña [NOMBRE], y posterior testimonio del mismo, con todo lo demás que sea procedente en derecho.

Por ser de justicia en [LUGAR] a [FECHA]

Ldo/a. [NOMBRE_LETRADO_CLIENTE] | Proc/a. [NOMBRE_PROCURADOR_
CLIENTE]

Demanda de responsabilidad contractual por incumplimiento de contrato de seguro contra daños. Accidente en vivienda

AL JUZGADO DE PRIMERA INSTANCIA DE [LOCALIDAD]
QUE POR TURNO DE REPARTO CORRESPONDA

Don/Doña [NOMBRE_PROCURADOR_CLIENTE], procurador/a de los tribunales y de **don/doña** [NOMBRE_CLIENTE], tal y como se desprende de la copia de poder que adjunta se acompaña como **documento n.º** [NÚMERO] asistido del/de la letrado/a **don/doña** [NOMBRE_ABOGADO_CLIENTE], colegiado/a n.º [NÚMERO] del Ilustre Colegio de Abogados de [LOCALIDAD], ante el juzgado comparezco y, como mejor proceda en derecho, respetuosamente,

DIGO

En la invocada representación y por medio del presente escrito, al amparo de lo establecido en el artículo 1101 del CC, interpongo DEMANDA DE JUICIO ORDINARIO (1) en ejercicio de acción de cumplimiento contractual y reclamación de cantidad frente a [NOMBRE_PARTE_CONTRARIA], con NIF [NÚMERO] y domicilio social [DOMICILIO], con base en los siguientes hechos y fundamentos de derecho.

HECHOS

PRIMERO.- Sobre el contrato de seguro suscrito entre las partes.

Con fecha [FECHA], mi cliente suscribió contrato de seguro del hogar con la entidad aseguradora [NOMBRE_PARTE_CONTRARIA], cuyo número de póliza es [NÚMERO].

Se adjunta, como **documento n.º** [NÚMERO], copia de la póliza a la que se hace referencia.

Nótese que dicha póliza recoge, en su página [NÚMERO], como asegurado, el siguiente riesgo:

– [ESPECIFICAR].

SEGUNDO.- Sobre el accidente en la vivienda de mi mandante.

Con fecha [FECHA] la vivienda de mi representado sufrió un accidente, concretamente [ESPECIFICAR].

Se adjuntan fotografías del lugar siniestrado como **documento n.º** [NÚMERO].

De lo anterior se infiere que en el accidente no medió causa o actitud alguna de mi mandante, el asegurado, susceptible de encuadrarse en las **EXCLUSIONES** generales del contrato de seguro suscrito. En este sentido, interesa destacar el contenido de la página [NÚMERO] de la póliza que ha quedado adjunta como **documento n.º** [NÚMERO].

La magnitud del siniestro obligó al desalojo de la vivienda, que fue inspeccionada por el perito don/doña [NOMBRE] a solicitud de esta parte. Tras su visita, don/doña [NOMBRE] elaboró el pertinente informe pericial que se acompaña a la presente demanda como **documento n.º** [NÚMERO].

TERCERO.- Sobre el perjuicio patrimonial.

Escasos días después de la fecha del siniestro, dentro del plazo legal establecido de 7 días, mi principal puso en conocimiento de la aseguradora y del tomador del seguro el acaecimiento del siniestro, ofreciendo a la entidad aseguradora que enviara un perito para que valorase el siniestro producido.

Se acompaña, como **documento n.º** [NÚMERO], copia de la comunicación inicial realizada de fecha [FECHA].

La compañía demandada, tras el examen de la vivienda por su propio perito, con fecha [FECHA] contesta a la anterior comunicación denegando el pago de cantidad alguna alegando la falta de cobertura del siniestro producido.

Se adjunta esta contestación como **documento n.º** [NÚMERO].

Pues bien, al día de la fecha, es decir, habiendo transcurrido más de [NÚMERO] semanas desde el accidente, mi mandante sigue sin vivir en la que es su vivienda habitual, toda vez que la misma se encuentra en condiciones de inhabitabilidad, tal y como ha quedado acreditado en el informe pericial aportado como **documento n.º** [NÚMERO].

Efectivamente, el citado informe establece que se han producido los siguientes daños:

– [DESCRIPCIÓN].

Parece evidente, entonces, que habitar la citada vivienda es imposible mientras no se reparen los daños existentes, de los que se ha realizado un presupuesto de reparación que asciende a la cantidad de [CANTIDAD] euros, que se adjunta como **documento n.º** [NÚMERO], y que la aseguradora se niega a pagar toda vez que, como se ha indicado, alega falta de cobertura del siniestro.

Además, mi mandante está pagando un alquiler en la otra vivienda que está habitando, tal y como se acredita con el contrato de arrendamiento suscrito que se aporta como **documento n.º** [NÚMERO], que asciende a la cantidad mensual de [IMPORTE] euros, lo que significa que, desde el siniestro, ha sufragado la cantidad nada despreciable de [NÚMERO] euros.

CUARTO.- Sobre la reclamación previa a la demanda para llegar a un acuerdo extrajudicial.

Con carácter previo a la interposición de esta demanda, mi mandante ha intentado alcanzar una solución amistosa al conflicto planteado.

Efectivamente, tras comunicar la existencia del siniestro y acompañar al perito en su visita al inmueble, a pesar de la negativa de la aseguradora, mi mandante remitió la reclamación que se adjunta como **documento n.º** [NÚMERO].

Lamentablemente, de nuevo, la demandada se opuso a hacerse cargo de la reparación del siniestro lo que ha conllevado la presentación de la demanda que nos ocupa.

Se adjunta, como **documento n.º** [NÚMERO], copia de la respuesta de la demandada.

A los anteriores hechos le resultan de aplicación los siguientes,

FUNDAMENTOS DE DERECHO

I.- COMPETENCIA

La competencia objetiva por razón de la materia le corresponde, en virtud de lo dispuesto en el artículo 45 de la LEC y en el artículo 85 de la LOPJ, a los juzgados de primera instancia.

La competencia territorial le viene dada al juzgado al que se dirige esta demanda, según dispone el artículo 52 de la LEC, apartado 2, y el artículo 24 de la LCS. En este sentido, interesa traer a colación el **ATS, rec. 109/2022, de 10 de mayo, ECLI:ES:TS:2022:7035A**, según el cual:

«Según el art. 54.1 LEC, uno de los fueros especiales de carácter imperativo es el recogido en el apartado 2 del art. 52 LEC, que establece lo siguiente:

"[...]Cuando las normas del apartado anterior no fueren de aplicación a los litigios en materia de seguros, ventas a plazos de bienes muebles corporales y contratos destinados a su financiación, así como en materia de contratos de prestación de servicios o relativos a bienes muebles cuya celebración hubiera sido precedida de oferta pública, será competente el tribunal del domicilio del asegurado, comprador o prestatario o el del domicilio de quien hubiere aceptado la oferta, respectivamente, o el que corresponda conforme a las normas de los artículos 50 y 51, a elección del demandante[...]".

Asimismo, en Auto del Tribunal Supremo de 19 de octubre de 2021 (conflicto nº 229/2021) se ha señalado que:

"[...] esta sala viene sosteniendo desde el auto de 25 de mayo de 2004 (rec. 10/2004):

"[...] Al tratarse de reclamación de asegurado contra la Aseguradora, por razón del contrato de seguro suscrito, rige de modo imperativo e inevitable el fuero especial que establece el artículo 24 de la Ley de Contrato de Seguro de 8 de octubre de 1980, al decretar que el Juez competente para el conocimiento de las acciones derivadas del contrato de seguro es el correspondiente al domicilio del asegurado, siendo nulo cualquier pacto en contra. Este precepto es una excepción a la normativa general sobre competencia territorial que fija la vigente Ley de Enjuiciamiento Civil en sus artículos 50 y 51, al decretar como fuero general el domicilio del demandado[...]".

Este mismo Auto añade:

"De conformidad con el Ministerio Fiscal y en atención al objeto de la demanda, procede que el juzgado de Primera Instancia n.º 2 de El Vendrell se inhibió indebidamente, al quedar acreditado que el domicilio del asegurado se encuentra en la localidad de Hospitalet de Llobregat, fuero aplicable en atención a lo establecido en el artículo 24 de la LCS, de modo que la competencia corresponde a los juzgados de Hospitalet de Llobregat. Puesto que el conflicto se ha planteado entre un juzgado de El Vendrell y un juzgado de Colmenar Viejo, esta sala no puede declarar competente a un tercer juzgado no partícipe en el conflicto (AATS de 2 de abril de 2019, conflicto 35/19, de 8 de octubre de 2019, conflicto 168/19 y de 21 de mayo de 2019, conflicto 65/19, entre otros muchos). De manera que, si bien el juzgado de El Vendrell carece de competencia, este se inhibió indebidamente a favor de los juzgados de Colmenar Viejo, por las circunstancias expuestas. En consecuencia, lo procedente es devolver las actuaciones al juzgado de El Vendrell para que, en su caso, se inhiba correctamente"»

II.- LEGITIMACIÓN

Se encuentra legitimado activamente mi representado, en su doble condición de asegurado (artículo 7 de la LCS) y de acreedor frente a un incumplimiento contractual de la aseguradora (artículos 1157 y siguientes del CC).

Se encuentra legitimada pasivamente la compañía demandada en su condición de aseguradora y deudora de la obligación contractual no realizada o satisfecha.

En todos ellos se da, por tanto, la condición de parte procesal legítima a que alude el artículo 10 de la LEC, en cuanto comparecen y actúan en juicio como titulares de la relación jurídica u objeto litigioso.

III.- REPRESENTACIÓN PROCESAL Y DEFENSA TÉCNICA

Esta parte interviene con procurador (artículo 23.1 de la LEC) y letrado (artículo 31.1 de la LEC) debidamente habilitados por sus respectivos colegios profesionales.

IV.- CUANTÍA DEL PROCEDIMIENTO

La cuantía del presente procedimiento viene determinada por lo establecido en la regla 1.ª del artículo 251 de la LEC, conforme al interés económico de la demanda (que resulta de sumar el importe del presupuesto de reparación más los arrendamientos abonados hasta la fecha), y se expresa en la cantidad de [CANTIDAD] euros.

V.- INTERESES

En relación con los intereses, es de aplicación lo dispuesto en el artículo 20 de la LCS.

VI.- PROCEDIMIENTO

De acuerdo con lo establecido en el artículo 249 de la LEC, apartado 2, las demandas cuya cuantía exceda de quince mil euros se tramitarán por los cauces del juicio ordinario. (1)

VII.- FONDO DEL ASUNTO

Son de aplicación, entre otros, los artículos 1, 2, 18 y 20 de la LCS.

Asimismo, según lo establecido en el artículo 220 de la LEC, apartado 1, la cantidad reclamada habrá de incrementarse, al menos, con los arrendamientos que se sigan abonando por mi mandante mientras no pueda volver a residir en su vivienda habitual.

Por último, interesa traer a colación distinta jurisprudencia que puede resultar de utilidad a los efectos que nos ocupan:

Sobre responsabilidad por hecho ajeno, **sentencia dictada por la Audiencia Provincial de Murcia n.º 349/2021, de 9 de diciembre, ECLI:ES:APMU:2021:3082:**

> «7.- En efecto, estamos dentro del ámbito de la responsabilidad civil extracontractual derivada de la producción de un incendio, en virtud de la cual se responsabiliza al propietario de la vivienda en la que se produce el incendio por los daños sufridos por terceros como consecuencia de las llamas o el humo producidos por aquel. Es indiscutible que en estos casos no nos movemos en el marco del artículo 1902 CC, salvo como marco de referencia, sino en el más concreto del artículo 1903 CC, responsabilidad por hecho ajeno, en relación con lo previsto en los artículos 1908 y 1910 CC. El matiz es importante dado que, como consecuencia de este marco jurídico específico, la jurisprudencia ha articulado una responsabilidad cuasi objetiva, en el que aparece muy limitado el principio de culpa en el que se ha basado la sentencia apelada.
>
> 8.- La jurisprudencia, en tal sentido, es constante. Así, la STS 425/2009, de 4 de junio, señala que "En los casos de incendio, la jurisprudencia salva las dificultades de prueba de su causa, basando la imputación objetiva en la generación de un peligro jurídicamente desaprobado y en el control que se ejerce sobre las cosas que lo generan. De modo que admite un grado de razonable probabilidad cualificada, distinta de la certeza absoluta, en la reconstrucción procesal de la relación causal —sentencias de 30 de noviembre de 2.001; 29 de abril de 2.002; 15 de febrero 2008—. La sentencia de 20 de mayo de 2.005, siguiendo la doctrina sentada en las que cita, precisa que, cuando se produce un incendio en un inmueble, al perjudicado le corresponde probar la realidad del mismo y que se produjo en el ámbito de operatividad del demandado, mientras que a quien tuvo la disponibilidad —contacto, control o vigilancia— de la cosa

en que se originó el incendio le corresponde acreditar la existencia de la actuación intencionada de terceros o de serios y fundados indicios de que la causa hubiera podido provenir de agentes exteriores". Asimismo debe partirse que, como viene declarando la jurisprudencia del TS, no todo incendio es por caso fortuito y que no basta para llegar a tal conclusión que el siniestro se hubiera producido por causas desconocidas (SSTS, entre otras, de 9 de noviembre de 1993, 29 de enero de 1996, 13 de junio de 1998, 11 de febrero de 2000, 12 de febrero de 2001), de modo que generado un incendio dentro del ámbito de control de poseedor de la cosa -propietario o quien está en contacto con ella- hay que presumir que le es imputable, salvo que pruebe que obró con toda la diligencia exigible para evitar la producción del evento dañoso (SSTS 4 de marzo, 2 de junio y 23 de noviembre de 2004, y 20 de mayo de 2005).

9.- En atención a esta consolidada y uniforme doctrina jurisprudencial, no cabe exigir al actor que demuestre que la causa del mismo es imputable al demandado, sino que, acreditado que se produjo en un ámbito sometido al control y vigilancia de éste y ajeno al perjudicado, es el demandado quien debe demostrar los hechos o circunstancias que le liberen de responsabilidad, en atención a sus deberes de vigilancia y control, en lo que se ha denominado como su "posición de garante", tal como señala la STS 503/17, de 15 de septiembre:" Precisamente ese ámbito de control y de vigilancia —en definitiva lo que la jurisprudencia ha calificado como 'posición de garante'— es lo que determina la responsabilidad de los titulares de la vivienda desde la cual se propagó el fuego. Se trata de una responsabilidad de rigurosa exigencia al modo previsto en el mismo sentido por el artículo 1910 CC, en tanto establece que "el cabeza de familia que habita una casa o parte de ella, es responsable de los daños causados por las cosas que se arrojaren o cayeren de la misma". Desde esta perspectiva, carece de sentido la negación de imputabilidad objetiva de las consecuencias dañosas del suceso a los demandados —hoy recurrentes— pese a los notables esfuerzos argumentativos que se aprecian en la formulación del motivo al recorrer los distintos criterios jurisprudenciales de adecuación, confianza e incremento del riesgo, con cita de una doctrina que no resulta de aplicación al caso presente. Es precisamente la posición de garante (entre otras, STS 1ª núm. 805/2002, de 22 julio), que deriva del propio disfrute del bien en orden a asumir la responsabilidad por los daños que del mismo y de su utilización puedan derivar para terceros, la que justifica la atribución de dicha responsabilidad a los titulares"».

Sobre seguro de robo, **sentencia dictada por la Audiencia Provincial de Madrid n.º 120/2021, de 12 de abril, ECLI:ES:APM:2021:4021:**

«A tales efectos, como se deriva del artículo 1 de la Ley Contrato de Seguro, para que se produzca la obligación de la aseguradora se deberá de producir "... el evento cuyo riesgo es objeto de cobertura a indemnizar...", y en el seguro de robo (que es lo alegado en la demanda), como se deriva del artículo 50 de la misma Ley "Por el seguro contra robo, el asegurador se obliga, dentro de los límites establecidos en la Ley y en el contrato, a indemnizar los daños derivados de la sustracción ilegítima por parte de terceros de las cosas aseguradas" y, a su vez, se debe tener en cuenta que en el contrato de seguros en general, y en concreto en el seguro de daños (entre los que se encuentra el seguro de robo), cobra especial relevancia la existencia de buena fe (artículo 7 CC).

A su vez, se debe tener en cuenta que es al demandante a quien corresponde acreditar que se ha producido el riesgo asegurado, a los efectos del artículo 217.2 LEC y, a su vez, conforme al principio de disponibilidad y facilidad probatoria (apartado 7 del precitado precepto), como se recoge en las sentencias de esta Sección 14ª de 27 de mayo de 2010, recurso 87/2010 y 27 de abril de 2015 recurso 37/2015.

(...)

A tales efectos, podemos traer a colación la Sentencia de esta Audiencia Provincial de Madrid Sección 21.ª de 28 de noviembre de 2014 recurso 484/2013 "Así mismo, debemos recordar el principio consagrado en el artículo 26 de la Ley 50/1980, de 8 de octubre, de Contrato de Seguro, para toda clase de seguros contra daños (entre lo que está el de robo), por el que, a través del seguro, se pretende única y exclusivamente la "indemnización efectiva del daño" quedando proscrita la obtención, por el asegurado, de un enriquecimiento por encima del puntual resarcimiento del daño. A lo que debe añadirse el carácter del contrato de seguro como de máxima buena fe, encontrándose el asegurador en manos del asegurado respecto de lo que este le manifiesta y le relata. De ahí, que ante la comunicación del acaecimiento del siniestro, no pueda el asegurador hacer otra cosa que poner en marcha el mecanismo necesario para indemnizar, lo antes posible, a su asegurado del daño producido, confiado en la buena fe de que, lo relatado por su asegurado, es cierto y veraz. Pero, en el momento en que quiebra esa buena fe surgiendo la duda seria y razonable de que el asegurado está faltando a la verdad, el asegurador no solo puede sino que debe negarse al pago de la indemnización. En el presente caso se acreditan un cúmulo de circunstancias que no permiten la estimación de la demanda", de igual modo la Sentencia de la misma Sección 21.ª 25 de septiembre de 2012 recurso 38/2011».

Sobre el caso fortuito y la diligencia, la **STS n.° 503/2017, de 15 de septiembre, ECLI:ES:TS:2017:3248**:

«El segundo motivo denuncia la infracción del artículo 1105 CC y de la jurisprudencia, en tanto que la sentencia recurrida descarta la aplicación de caso fortuito al exigir una diligencia superior a la media en la previsión del daño. Refiere la parte recurrente que la sentencia impugnada, en su fundamento de derecho segundo (páginas 7 y 8), afirma que el hecho de que se reiniciara la combustión del colchón en que dormía el hijo de los demandados "no puede constituir un suceso imprevisible, o que, previsto, fuera inevitable". En concreto dice la sentencia:

"aun cuando es habitual tener un flexo para leer en la habitación, lo que no puede ignorarse que constituye un elemento de riesgo el quedarse dormido sin antes apagar el flexo ante posibles caídas, como desgraciadamente ocurrió en el caso que nos ocupa. Y aun cuando advertida por el usuario la ignición del colchón procedió a inundarlo con abundante agua, tras comprobar que se había hecho un pequeño agujero del que salía humo, marchando a continuación a la habitación de la hermana para proseguir durmiendo, no puede en modo alguno calificarse la conducta desplegada como constitutiva de caso fortuito. El control y la vigilancia que competía al miembro de la familia cerciorándose de un modo cabal, completo y absoluto de que la ignición no se reproduciría o avivaría también, no puede en modo alguno constituir un suceso imprevisible o que previsto no fuese inevitable (art. 1105 CC)".

La consideración que hace la parte recurrente acerca de que dicha afirmación contradice la jurisprudencia de esta sala sobre el "caso fortuito" no puede ser aceptada, ya que las sentencias que cita se refieren a supuestos bien distintos al ahora examinado, el cual resulta especialmente opuesto a la situación característica del "caso fortuito" ya que existió un incidente previo consistente en que el colchón ardió y, en tal circunstancia, la diligencia a aplicar debió ser aún mayor en orden a mantener una vigilancia que pudiera hacer frente a lo que debió preverse como posible y que efectivamente se materializó ya que el fuego no había sido definitivamente sofocado. Desde luego, si el hecho se hubiera previsto habría sido evitable y si no se previó fue por exceso de confianza o falta de diligencia por parte del agente».

VIII- COSTAS.

Las costas deberán imponerse al demandado por imperativo del artículo 394 de la LEC, al estimarse la presente demanda.

En virtud de lo anteriormente expuesto,

SUPLICO AL JUZGADO:

Que, teniendo por presentado este escrito junto con los documentos que lo acompañan y sus copias, se sirva admitirlo, tenga por formulada demanda por responsabilidad contractual frente a [NOMBRE_ASEGURADORA] en reclamación de cantidad, y, tras los trámites legales oportunos, dicte en su día sentencia por la que se condene a la demandada a indemnizar a don/doña [NOMBRE_CLIENTE] en la cantidad de [CANTIDAD] euros, más las cantidades que correspondan por arrendamientos futuros e intereses del artículo 20 de la LCS, en cumplimiento del contrato de seguro suscrito por haber acontecido el riesgo asegurado, con expresa imposición de costas.

Es justicia que pido en [LOCALIDAD], a [FECHA].

Ldo/a. [NOMBRE_LETRADO_CLIENTE] | Proc/a. [NOMBRE_PROCURADOR_CLIENTE]

PRIMER OTROSÍ DIGO: es intención de esta parte cumplir con todos los requisitos legales por lo que, a tenor de lo previsto en el artículo 231 de la LEC, se solicita el traslado de cualquier defecto de que adolezca la presente demanda, para su inmediata subsanación. En consecuencia,

SUPLICO AL JUZGADO:

Que tenga por efectuada la anterior manifestación a los efectos oportunos.

Es justicia que pido en lugar y fecha *ut supra*.

Ldo/a. [NOMBRE_LETRADO_CLIENTE] | Proc/a. [NOMBRE_PROCURADOR_CLIENTE]

SEGUNDO OTROSÍ DIGO: al amparo de lo establecido en el apartado 1 del artículo 336 de la LEC, esta parte acompaña el informe pericial realizado por el/la perito don/doña [NOMBRE], a fin de que constituya prueba de esta naturaleza, sin perjuicio de su comparecencia en el acto de juicio, para su ratificación y para ser sometido al turno de aclaraciones que las partes litigantes pudieran interesar en aquel momento procesal.

SUPLICO AL JUZGADO:

Que tenga por hechas las anteriores manifestaciones a los efectos oportunos.

Es justicia que pido en lugar y fecha *ut supra*.

Ldo/a. [NOMBRE_LETRADO_CLIENTE] | Proc/a. [NOMBRE_PROCURADOR_CLIENTE]

---

(1) El RD-ley 6/2023, de 19 de diciembre, modifica el artículo 249 de la LEC y el artículo 250 de la LEC, con entrada en vigor el 20/03/2024 de modo que se acudirá al juicio ordinario cuando la cuantía del procedimiento exceda de 15.000 euros y al juicio verbal cuando no exceda de esta cantidad.

Demanda de nulidad de condiciones generales en contrato de seguro

AL JUZGADO DE PRIMERA INSTANCIA DE [LUGAR]

Don/Doña [NOMBRE PROCURADOR/A CLIENTE], procurador/a de los tribunales, actuando en nombre y representación de **don/doña** [NOMBRE CLIENTE], NIF n.º [DNI], con domicilio en [DOMICILIO]. Asistido en el presente proceso por el/la letrado/a **don/doña** [NOMBRE ABOGADO/A CLIENTE], colegiado/a número [NÚMERO] del ilustre Colegio de Abogados de [LOCALIDAD], y representado por el/la procurador/a que suscribe, en virtud de poder *apud acta* que acompaño al presente escrito como documento n.º [NÚMERO], ante el juzgado comparezco y, como mejor proceda en derecho, respetuosamente,

DIGO

Por medio del presente escrito y en la representación enunciada FORMULO DEMANDA DE JUICIO VERBAL (1) DE NULIDAD DE CONDICIONES GENERALES DE LA CONTRATACIÓN, de conformidad con los arts. 399 y siguientes Ley de Enjuiciamiento Civil, contra [NOMBRE_EMPRESA], S.A. con domicilio en [DOMICILIO], provisto de CIF número [NÚMERO].

Todo ello en virtud de los fundamentos de derecho que se dirán y conforme a los siguientes,

HECHOS

PRIMERO.- Con la aseguradora demandada en este procedimiento, el demandante suscribió un contrato de seguro [ESPECIFICAR] en fecha [FECHA].

El coste del referido seguro ascendía a [CANTIDAD] euros, cantidad que mi mandante pagó íntegramente.

Adjuntamos a la presente justificante de pago como **documento n.º** [NÚMERO].

SEGUNDO.- En la póliza de seguro firmada por mi mandante y la entidad aseguradora, se insertó una cláusula con el tenor literal siguiente:

– [DESCRIPCIÓN].

Adjuntamos como **documento n.º** [NÚMERO] copia de las condiciones generales y específicas de la póliza de seguro suscrita por mi mandante con la compañía aseguradora.

La cláusula trascrita es nula de pleno derecho de conformidad con las previsiones del art. 3 de la LCS y art. 8 de la Ley de las Condiciones Generales de las Contratación (LCGC).

A los anteriores hechos le son de aplicación los siguientes:

FUNDAMENTOS DE DERECHO

I.- JURISDICCIÓN Y COMPETENCIA

En cuanto a la jurisdicción, corresponde el conocimiento del pleito a los órganos jurisdiccionales ordinarios españoles, de conformidad con lo dispuesto en los artículos 117.3 de la Constitución Española; 2, 9.2 y 21.1 de la Ley Orgánica del Poder Judicial (en adelante, LOPJ) y en los artículos 5 y 36 de la Ley de Enjuiciamiento Civil.

El Art. 52.1.14.º de la LEC entiende competente para los procesos en los que se ejerciten acciones para que se declare la nulidad de las cláusulas de condiciones generales de la contratación será competente el tribunal del domicilio del demandante.

II.- CAPACIDAD Y LEGITIMACIÓN

Disponen ambas partes de la capacidad necesaria de conformidad con los artículos 6.1.1.º y 6.1.3.º de la LEC.

Capacidad para ser parte y legitimación activa, de conformidad con el art. 11 de la LEC.

III.- POSTULACIÓN Y DEFENSA

Esta parte comparece representada de procurador/a y asistida de letrado/a de conformidad con los artículos 23 de la LEC, apartado 1 y 31 de la LEC, apartado 1.

IV.- PROCEDIMIENTO

Según el art. 250 de la LEC, apartado 1.14.º, se tramitarán por el juicio verbal las demandas en que se ejerciten acciones relativas a condiciones generales de la contratación (1).

V.- FONDO DEL ASUNTO

La cláusula contractual frente a cuya utilización por la aseguradora demandada se ejercita esta acción es nula de pleno derecho, en atención a su carácter abusivo/lesivo para los derechos de los asegurados.

En este punto, es aplicable lo preceptuado en el art. 3 de la LCS y en los arts. 5 y ss. LCGC, que se refiere tanto al control formal sobre la inclusión y la transparencia de las condiciones de los seguros como al control material o de contenido:

> «Las condiciones generales que en ningún caso podrán tener carácter lesivo para los asegurados, habrán de incluirse por el asegurador en la proposición de seguro si la hubiere y necesariamente en la póliza de contrato o en un documento complementario, que se suscribirá por el asegurado y al que se entregará copia del mismo. Las condiciones generales y particulares se redactarán de forma clara y precisa. Se destacarán de modo especial las cláusulas limitativas de los derechos de los asegurados, que deberán ser específicamente aceptadas por escrito».

En la **sentencia dictada por la Audiencia Provincial de Sevilla n.º 314/2012, de 15 de junio, ECLI:ES:APSE:2012:2580,** se establece respecto a las cláusulas limitativas de derechos:

> «Cualquier concreción, delimitación de dicho concepto se incardinaría en el concepto de cláusula limitativa, ya que se trata de restringir el derecho del asegurado. Qué las definiciones contenidas en la cláusula 5.1 no se les denomine por la aseguradora, que es quien la redactó, como limitativa, sino como delimitadora del riesgo, no es óbice para que se le encuadre en aquella condición, ya que descaradamente limitan y restringen el concepto contenido en las condiciones particulares, es decir, el de invalidez, que hemos de entender en su acepción más amplia y genérica, referido a toda limitación física o mental que afecte a las actividades del asegurado, con independencia de su grado de limitación, ya que no se le añade ningún adjetivo, cuya función, como es sabido, es limitar o completar su significado.

Qué en las condiciones particulares se afirme que el asegurado conoce y acepta las condiciones generales, folio 32 de los autos, y que conoce la cláusula tercera y la cláusula 5.2, no es suficiente para entender que está excluida la invalidez permanente total del seguro concertado, porque la cláusula 5.1 no cumple los requisitos del artículo 3 de la Ley de Contrato de Seguros, que exige imperativamente que estas cláusulas limitativas se destaquen de modo especial y sean específicamente aceptadas por escrito. Ni aparece destacada dicha cláusula, curiosamente solo se destaca lo referido al periodo de carencia del seguro, ni específicamente se ha aceptado.

Además, no se han firmado las condiciones generales, cuestión que no puede reprocharse al asegurado, sino únicamente imputable a la aseguradora, que bien debió exigir que se firmara en sus instalaciones o, en caso de que se le hubiera remitido al domicilio del asegurado, exigir la oportuna devolución o, de no realizarse, haberle requerido oportunamente. Item más, puede considerarse que la redacción sea clara y precisa, dada la evidente contradicción que existe en la citada cláusula quinta, ya que parece dar a entender que es objeto de cobertura toda invalidez permanente absoluta, que es aquella que impide toda actividad laboral, pero es muy distinta de la gran invalidez, que es a la que se refiere en los apartados siguiente de modo explícito, y que supone la dependencia respecto de otra persona, para realizar las tareas normales de la persona, desde luego con diferentes grados de dependencia según las lesiones que presente.

En resumen, se parte de incluir toda disminución física, —condiciones particulare—, se reduce a aquella que afecta a toda actividad laboral, —cláusula tercera de las condiciones generales—, y se concreta en aquella que exige depender de una tercera persona para las tareas más elementales del ser humano, —cláusula 5.1 de las condiciones generales—.

Al no cumplirse los citados requisitos establecidos por el artículo 3 de la Ley de Contrato de Seguros respecto de las cláusulas limitativas, han de entenderse como no puesta, de modo que no procede acoger la pretensión de la aseguradora».

La **sentencia n.º 1321/2023, de 27 de septiembre, ECLI:ES:TS:2023:3993**, reza el tenor literal siguiente:

«La contratación en masa explica la utilización de las condiciones generales de contratación cuidadosamente redactadas por parte de las compañías de seguro. La celeridad exigible en el tráfico jurídico legitima la utilización de dicha técnica contractual, aunque suponga pagar el peaje de la restricción que implica al principio de la libre autonomía de la voluntad de los contratantes proclamado por el art. 1255 del CC. El escenario descrito genera una situación disímil, en tanto en cuanto supone que una gran compañía impone sus condiciones contractuales a un asegurado cuyo ámbito de actuación se limita a aceptarlas o rechazarlas.

Esta asimetría convencional determina la necesidad de establecer resortes para garantizar el justo equilibrio en los derechos y obligaciones de las partes contratantes.

Bajo las connotaciones expuestas resulta justificado que se imponga a las compañías de seguros un deber de transparencia, que debe ser escrupulosamente observado, con la intención de que los asegurados tomen constancia efectiva de cuáles son los riesgos objeto de cobertura y en qué concretos términos son cubiertos, todo ello con la finalidad de que no se vean sorprendidos por cláusulas limitativas o lesivas para sus intereses.

Tan elemental exigencia de la contratación requiere de las aseguradoras un comportamiento leal en la redacción clara y precisa de sus condiciones contractuales particulares y generales, así como que las condiciones calificables como limitativas gocen de la garantía de hallarse debidamente destacadas en las pólizas, así como específicamente amparadas por las firmas de los tomadores, como manifestación de su conocimiento y aceptación.

Las precitadas exigencias legales van encaminadas a garantizar que los asegurados tengan plena constancia de las obligaciones que frente a ellos asumen las compañías, que no pueden quedar indefinidas en el limbo de la incertidumbre (oscuridad, ambigüedad de las cláusulas), o desconocidas para el tomador del seguro, de manera que se vea sorprendido, cuando pretenda exigir la cobertura del siniestro, por mor de una cláusula que le impide, cercena o limita el acceso a la prestación de la compañía.

En definitiva, si conforme al art. 1 de la ley reguladora del contrato de seguro 50/1980, de 8 de octubre, dicho contrato es aquel por el que "el asegurador se obliga, mediante el cobro de una prima y para el caso de que se produzca el evento cuyo riesgo es objeto de cobertura a indemnizar, dentro de los límites pactados, el daño producido al asegurado o a satisfacer un capital, una renta u otras prestaciones convenidas", no ha de ofrecer duda que el tomador del seguro debe tener constancia real y efectiva, no sólo del riesgo constituido en verdadera alma y nervio del contrato, sino de los límites en los que opera la cobertura de la compañía aseguradora, en tanto en cuanto que, si la finalidad del seguro es diluir, neutralizar o anular el riesgo, el asegurado ha de conocer, desde el primer momento, al suscribir el contrato, el marco en que opera la prestación de la compañía aseguradora en el supuesto de la realización del siniestro».

VI.- COSTAS

Se condene al pago de las costas a la parte demandada, en virtud del artículo 394 de la LEC.

En virtud de todo lo expuesto,

SUPLICO AL JUZGADO:

Que, admitida esta demanda y previos los trámites procesales oportunos, dicte sentencia estimatoria de la misma y en virtud de la cual, declare la **NULIDAD DE LA CLÁUSULA** objeto de esta litis, y aclare la eficacia del contrato de acuerdo con lo preceptuado en los arts. 3 de la LCS y 9 y 10 de la LCGC.

Asimismo, se solicita expresamente la condena al pago de las costas procesales, de acuerdo con el artículo 394 de la LEC, derivadas de la tramitación de este procedimiento al demandado y que se acuerde la publicación íntegra de la sentencia.

Por ser de justicia en [LUGAR] a [FECHA]

Ldo/a. [NOMBRE LETRADO/A CLIENTE] | Proc/a. [NOMBRE_PROCURADOR_CLIENTE]

---

(1) Por la reforma operada por el RD-ley 6/2023, de 19 de diciembre, con entrada en vigor el 20/03/2024, las demandas en que se ejerciten acciones individuales relativas a condiciones generales de contratación en los casos previstos en la legislación sobre esta materia se tramitarán por medio del juicio verbal, mientras que, si se tratan de acciones colectivas lo harán a través del juicio ordinario. Hasta dicha fecha de entrada en vigor de la reforma, este formulario se tramitaría por medio del juicio ordinario.

Escrito de desistimiento de contrato de seguro por parte del tomador

NOMBRE TOMADOR: [NOMBRE]

DNI: [DNI]

DIRECCIÓN: [DOMICILIO]

CORREO ELECTRÓNICO: [CORREO ELECTRÓNICO]

N.º TELÉFONO: [NÚMERO]

RAZÓN SOCIAL ASEGURADORA: [NOMBRE EMPRESA]

DIRECCIÓN ASEGURADORA: [DOMICILIO SOCIAL]

Póliza número: [NÚMERO]

Muy Sres. míos:

Mediante la presente, en mi condición de tomador/a del presente contrato de seguro, es mi intención comunicarles que, con base en lo dispuesto en el artículo 22 de la Ley de contrato de seguro, en su apartado 2.º, así como viene estipulado en las cláusulas generales y particulares de la póliza suscrita, se decide dar de baja la póliza número [NÚMERO], correspondiente al contrato de [ESPECIFICAR] contratado por mi persona con la entidad a la que me dirijo. **(1)**

Y ello, toda vez que no ha transcurrido el plazo de un mes preceptuado, desde la fecha [DÍA]/[MES]/[AÑO] en que se hizo entrega del contrato de seguro [NÚMERO] de duración superior a seis meses.

Por lo anterior, se solicita la devolución de la prima ya pagada, salvo la parte que pueda corresponder al período de tiempo en que el contrato hubiera tenido vigencia, y por ello, igualmente se solicita que se abstenga esta aseguradora de realizar cualquier cobro adicional.

Les solicito me confirmen la tramitación satisfactoria de la presente solicitud.

Sin otro particular, reciban un cordial saludo,

En [LOCALIDAD] a [DÍA] [MES] [AÑO]

FIRMA

[FIRMA]

---

(1) El tomador del seguro en un contrato de seguro individual de duración superior a seis meses que haya estipulado el contrato sobre la vida propia o la de un tercero tendrá la facultad unilateral de resolver el contrato sin indicación de los motivos y sin penalización alguna dentro del plazo de 30 días siguientes a la fecha en la que el asegurador le entregue la póliza o documento de cobertura provisional [art. 83 a) de la LCS].

Escrito de disconformidad por aumento de prima de seguro sin comunicación previa por asegurador

Tomador/a: Don/Doña [NOMBRE], **DNI** [DNI]

[DOMICILIO] [LOCALIDAD], **C.P.** [CÓDIGO_POSTAL]

Compañía Aseguradora: [NOMBRE_EMPRESA]

Calle [CALLE], **n.º** [NÚMERO], [LOCALIDAD] **C.P.** [CÓDIGO_POSTAL]

Referencia: **N.º Póliza** [NÚMERO]

ASUNTO: RECLAMACIÓN POR NO CONFORMIDAD CON LA SUBIDA DE CUOTA

Muy Sres. míos:

Por medio de la presente y en relación con mi póliza de seguro n.º [NÚMERO], comunico que no se me ha informado en el plazo previsto en el artículo 22.3 de la Ley 50/1980, de 8 de octubre, de Contrato de seguro de 2 meses, del aumento de la prima por encima de lo fijado en mi contrato de seguro, tras haberme percatado de ello, al recibir el recibo correspondiente, siendo la misma una modificación del contrato de seguro suscrito con ustedes.

Por todo ello,

SOLICITO:

Que se me prorrogue la póliza suscrita en las mismas condiciones que venía disfrutando.

Quedo a su disposición para los trámites que deseen.

Sin otro particular, reciban un cordial saludo.

Firma [FIRMA]

Escrito de desistimiento seguro de vida

Tomador/a: Don/Doña [NOMBRE], **DNI** [DNI]

[DOMICILIO] [LOCALIDAD], **C.P.** [CÓDIGO POSTAL]

Compañía Aseguradora: [NOMBRE EMPRESA]

Calle [CALLE], n.° [NÚMERO], [LOCALIDAD] **C.P.** [CÓDIGO POSTAL]

Referencia: **N.° Póliza** [NÚMERO]

ASUNTO: COMUNICACIÓN DESISTIMIENTO SEGURO

Muy Sres. míos:

Por medio de la presente, les comunico que **don/doña** [NOMBRE], mayor de edad, con DNI [NÚMERO] y con domicilio a efectos de comunicaciones en [DOMICILIO], en calidad de tomador/a del seguro de vida identificado con el número de póliza [NÚMERO], contratado con la compañía aseguradora [NOMBRE], cuyo representante es **don/doña** [NOMBRE], dirección [DOMICILIO], mediante el presente escrito ejercito la **facultad de DESISTIMIENTO de dicho contrato** a que me da derecho el artículo 83 a) de la LCS.

El día [DÍA] de [MES] de [AÑO] suscribí con la compañía aseguradora [ESPECIFICAR], un contrato de seguro individual de vida de duración superior a seis meses.

El artículo 83 a) de la LCS me concede la facultad unilateral de resolver el contrato referido sin indicación de los motivos y sin penalización alguna dentro del plazo de 30 días siguientes a la fecha en la que el asegurador entregue la póliza o documento de cobertura provisional, lo que aconteció el día [DÍA] [MES] [AÑO].

Es por lo expuesto, en aplicación de la normativa vigente, y no habiendo transcurrido más de 30 días desde que se me entregó la póliza (o documento de cobertura provisional) procedo mediante el presente escrito en el sentido expuesto.

Por ello, solicito que se abstengan de realizar gestión de cobro alguna y pido la devolución de la prima por mí abonada, salvo la parte de la misma correspondiente al periodo de tiempo en que el contrato hubiese tenido vigencia.

En [CIUDAD], a [DÍA] de [MES] de [AÑO]

Fdo. [TOMADOR/A DEL SEGURO]

Demanda de reclamación de indemnización por daños en maquinaria agrícola a la compañía de seguros

AL JUZGADO DE PRIMERA INSTANCIA N.º [NUMERO] **DE** [LOCALIDAD]

Don/Doña [NOMBRE_PROCURADOR], procurador/a de los tribunales, en nombre y representación de **don/doña** [NOMBRE_CLIENTE], con domicilio en [DIRECCIÓN] según acredito con la copia de escritura de poder otorgada al efecto que acompaño al presente escrito como **documento n.º** [NÚMERO], bajo la dirección letrada de **don/doña** [NOMBRE ABOGADO/A] colegiado/a n.º [NÚMERO] del ICA de [LOCALIDAD], ante el juzgado comparezco y como mejor proceda en derecho,

DIGO

Mediante el presente escrito interpongo **DEMANDA DE JUICIO ORDINARIO (1)** en reclamación de cantidad, contra la entidad [DENOMINACIÓN] de Seguros y Reaseguros, domiciliada en [DOMICILIO] n.º [NÚMERO], con base en los siguientes:

HECHOS

PRIMERO.- Mi mandante es propietario de la maquinaria agrícola consistente en [ESPECIFICAR], con matrícula [ESPECIFICAR].

Se acompaña el título de propiedad como **documento n.º** [NÚMERO].

SEGUNDO.- Con fecha [FECHA], para dar cobertura a la citada maquinaria mi mandante contrató un seguro con la entidad demandada, seguro que dio lugar a la póliza [ESPECIFICAR] n.º [NÚMERO].

Entre las condiciones [GENERALES/PARTICULARES] de la póliza suscrita, se contempla la cobertura de daños que sufra la maquinaria agrícola especificando la cláusula [ESPECIFICAR] lo siguiente [DESARROLLAR] **(2)**.

A fin de su acreditación se acompañan a este escrito de demanda como **documento n.º** [NÚMERO] póliza de contrato de seguro, condiciones generales y particulares, y recibo de pago de la prima correspondiente al período comprendido entre [FECHAS].

TERCERO.- En fecha [FECHA], la maquinaria asegurada se encontraba realizando labores propias de la actividad cuando sufrió daños consistentes en [ESPECIFICAR].

Se acompañan como **documento n.º** [NÚMERO] informe del taller que acredita los daños e informe pericial que justifica que los daños se han producido por labores propias de la naturaleza de la maquinaria.

CUARTO.- En [FECHA] se notifica a la aseguradora el siniestro, a lo cual la compañía demandada respondió negando la cobertura del daño sufrido.

Se aportan como **documento n.º** [NÚMERO], copia del parte de declaración de siniestro y carta de rechazo del mismo.

A los hechos anteriores son de aplicación los siguientes:

FUNDAMENTOS DE DERECHO

I.- JURISDICCIÓN Y COMPETENCIA

Sobre materia de la competencia genérica de la jurisdicción orden civil (art. 9.2 de la LOPJ), tiene la competencia objetiva y funcional (art. 45 de la LEC) el juzgado de primera instancia de los de esta villa, que por turno de reparto corresponda (art. 68 de la LEC), y la territorial, puesto que el domicilio del demandante se halla en la localidad de [LOCALIDAD] (art. 52 de la LEC, apartado 2 y 24 de la LCS).

II.- CAPACIDAD

Mi mandante es persona física, mayor de edad, en pleno ejercicio de sus derechos civiles, por lo que tiene capacidad para ser parte y capacidad procesal ex arts. 6.1.1.° y 7.1 de la LEC, como lo es la entidad demandada, [DENOMINACIÓN DEMANDADA] de Seguros y Reaseguros, persona jurídico mercantil con capacidad para ser parte que se reconoce en el art. 6.1.3.° de la LEC, debiendo comparecer en juicio por medio de sus representantes legales (art. 7 de la LEC, apartado 4).

III.- LEGITIMACIÓN

Como titulares de la relación jurídica litigiosa que actúan como partes (art. 10 de la LEC), la legitimación activa corresponde a la demandante por ser la parte que ha cumplido sus obligaciones como asegurado en el contrato de seguro (arts. 1 y 7 de la LCS) y como acreedor frente al incumplimiento contractual de la demandada y la pasiva la tiene la demandada como entidad aseguradora y parte del contrato de seguro, al amparo de lo dispuesto por el art. 1 de la LCS y en cuanto deudora por incumplimiento de sus obligaciones contractuales al no haber indemnizado a mi representado por el siniestro producido.

IV.- PROCEDIMIENTO

Deberán seguirse los trámites establecidos para el juicio ordinario conforme el art 249 de la LEC, apartado 2, por ser la cuantía reclamada superior a (15.000) euros, siendo por tanto de aplicación lo establecido en los arts. 399 y ss. de la LEC (3).

V.- CUANTÍA

La cuantía de la demanda asciende al importe reclamado, [CANTIDAD] euros, conforme a la regla 1.ª del art. 251 de la LEC, por lo que no quedan excepcionados los litigantes de representación técnica y defensa letrada con procurador/a y abogado/a habilitados ante el tribunal (arts. 23 y 31 de la LEC).

VI.- FONDO DEL ASUNTO

Se solicita en la presente demanda la condena a [DENOMINACIÓN DEMANDADA] de Seguros y Reaseguros a pagar a la demandante la indemnización por los daños causados en la maquinaria de su propiedad todo ello por tratarse de un siniestro cubierto por el seguro concertado con esa entidad.

De acuerdo con el artículo 1 de la Ley 50/1980, de 8 de octubre, de contrato de seguro:

> «El contrato de seguro es aquel por el que el asegurador se obliga, mediante el cobro de una prima y para el caso de que se produzca el evento cuyo riesgo es objeto de cobertura a indemnizar, dentro de los límites pactados, el daño producido al asegurado o a satisfacer un capital, una renta u otras prestaciones convenidas».

Dispone el artículo 2 del mismo texto legal que «Las distintas modalidades del contrato de seguro, en defecto de Ley que les sea aplicable, se regirán por la presente

Ley, cuyos preceptos tienen carácter imperativo, a no ser que en ellos se disponga otra cosa. No obstante, **se entenderán válidas las cláusulas contractuales que sean más beneficiosas para el asegurado**».

Se invoca también la aplicación del artículo 18 de la Ley 50/1980, de 8 de octubre, de contrato de seguro, toda vez que «El asegurador está obligado a satisfacer la indemnización al término de las investigaciones y peritaciones necesarias para establecer la existencia del siniestro y, en su caso, el importe de los daños que resulten del mismo. En cualquier supuesto, el asegurador deberá efectuar, dentro de los cuarenta días, a partir de la recepción de la declaración del siniestro, el pago del importe mínimo de lo que el asegurador pueda deber, según las circunstancias por él conocidas(...)».

Resulta innegable que hubo un daño en la maquinaria asegurada estando en vigor la póliza de contrato de seguro, habiéndose materializado el riesgo objeto de cobertura, y hallándose mi patrocinado al corriente en el pago de las primas correspondientes a dicha póliza, el asegurador debió pagar el coste de reparación como prestación indemnizatoria derivada del contrato de seguro. En cuanto a la alegación de la aseguradora para excluir la responsabilidad debemos atender a lo dispuesto en la jurisprudencia respecto a las cláusulas limitativas de derechos y las delimitadoras del riesgo, así la Audiencia Provincial de Madrid señala en su **sentencia n.º 430/2015, de 14 de diciembre, ECLI:ES:APM:2015:18421**:

«No podemos obviar, con la SAP Madrid de 17 de junio de 2014, dictada en un procedimiento idéntico al ahora analizado, ya que en esa sentencia se hace referencia al contrato de seguro suscrito por otra propietaria del mismo edificio, que 'en el caso enjuiciado las relaciones entre las partes se desenvuelven en el ámbito de protección de consumidores y usuarios. La jurisprudencia pone de manifiesto (sentencias del Tribunal Supremo de 20 de marzo y 27 de noviembre de 1991, y 7 de diciembre de 1998) que el contrato de seguro, por enmarcarse normalmente dentro de los de adhesión, no admite interpretaciones contrarias a un sentido favorable y proteccionista del asegurado, que indudablemente ha de observarse al proceder ante un contrato no negociado individualmente. Cuando de la interpretación de cláusulas oscuras se trata (sentencias del Tribunal Supremo de 5 de septiembre de 1991 y 22 de julio de 1992), debe realizarse la interpretación más favorable al asegurado, con fundamento en el artículo 1288 del Código Civil, precepto que hace que las consecuencias desfavorables de las cláusulas oscuras del contrato que admitan dudas interpretativas hayan de recaer sobre quien las redactó, exigiendo en todo caso el art. 3 de la Ley 50/1980, de 8 de octubre, de Contrato de Seguro, que «Las condiciones generales y particulares se redactarán de forma clara y precisa. Se destacarán de modo especial las cláusulas limitativas de los derechos de los asegurados, que deberán ser específicamente aceptadas por escrito».

La Jurisprudencia del Tribunal Supremo, y en concreto la sentencia de 28-11-2011, expresa:

'Sobre la distinción entre cláusulas limitativas de derechos y delimitadoras del riesgo se ha pronunciado la sentencia de 11 de septiembre de 2006, del Pleno de la Sala, dictada con un designio unificador, la cual, invocando la doctrina contenida en las SSTS de 16 octubre de 2000, 2 de febrero de 2001, 14 de mayo de 2004 y 17 de marzo de 2006, seguida posteriormente, entre otras, por las de 12 de noviembre de 2009, 15 de julio de 2009 y 1 de octubre de 2010, sienta una doctrina que, en resumen, considera que delimitadoras del riesgo son las cláusulas que tienen por finalidad concretar el riesgo, esto es, el objeto del contrato, fijando qué riesgos, en caso de producirse, por constituir el objeto del seguro, hacen surgir en el asegurado el derecho a la prestación, y en la aseguradora el recíproco deber de atenderla, determinando pues, qué riesgo se cubre, en qué cuantía, durante qué plazo y en qué ámbito espacial, tratándose de cláusulas susceptibles de ser incluidas en las condiciones generales y respecto de las cuales basta con que conste su aceptación por parte de dicho asegurado, mientras que limitativas de derechos son las que, en palabras de la STS de 16 de octubre de 2000, operan para "restringir, condicionar o modificar el derecho del asegurado a la indemnización una vez que el riesgo objeto del seguro se ha producido", las cuales, afirma la de 15 de julio de 2009, están sujetas, en orden a su validez y como expresión de un principio de transparencia legalmente impuesto, a los requisitos de: (a) ser destacadas de modo especial; y (b) ser específicamente aceptadas por escrito (artículo 3 LCS)».

La única circunstancia que permite la exoneración del pago de la indemnización es la que se indica en el artículo 19 de la Ley de contrato de seguro: «El asegurador estará obligado al pago de la prestación salvo en el supuesto de que el siniestro haya sido causado por la mala fe del asegurado». Circunstancia que obviamente no concurre en este caso.

Debemos traer a colación la **sentencia de la Audiencia Provincial de Pontevedra n.º 191/2010, de 19 de mayo, ECLI:ES:APPO:2010:1865** (que menta la **sentencia del Tribunal Supremo n.º 704/2006, de 7 de julio, ECLI:ES:TS:2006:5884**):

«(...)Explica el T.S. en el fundamento noveno de esta sentencia las dos posturas de las Audiencias Provinciales.

Una, la que rechaza el siniestro por no hallarse bajo la cobertura del contrato de seguro por aplicación del art. 19 L.C.S que excluye los causados por mala fe del asegurado. El argumento es que una conducta penalmente castigada implica un hecho intencional que no puede ser objeto de cobertura por el contrato de seguro porque el que actúa bajo la influencia de bebidas alcohólicas es consciente de que infringe el ordenamiento jurídico aunque el resultado dañoso no sea querido.

Otra, la que acepta la cobertura entendiendo que la exclusión del accidente padecido en tales circunstancias sólo tiene validez cuando figura en una cláusula aceptada por el asegurado.

El T.S. considera acertado este último criterio, con expreso rechazo del anterior. Y lo fundamenta en que, "aún cuando es indudable que la ingestión excesiva de bebidas alcohólicas y la consiguiente conducción aumenta el riesgo de siniestro, no toda situación que incremente el riesgo debe equipararse a la existencia de dolo, intencionalidad o mala fe y son las aseguradoras quienes, en la economía del contrato de seguro, deben ponderar, mientras lo permita la Ley, con sujeción a los requisitos en ella establecidos, la oportunidad de excluir determinados riesgos en uso de la libertad de pactos". Añade que "sólo son susceptibles de ser consideradas como intencionales las situaciones en las que el asegurado provoca consciente y voluntariamente el siniestro, o, cuando menos, se lo representa como altamente probable y lo acepta para el caso de que se produzca, esto es, los supuestos de dolo directo o eventual sobre el resultado, sin extenderlo a supuestos en que se cometa intencionadamente una infracción, pero no se persiga la consecuencia dañosa producida o no se asuma o represente como altamente probable".

En definitiva, como ya expusimos en sentencia de este mismo tribunal de fecha 18 de junio de 2008, el concepto de mala fe que contempla el art. 19 L.C.S se identifica con el dolo civil en cuanto acto voluntario y consciente del asegurado que quiere que se produzca el siniestro».

Al no haber pagado la aseguradora el coste de la reparación ha incumplido grave y culpablemente el contrato y debe satisfacer a mi representado el importe de la indemnización.

Del *quantum* **indemnizatorio**. Según consta en la póliza contratada, el seguro tiene como interés asegurado [ESPECIFICAR].

El coste de las reparaciones a efectuar viene adverado por el informe elaborado por [ESPECIFICAR], que valora la totalidad de los perjuicios sufridos por la maquinaria en un importe total de [CANTIDAD] euros, conforme a los presupuestos descritos en dicho informe pericial que se acompaña como **documento n.º** [NÚMERO], con el siguiente desglose de partidas de indemnización y su cuantificación:

- – [ESPECIFICAR]

La indemnización que se solicitará por la totalidad de los perjuicios acreditados, limitado su importe al valor asegurado en la póliza y descontando la franquicia pactada, asciende por tanto a la suma de [CANTIDAD] euros, que constituye el principal de la presente demanda.

VII.- INTERESES

Deben reconocerse a mi patrocinado los del régimen especial del art. 20 de la LCS al haber incurrido en mora la entidad aseguradora demandada **(4)**.

VIII.- COSTAS

Conforme al art. 394 de la LEC, las costas procesales han de imponerse a la parte demandada.

En virtud de lo expuesto,

SUPLICO AL JUZGADO:

Que tenga por presentado este escrito con sus documentos y copias de todo ello, teniéndome por comparecido y parte en la representación que ostento, y ordenando se entiendan conmigo las sucesivas actuaciones se sirva admitir a trámite la demanda de juicio ordinario **(1)** que se interpone, y una vez seguido el procedimiento por todos sus trámites, se venga a dictar sentencia que condene a la demandada a indemnizar a la actora, en la cantidad de [CANTIDAD LETRA] euros ([CANTIDAD] €), que devengará los intereses legales del artículo 20 de la LCS, con costas procesales.

Es justicia que pido en [LOCALIDAD], a [FECHA]

[FIRMA_ABOGADO] | [FIRMA_PROCURADOR]

PRIMER OTROSÍ DIGO: se acompaña a la demanda informe pericial (**documento n.º** [NÚMERO]) elaborado por [ESPECIFICAR], cuya declaración en juicio se propone en este acto a los efectos correspondientes.

SUPLICO AL JUZGADO:

Que tenga por efectuada la anterior manifestación a los efectos oportunos.

Por ser de justicia, fecha y lugar *ut supra.*

[FIRMA_ABOGADO] | [FIRMA_PROCURADOR]

SEGUNDO OTROSÍ DIGO: siendo intención de esta parte cumplir con todos los requisitos legales, a tenor de lo previsto en el artículo 231 de la Ley de Enjuiciamiento Civil, se solicita se le diere traslado de cualquier defecto que adoleciere la presente demanda, para la inmediata subsanación de la misma.

SUPLICO AL JUZGADO:

Que tenga por efectuada la anterior manifestación a los efectos oportunos.

Por ser de justicia, fecha y lugar *ut supra.*

[FIRMA_ABOGADO] | [FIRMA_PROCURADOR]

(1) Se seguirá el procedimiento que corresponda según la cuantía conforme los arts. 249.2 y 250.2 de la LEC. El RD-ley 6/2023, de 19 de diciembre, modifica los artículos 249 y 250 de la LEC con entrada en vigor el 20/03/2024. El extracto mostrado en este formulario constituye la versión vigente desde esa fecha.

(2) Especificar las cláusulas en las que se recogen las coberturas del seguro en relación al daño sufrido.

(3) En caso de que deban seguirse los trámites del juicio verbal se señalará «Deberán seguirse los trámites establecidos para el juicio verbal conforme el art 250.2 de la LEC, por no ser la cuantía reclamada superior a 15.000 euros, siendo por tanto de aplicación lo establecido en los arts. 437 y ss. de la LEC».

(4) Art. 20 de la LCS, apartado 3.° «Se entenderá que el asegurador incurre en mora cuando no hubiere cumplido su prestación en el plazo de tres meses desde la producción del siniestro o no hubiere procedido al pago del importe mínimo de lo que pueda deber dentro de los cuarenta días a partir de la recepción de la declaración del siniestro».

Contestación a la demanda contra asegurado por incumplimiento de contrato de seguro

S/Ref.: [NÚMERO]

Procedimiento n.º: [NÚMERO]

AL JUZGADO DE PRIMERA INSTANCIA N.º [NÚMERO] DE [LOCALIDAD]

Don/Doña [NOMBRE PROCURADOR/A CLIENTE] procurador/a en los tribunales, colegiado/a n.º [NÚMERO], en nombre y representación de don/doña [NOMBRE CLIENTE], con DNI [NIF CIF DNI CLIENTE] y domicilio en [DOMICILIO CLIENTE], tal y como acredito con la copia adjunta de poder general para pleitos, que se aporta como documento número [NÚMERO] y asistido por el/la letrado/a don/doña [NOMBRE ABOGADO/A CLIENTE] colegiado/a del ICA de [LOCALIDAD] n.º [NÚMERO], ante el juzgado comparezco y, como mejor proceda en derecho,

DIGO

Con fecha de [DÍA] de [MES] de [AÑO] le ha sido notificado a mi mandante el auto recaído en el procedimiento de juicio ordinario [AUTOS NÚMERO] seguidos ante este juzgado a instancia de don/doña [NOMBRE PARTE CONTRARIA], sobre [DESCRIPCIÓN], por el que se acordaba la admisión de la demanda presentada por el actor y el traslado de la misma a mi mandante para su personación y contestación. Es por ello que, dentro del plazo conferido al efecto, por medio del presente escrito venimos a personarnos en los autos de referencia a los efectos de presentar **CONTESTACIÓN Y OPOSICIÓN** a la demanda presentada de adverso.

Y ello, de conformidad con los hechos y fundamentos jurídicos que se exponen a continuación.

HECHOS

PRIMERO.- En cuanto a lo alegado en los hechos primero y segundo de la demanda, nada que oponer a la contraparte.

SEGUNDO.- En fecha [FECHA] mi representado y el ahora demandante firmaron un contrato de seguro de vida consistente en [ESPECIFICAR]. Se adjunta copia del mencionado contrato como **documento n.º** [NÚMERO].

TERCERO.- Esta parte, contrariamente a lo que afirma la parte demandante sí cumplió con lo establecido en el mencionado contrato, pero tras los incumplimientos de pago de la adversa decidió no continuar con el cumplimiento de lo convenido en el contrato de seguro. Dichos incumplimientos consistieron en [ESPECIFICAR].

Pues, al tiempo del óbito del asegurado, el contrato de seguro de vida no se encontraba en vigor, al haber sido impagada la prima anual correspondiente a aquel ejercicio. La aseguradora sostuvo que el recibo para el pago de la prima fue girado en dos ocasiones en la cuenta bancaria facilitada por el tomador, y las dos veces resultó impagado; así como que el ofrecimiento de pago efectuado por la parte actora, en fechas posteriores al fallecimiento del asegurado, no excluye la aplicación de los efectos prevenidos en el art. 15 de la LCS. Por todo lo cual, comoquiera que a la fecha de fallecimiento del asegurado la prima no estaba satisfecha y había transcurrido el plazo de gracia del mes, en aplicación de lo dispuesto en el precitado artículo el asegurador estaba liberado de su obligación de hacer honor al compromiso contractual asumido de abonar la cantidad pactada por siniestro.

Asimismo, el ofrecimiento de pago de la prima por la viuda doña [NOMBRE] no puede desencadenar efecto alguno, dado que se realizó tras la producción del siniestro; es decir, tras la muerte del marido y padre de los demandantes, beneficiarios del seguro.

CUARTO.- Esta parte dio respuesta al burofax recibido explicando la no disposición al cumplimiento en tanto en cuanto perdurase la posición de incumplidora de la contraparte. Se adjunta copia de dicha respuesta como **documento n.º** [NÚMERO].

A los anteriores hechos les resultan de aplicación los siguientes,

FUNDAMENTOS DE DERECHO

I.- JURISDICCIÓN Y COMPETENCIA

Corresponde a la jurisdicción civil el entendimiento del presente procedimiento, de conformidad con lo dispuesto en los arts. 9, 21 y concordantes de la LOPJ.

Es competente el juzgado al que me dirijo conforme al artículo 52 de la Ley de Enjuiciamiento Civil (LEC), apartado 2, y del artículo 24 de la Ley de Contrato de Seguro (LCS).

II.- LEGITIMACIÓN Y CAPACIDAD

La legitimación activa en esta contestación de la demanda corresponde a mi representado en su condición de parte demandada en la demanda interpuesta en fecha [FECHA] por [NOMBRE].

La legitimación pasiva corresponde a [NOMBRE] en su condición de parte demandante y frente a la cual ha de interponerse contestación a la demanda.

Por otra parte, mi representado tiene tanto capacidad para ser parte (artículo 6.1.3.º de la LEC) en el presente proceso como para comparecer en juicio (artículo 7 de la LEC) ya que acude debidamente representado por procurador/a (artículo 23 de la LEC) y asesorado por abogado/a (artículo 31 de la LEC). Por las mismas razones la parte demandante también tiene tanto capacidad para ser parte como para comparecer en juicio.

III.- PROCEDIMIENTO

Corresponde la sustanciación del presente procedimiento por los cauces del [ESPECIFICAR] en atención a la cuantía del mismo.

IV.- FONDO DEL ASUNTO

El artículo 15 de la LCS:

> «Si por culpa del tomador la primera prima no ha sido pagada, o la prima única no lo ha sido a su vencimiento, el asegurador tiene derecho a resolver el contrato o a exigir el pago de la prima debida en vía ejecutiva con base en la póliza. Salvo pacto en contrario, **si la prima no ha sido pagada antes de que se produzca el siniestro, el asegurador quedará liberado de su obligación.**
>
> En caso de falta de pago de una de las primas siguientes, la cobertura del asegurador queda suspendida un mes después del día de su vencimiento. Si el asegurador no reclama el pago dentro de los seis meses siguientes al vencimiento de la prima se entenderá que el contrato queda extinguido. En cualquier

caso, el asegurador, cuando el contrato esté en suspenso, sólo podrá exigir el pago de la prima del período en curso.

Si el contrato no hubiere sido resuelto o extinguido conforme a los párrafos anteriores, la cobertura vuelve a tener efecto a las veinticuatro horas del días en que el tomador pagó su prima».

Cabe citar la **sentencia del Tribunal Supremo n.º 783/2008, de 4 de septiembre,** ECLI:ES:TS:2008:4774:

«(...) la falta de pago de la prima con anterioridad al siniestro solo puede producir el efecto de liberar de su obligación al asegurador en el caso de que la falta de pago sea imputable al tomador, pues así se infiere, en una interpretación sistemática, de la relación de este precepto con el inciso que lo precede, que alude a la culpa del tomador en el impago de la prima; y, en una interpretación lógica, de la finalidad que con él se persigue de eximir al asegurador del cumplimiento del contrato por razón del incumplimiento de la obligación principal del otro contratante».

En definitiva, la obligación de la aseguradora de pagar por un siniestro producido antes de que se haya pagado la primera prima requiere culpa de la aseguradora hecho que en este caso no se ha producido.

Por lo tanto, no cabe duda, de que, al no preverse otra cosa en la póliza, mi representada no está obligada a pagar la indemnización y la falta de pago es oponible también frente al ejercicio de la acción directa pues el pago de la primera prima es presupuesto, como se ha dicho, de la cobertura y el asegurador puede oponer al tercero su liberación de la obligación por falta de un requisito esencial para que el contrato produzca efectos.

V.- COSTAS

Se solicita la imposición de costas conforme al artículo 394 de la LEC.

VI.- *IURA NOVIT CURIA*

En todo lo no invocado resulta de aplicación el principio *iura novit curia*, plasmado en el párrafo segundo del punto primero del artículo 218 de la Ley de Enjuiciamiento Civil, en virtud del cual serán aplicables las demás normas que sean de pertinente, especial o general aplicación, y que el juzgador podrá tener en cuenta de oficio sin necesidad de que hayan sido previamente alegados o invocados por alguna de las partes intervinientes.

Por todo lo expuesto anteriormente,

SUPLICO AL JUZGADO:

Que teniendo por presentado este escrito, me tenga por personado y parte en los presentes autos de procedimiento ordinario n.º [NÚMERO] en nombre de [NOMBRE ASEGURADA], por contestada la demanda y, previos los trámites correspondientes, incluido el recibimiento del pleito a prueba, que desde este momento dejo interesado, y dicte sentencia en la que declare que mi representada no ha incumplido el mencionado contrato de seguro, con expresa imposición de costas a la parte demandante.

Por ser justicia que pido en [LOCALIDAD], a [DÍA] de [MES] de [AÑO].

Ldo/a. [NOMBRE_LETRADO_CLIENTE] | Proc/a. [NOMBRE_PROCURADOR_ CLIENTE]

PRIMER OTROSÍ DIGO: siendo intención de esta parte cumplir con todos los requisitos legales, a tenor de lo previsto en el artículo 231 de la Ley de Enjuiciamiento

Civil, se solicita se le diere traslado de cualquier defecto que adoleciere la presente contestación a la demanda, para la inmediata subsanación de la misma.

SUPLICO AL JUZGADO:

Que tenga por efectuada la anterior manifestación a los efectos oportunos

Por ser de justicia, fecha y lugar *ut supra*.

Ldo/a. [NOMBRE_LETRADO_CLIENTE] | Proc/a. [NOMBRE_PROCURADOR_CLIENTE]

Recurso de apelación en materia de seguros

Procedimiento n.º [NÚMERO]

A LA AUDIENCIA PROVINCIAL DE [PROVINCIA] (1) (2)

Don/Doña [NOMBRE PROCURADOR/A CLIENTE], procurador/a de los tribunales, en nombre y representación de **don/doña** [NOMBRE CLIENTE], con [NIF CIF DNI CLIENTE], tal y como consta en autos, bajo la dirección letrada de **don/doña** [NOMBRE ABOGADO/A CLIENTE] con número de colegiado/a [NÚMERO], ante la Audiencia comparezco y como mejor proceda en derecho, **DIGO:**

Ante la [SENTENCIA NÚMERO] del [DÍA] de [MES] de [AÑO], habiendo sido notificada el [DÍA] de [MES] de [AÑO], a mi representado, dentro del plazo previsto para ello, con base al artículo 458 de la Ley de Enjuiciamiento Civil y siguientes **(2)**, interpongo el presente escrito de **RECURSO DE APELACIÓN**, en base a los siguientes:

HECHOS

PRIMERO.- En fecha [FECHA] nos ha sido notificada sentencia dictada por el Juzgado de Primera Instancia n.º [NÚMERO] de [LOCALIDAD], dictada en el procedimiento [NÚMERO].

SEGUNDO.- La sentencia que se recurre con este escrito, establece que se considera probado que existe contrato seguro de vida y la condición de hijos del fallecido, y tampoco negamos la indemnización solicitada, pero esta parte considera que siendo los beneficiarios de la póliza los hijos del fallecido tomador en partes iguales, no queda debidamente constituida la relación procesal (litis consorcio activo) falta de legitimidad *ad causam* y falta de acción, toda vez que no consta que [ESPECIFICAR NOMBRES] sean los únicos hijos, al constar al existencia de otra hija más (no comparecida) doña [NOMBRE], que aunque consta que fue expresamente desheredada en el testamento del tomador, no consta si el testamento fue impugnado, o si esta tiene descendientes, no pudiendo así los actores reclamar la cantidad íntegra asegurada.

TERCERO.- No obstante, entendemos que se ha producido infracción de los artículos 7, 85 y 88 de la LCS sobre la apreciación de legitimación activa, insistiendo en los mismos argumentos que en la contestación a la demanda.

CUARTO.- Del mismo modo alegamos, infracción del artículo 20 de la LCS por entender que la no entrega de la indemnización obedece a una causa justificada, y de forma subsidiaria considera que los intereses se devengarían desde la fecha de la audiencia previa, [FECHA AUDIENCIA PREVIA], y no desde la fecha del sinistro, momento en que se conoció el hecho determinante para reconocerles la indemnización.

Estos hechos se fundamentan en los siguientes:

FUNDAMENTOS DE DERECHO

I.- Se presenta el recurso de apelación, en base al artículo 458 de la Ley de Enjuiciamiento Civil **(2)** y siguientes. El recurso se presenta en el plazo y en la forma prevista en la Ley.

II.- A tenor de lo preceptuado en el art. 459 de la LEC, en el recurso de apelación podrá alegarse infracción de normas o garantías procesales en primera instancia. Cuando así sea, el escrito de interposición deberá citar las normas que se consideren infringidas y alegar, en su caso, la indefensión sufrida. Asimismo, el apelante deberá acreditar que infringió oportunamente la infracción, si hubiere tenido oportunidad procesal para ello.

III.- Se solicita que se vuelva a valorar la prueba [DESCRIPCIÓN] y la consideración de la figura del contrato de seguro. Se acompaña al escrito de apelación los documentos relativos a la prueba documental, para que en virtud del artículo 460 de la LEC se practiquen pruebas que no se han aceptado en la primera instancia. **(1)**

IV.- Con relación a lo anteriormente expuesto, y, de conformidad con lo establecido en el artículo 464 de la LEC y siguientes **(3)**, esta parte solicita se señale día para la vista.

V.- A la vista de lo anteriormente expuesto, remito a los artículos los artículos 7, 85 y 88 de la LCS, sobre la apreciación de legitimación activa.

La **sentencia del Tribunal Supremo n.º 989/2007, de 3 de octubre, ECLI:ES:TS:2007:7756**, afirma que la figura doctrinal del litisconsorcio activo necesario no está prevista en la ley y no puede equipararse al litisconsorcio pasivo necesario, impuesto en su acogimiento jurisprudencial incluso de oficio, en defensa del principio de que nadie puede ser condenado sin ser oído.

A lo que añade que:

> «(...) a este efecto, como quiera que nadie puede ser obligado a litigar, ni solo, ni unido con otro, la consideración de que la disponibilidad del sujeto demandante sobre el objeto de la demanda no puede ejercitarse sino en forma conjunta o mancomunada con otro sujeto, se traduciría en una falta de legitimación activa, que como tal carecería de un presupuesto preliminar a la consideración de fondo, pero basado en razones jurídico-materiales, lo que debe conducir a una sentencia desestimatoria».

Por lo expuesto,

SUPLICO A LA AUDIENCIA:

Que, tenga por presentado este escrito, lo admita junto con sus documentos y copias, y tenga por interpuesto **RECURSO DE APELACIÓN**, contra la sentencia n.º [NÚMERO], previos los trámites legales oportunos, proceda a dictar sentencia acordando revocar la sentencia de instancia, con estimación del recurso de apelación e imposición de costas a la adversa.

Por ser justicia que pido en [LOCALIDAD], a [FECHA].

[FIRMA_ABOGADO] | [FIRMA_PROCURADOR]

PRIMER OTROSÍ DIGO: siendo intención de esta parte cumplir con todos los requisitos legales, a tenor de lo previsto en el artículo 231 de la Ley de Enjuiciamiento Civil, se solicita se le diere traslado de cualquier defecto que adoleciere la presente demanda, para la inmediata subsanación de la misma.

SUPLICO A LA AUDIENCIA:

Que se tenga por efectuada la anterior manifestación a los efectos oportunos.

Por ser de justicia, fecha y lugar *ut supra*.

[FIRMA_ABOGADO] | [FIRMA_PROCURADOR]

(1) Solo podrán acompañarse al escrito de interposición los documentos que se encuentren en alguno de los casos previstos en el artículo 270 de la LEC y que no hayan podido aportarse en la primera instancia. En el escrito de interposición se podrá pedir, además, la práctica en segunda instancia de las pruebas siguientes: 1.ª Las que hubieren sido indebidamente denegadas en la primera instancia, siempre que se hubiere intentado la reposición de la resolución denegatoria o se hubiere formulado la oportuna protesta en la vista. 2.ª Las propuestas y admitidas en la primera instancia que, por cualquier causa no imputable al que las hubiere solicitado, no hubieren podido practicarse, ni siquiera como diligencias finales. 3.ª Las que se refieran a hechos de relevancia para la decisión del pleito ocurridos después del comienzo del plazo para dictar sentencia en la primera instancia o antes de dicho término siempre que, en este último caso, la parte justifique que ha tenido conocimiento de ellos con posterioridad.

(2) El RD-ley 6/2023, de 19 de diciembre, modifica el artículo 458 de la LEC con entrada en vigor el 20/03/2024. Conforme a lo anterior, la versión vigente desde esa fecha determina que el recurso de apelación se interpondrá directamente ante el tribunal que sea competente para conocer del mismo en el plazo de veinte días desde la notificación de la resolución impugnada, debiendo acompañarse copia de dicha resolución. Hasta la entrada en vigor de la reforma, sigue aplicándose la versión anterior del precepto, a saber: «1. El recurso de apelación se interpondrá ante el tribunal que haya dictado la resolución que se impugne dentro del plazo de veinte días contados desde el día siguiente a la notificación de aquélla.»

(3) El RD-ley 6/2023, de 19 de diciembre, modifica el artículo 464 de la LEC con entrada en vigor el 20/03/2024.

Demanda de juicio ordinario en reclamación de cantidad contra el Consorcio de Compensación de Seguros

AL JUZGADO DE PRIMERA INSTANCIA N.º [NÚMERO] **DE** [CIUDAD]

Don/Doña [NOMBRE_PROCURADOR_CLIENTE], procurador/a de los tribunales con número de colegiado/a [NÚMERO_COLEGIADO_PROCURADOR_CLIENTE], en nombre y representación de **don/doña** [NOMBRE_CLIENTE], con domicilio en esta ciudad [DOMICILIO_CLIENTE], y provisto/a de DNI número [NIF_CIF_DNI_CLIEN-TE], lo que acredito mediante [ESPECIFICAR]**(1)**, bajo la dirección letrada de don/doña [NOMBRE_ABOGADO_CLIENTE], con n.º de colegiado/a [NÚMERO_COLEGIA-DO_ABOGADO_CLIENTE] ante este juzgado comparezco y, como mejor proceda en derecho,

DIGO

Por medio del presente escrito, interpongo **DEMANDA DE JUICIO ORDINARIO** frente al **CONSORCIO DE COMPENSACIÓN DE SEGUROS**, con base en los siguientes,

HECHOS

PRIMERO.- Mi mandante es titular del vehículo [DESCRIPCIÓN]. Se acompaña ficha técnica del vehículo como **documento n.º** [NÚMERO].

SEGUNDO.- En fecha [FECHA] el vehículo de mi mandante fue golpeado por otro vehículo que no pudo identificarse produciéndole, además de varios daños al automóvil, daños personales.

TERCERO.- A raíz del accidente de tráfico, mi representado/a tuvo que ser asistido/a en [ESPECIFICAR] al presentar las siguientes lesiones [ESPECIFICAR].

Adjuntamos como **documentos n.º** [NÚMERO] a [NÚMERO] informes médicos.

CUARTO.- En aplicación de lo dispuesto en la Ley 35/2015, de 22 de septiembre, de reforma del sistema para la valoración de los daños y perjuicios causados a las personas en accidentes de circulación, y del Texto Refundido de la Ley sobre responsabilidad civil y seguro en la circulación de vehículos a motor, aprobado por el Real Decreto Legislativo 8/2004, de 29 de octubre, la cuantía de la reclamación pretendida por las lesiones asciende a [NÚMERO] € y ello derivado de [ESPECIFICAR].

Se adjunta como **documento n.º** [NÚMERO], informe pericial de valoración del daño.

QUINTO.- Asimismo, la reparación del vehículo ascendió a [NÚMERO] €.

Se adjunta como **documento n.º** [NÚMERO], la factura de la reparación de los daños en el taller [NOMBRE].

Se adjunta como **documento n.º** [NÚMERO], copia de los escritos de intentos de llegar a un acuerdo.

A los anteriores hechos le son de aplicación los siguientes,

FUNDAMENTOS DE DERECHO

I.- CAPACIDAD Y LEGITIMACIÓN

Ambas partes, demandante y demandada, cumplen con lo establecido en los artículos 6 y siguientes de la Ley de Enjuiciamiento Civil.

Me corresponde la legitimación activa, de conformidad con el artículo 10 de la Ley de Enjuiciamiento Civil, y por tener la condición de perjudicado por el accidente de circulación.

Le corresponde la pasiva, a la parte demandada al no haberse identificado el causante.

II.- REPRESENTACIÓN Y DEFENSA

La presente demanda se formula por medio de procurador/a habilitado/a y bajo la asistencia de letrado/a en aplicación de los arts. 23 y 31 de la LEC.

III.- JURISDICCIÓN Y COMPETENCIA

Es competente la jurisdicción civil conforme a lo dispuesto en los artículos 36 y siguientes de la Ley de Enjuiciamiento Civil.

De conformidad con el artículo 52.1.9.º de la Ley de Enjuiciamiento Civil: «En los juicios en que se pida indemnización de los daños y perjuicios derivados de la circulación de vehículos de motor será competente el tribunal del lugar en que se causaron los daños».

IV.- PROCEDIMIENTO

La presente demanda deberá sustanciarse por los trámites del juicio ordinario al superar la reclamación la cantidad de 15.000 € (2).

V.- CUANTÍA

La cuantía del presente procedimiento se cifra en [NÚMERO] €.

VI.- FONDO DEL ASUNTO

En cuanto al conductor del vehículo resulta de aplicación el **artículo 1902 del Código Civil** por el cual «El que por acción u omisión causa daño a otro, interviniendo culpa o negligencia, está obligado a reparar el daño causado».

De conformidad con el **artículo 1.1 del Real Decreto Legislativo 8/2004, de 29 de octubre, por el que se aprueba el texto refundido de la Ley sobre responsabilidad civil y seguro en la circulación de vehículos a motor (TRLRCSCVM):**

> «El conductor de vehículos a motor es responsable, en virtud del riesgo creado por la conducción de estos, de los daños causados a las personas o en los bienes con motivo de la circulación.
>
> En el caso de daños a las personas, de esta responsabilidad sólo quedará exonerado cuando pruebe que los daños fueron debidos a la culpa exclusiva del perjudicado o a fuerza mayor extraña a la conducción o al funcionamiento del vehículo; no se considerarán casos de fuerza mayor los defectos del vehículo ni la rotura o fallo de alguna de sus piezas o mecanismos.
>
> En el caso de daños en los bienes, el conductor responderá frente a terceros cuando resulte civilmente responsable según lo establecido en los artículos 1.902 y siguientes del Código Civil, artículos 109 y siguientes del Código Penal, y según lo dispuesto en esta Ley».

El **artículo 11 del Real Decreto legislativo 8/2004 de 29 de octubre por el que se aprueba el texto refundido de la Ley sobre responsabilidad civil y seguro en la circulación de vehículos a motor** dispone lo siguiente:

«Corresponde al Consorcio de Compensación de Seguros, dentro del ámbito territorial y hasta el límite cuantitativo del aseguramiento obligatorio:

a) Indemnizar a quienes hubieran sufrido daños en sus personas, por siniestros ocurridos en España, en aquellos casos en que el vehículo causante sea desconocido.

No obstante, si como consecuencia de un accidente causado por un vehículo desconocido se hubieran derivado daños personales significativos, el Consorcio de Compensación de Seguros habrá de indemnizar también los eventuales daños en los bienes derivados del mismo accidente. En este último caso, podrá fijarse reglamentariamente una franquicia no superior a 500 euros. Se considerarán daños personales significativos la muerte, la incapacidad permanente o la incapacidad temporal que requiera, al menos, una estancia hospitalaria superior a siete días».

VII.- COSTAS

Solicito la imposición de costas a los demandados en virtud del artículo 394 de la Ley de Enjuiciamiento Civil.

Por lo expuesto,

SUPLICO AL JUZGADO:

Que tenga por presentado este escrito con sus copias y documentos, los admita y por formulada **DEMANDA DE JUICIO ORDINARIO** en reclamación de [CANTIDAD_EN_LETRA] euros ([CANTIDAD] €) por daños derivados de accidente de circulación, contra el **CONSORCIO DE COMPENSACIÓN DE SEGUROS** y, tras los trámites legales oportunos, dicte sentencia estimando la demanda y condenando al abono de [CANTIDAD_EN_LETRA] euros ([CANTIDAD_NÚMERO] €) en concepto de daños materiales y personales más los intereses por mora desde la fecha del accidente.

Por ser justicia que pido en [LOCALIDAD], a [DÍA] de [MES] de [AÑO].

Letrado/a D./D.ª [NOMBRE] Procurador/a D./D.ª [NOMBRE]

Letrado/a D./D.ª [NOMBRE]　　　　Procurador/a D./D.ª [NOMBRE]

[NÚMERO_COLEGIADO ABOGADO_CLIENTE]　　　[NÚMERO_COLEGIADO_PROCURADOR_ CLIENTE]

PRIMER OTROSÍ DIGO: siendo intención de esta parte cumplir con todos los requisitos legales, a tenor de lo previsto en el artículo 231 de la Ley de Enjuiciamiento Civil, se solicita se le diere traslado de cualquier defecto que adoleciere la presente demanda, para la inmediata subsanación de la misma.

SUPLICO AL JUZGADO:

Que tenga por efectuada la anterior manifestación a los efectos oportunos.

Por ser de justicia, fecha y lugar *ut supra*.

Letrado/a D./D.ª [NOMBRE]　　　　Procurador/a D./D.ª [NOMBRE]

[NÚMERO_COLEGIADO ABOGADO_CLIENTE]　　　[NÚMERO_COLEGIADO_PROCURADOR_ CLIENTE]

(1) El art. 24 de la LEC ha sido modificado por el Real Decreto-ley 6/2023, de 19 de diciembre, modificación con entrada en vigor el 20 de marzo de 2024, momento a partir del cual puede conferirse el poder:

«a) Por comparecencia electrónica, a través de una sede judicial electrónica, en el registro electrónico de apoderamientos judiciales apud acta.

b) Ante notario o por comparecencia personal, sea presencial o por medios electrónicos, ante el letrado o letrada de la Administración de Justicia de cualquier oficina judicial. En estos casos, se procederá a la inscripción en el registro electrónico de apoderamientos judiciales dependiente del Ministerio de la Presidencia, Justicia y Relaciones con las Cortes».

(2) El art. 249 de la LEC ha sido modificado por el Real Decreto-ley 6/2023, de 19 de diciembre, aumentando la cuantía de 6.000 a 15.000 euros. Dado que esta modificación entra en vigor el 20 de marzo de 2024, las demandas presentadas con anterioridad deben atender a la redacción anterior que establecía que se decidirán en el juicio ordinario las demandas cuya cuantía exceda de seis mil euros.

Demanda de juicio ordinario sobre reclamación de indemnización de daños por inundación extraordinaria frente al CCS

AL JUZGADO DE PRIMERA INSTANCIADE [LOCALIDAD] QUE POR TURNO CORRESPONDA

Don/Doña [NOMBRE_PROCURADOR_CLIENTE] Procurador de los Tribunales, colegiado núm. [NÚMERO_COLEGIADO/A] en nombre y representación de **don/doña** [NOMBRE_CLIENTE], mayor de edad, con DNI/NIE núm. [NÚM. DOCUMENTO], con domicilio a efectos de notificación [DOMICILIO_CLIENTE], según se acredita mediante la copia de la escritura de poder especial para pleitos que, debidamente bastanteada acompaño y cuya devolución intereso para otros usos, ante el Juzgado comparezco y, como mejor proceda en Derecho,

DIGO

Que por medio del presente escrito en mi propio nombre y representación vengo a formular demanda de **JUICIO ORDINARIO EN RECLAMACIÓN DE CANTIDAD POR DAÑOS POR INUNDACIÓN EXTRAORDINARIA**, contra el Consorcio de Compensación de Seguros (CCS), en base a lo establecido en el artículo 1 del Reglamento del Seguro de Riesgos Extraordinarios, demanda que tiene su fundamento en los siguientes:

HECHOS

[DESCRIPCIÓN DE LOS HECHOS OBJETO DE RECLAMACIÓN, APORTACIÓN DE LAS PÓLIZAS Y DEMÁS DOCUMENTOS]

A los anteriores hechos le son de aplicación los siguientes

FUNDAMENTOS DE DERECHO

PRIMERO.- JURISDICCIÓN Y COMPETENCIA

Corresponderá a los Juzgados de Primera Instancia, que por turno correspondan atendiendo al artículo 45.1 de la LEC, conocer del fondo del asunto. Siendo competente el tribunal del domicilio del asegurado a tenor de los establecido en el art. 52 de la LEC.

SEGUNDO.- CAPACIDAD Y LEGITIMACIÓN

Ambas partes se encuentran capacitadas y legitimadas en virtud de los artículos 6 y 10 de la LEC. Cabe reseñar la plena capacidad de obrar que se le concede en el artículo 1 del Texto Refundido del Estatuto Legal del Consorcio de Compensación de Seguros (TRLCCS).

TERCERO.- POSTULACIÓN Y DEFENSA

Esta parte interviene con Procurador/a (Art. 23.1 de la LEC) y Letrado/a (art. 31.1 de la LEC) debidamente habilitados por sus respectivos colegios profesionales.

CUARTO.- PROCEDIMIENTO

El presente procedimiento se tramitará conforme a las normas atinentes al juicio ordinario (artículos 399-436 de la Ley de Enjuiciamiento Civil). Se decidirán a través de los cauces del juicio ordinario, las demandas cuya cuantía excedan de quince mil euros y aquéllas cuyo interés económico resulte imposible de calcular, ni siquiera de modo relativo, según lo previsto en el artículo 249.2 Ley Enjuiciamiento Civil **(1)**

QUINTO.- CUANTÍA

La cuantía del presente procedimiento asciende a la cantidad de [CANTIDAD] euros, cumpliendo con lo previsto en los artículos 251 y 253 de la LEC.

SEXTO.- FONDO DEL ASUNTO

Según dispone el artículo 6 del Texto Refundido del Estatuto Legal del Consorcio de Compensación de Seguros, aprobado por el Real Decreto Legislativo 7/2004, de 29 de octubre, (TRLCCS):

«1. El Consorcio, en materia de riesgos extraordinarios, tendrá por objeto indemnizar, en la forma establecida en este Estatuto Legal, en régimen de compensación, las pérdidas derivadas de acontecimientos extraordinarios acaecidos en España y que afecten a riesgos en ella situados.

Igualmente, serán indemnizables por el Consorcio los daños personales derivados de acontecimientos extraordinarios acaecidos en el extranjero cuando el asegurado de la póliza tenga su residencia habitual en España.

A estos efectos, serán pérdidas los daños directos en las personas y en los bienes, así como, en los términos y con los límites que reglamentariamente se determinen, las pérdidas pecuniarias como consecuencia de aquéllos. Se entenderán, igualmente en los términos que reglamentariamente se determinen, por acontecimientos extraordinarios:

a) Los siguientes fenómenos de la naturaleza: terremotos y maremotos, las inundaciones extraordinarias, las erupciones volcánicas, la tempestad ciclónica atípica y las caídas de cuerpos siderales y aerolitos.

b) Los ocasionados violentamente como consecuencia de terrorismo, rebelión, sedición, motín y tumulto popular.

c) Hechos o actuaciones de las Fuerzas Armadas o de las Fuerzas y Cuerpos de Seguridad en tiempo de paz.

2. A los efectos exclusivamente de la cobertura del Consorcio, se entenderá por riesgos situados en España los que afecten a:

a) Los vehículos con matrícula española.

b) Los bienes inmuebles situados en el territorio nacional.

c) Los bienes muebles que se encuentren en un inmueble situado en España, estén o no cubiertos por la misma póliza de seguro, excepto aquellos que se encuentren en tránsito comercial.

d) En el caso de seguros de personas, cuando el asegurado tenga su residencia habitual en España.

e) En los demás casos, cuando el tomador del seguro tenga su residencia habitual en España o, si fuera una persona jurídica, tenga en España su domicilio social o la sucursal a que se refiere el contrato».

El artículo 8 del Estatuto Legal del Consorcio de Compensación de Seguros, dispone lo siguiente en relación con las obligaciones que el competen a este órgano:

«1. El Consorcio estará obligado a satisfacer las indemnizaciones derivadas de siniestros producidos por acontecimientos extraordinarios a los asegurados que hayan satisfecho los correspondientes recargos en favor de aquel y se encuentren en alguna de las situaciones siguientes.

a) Que el riesgo extraordinario cubierto por el Consorcio no esté amparado por póliza de seguro.

b) Que, aun estando amparado por póliza de seguro, las obligaciones de la entidad aseguradora no pudieran ser cumplidas por haber sido declarada judicialmente en concurso o que, hallándose en una situación de insolvencia, estuviese sujeta a un procedimiento de liquidación intervenida o esta hubiera sido asumida por el propio Consorcio.

2. La obligación del Consorcio amparará necesaria y exclusivamente a las mismas personas o bienes y por las mismas sumas aseguradas que se hayan establecido en las pólizas de seguro, sin perjuicio de lo que reglamentariamente se establezca en relación con los daños a vehículos de motor y con los pactos de inclusión facultativa en las pólizas.

Esta obligación se limitará a las indemnizaciones que proceda abonar conforme a la ley española de contrato de seguro.

(...)».

Además, el **artículo 1 del Reglamento del Seguro de riesgos extraordinarios reconoce como riesgos cubiertos las inundaciones extraordinarias,** como es el caso de autos, al disponer:

«1. El Consorcio de Compensación de Seguros tiene por objeto, en relación con el seguro de riesgos extraordinarios que se regula en este reglamento, indemnizar, en la forma en él establecida, en régimen de compensación, las pérdidas derivadas de acontecimientos extraordinarios acaecidos en España y que afecten a riesgos en ella situados.

A estos efectos, serán pérdidas, en los términos y con los límites que se establecen en este reglamento, los daños directos en las personas y los bienes, así como la pérdida de beneficios como consecuencia de aquéllos. Se entenderá, igualmente en los términos establecidos en este reglamento, por acontecimientos extraordinarios.

a) Los siguientes fenómenos de la naturaleza: los terremotos y maremotos, las **inundaciones extraordinarias**, las erupciones volcánicas, la tempestad ciclónica atípica y las caídas de cuerpos siderales y aerolitos.

b) Los ocasionados violentamente como consecuencia de terrorismo, rebelión, sedición, motín y tumulto popular.

c) Hechos o actuaciones de las Fuerzas Armadas o de las Fuerzas y Cuerpos de Seguridad en tiempo de paz».

Y queda reconocido que el hecho a tenido lugar en España y cumple así con lo previsto en el apartado 2 del citado artículo:

«2. A efectos exclusivamente de la cobertura del Consorcio, se entenderá por riesgos situados en España los que afecten a:

a) Los vehículos con matrícula española.

b) Los bienes inmuebles situados en el territorio nacional.

c) Los bienes muebles que se encuentren en un inmueble situado en España, estén o no cubiertos por la misma póliza de seguro, con excepción de aquellos que se encuentren en tránsito comercial.

d) En el caso de seguros de personas, cuando el asegurado tenga su residencia habitual en España.

e) En los demás casos, cuando el tomador del seguro tenga su residencia habitual en España o, si fuera una persona jurídica, tenga en España su domicilio social o la sucursal a que se refiere el contrato».

Que esta parte cumple, a los efectos de la cobertura de los riesgos extraordinarios en relación con la pérdida de beneficios, con lo previsto en el **artículo 3 del Reglamento del Seguro de riesgos extraordinarios**:

«1. A los efectos de la cobertura de los riesgos extraordinarios por el Consorcio de Compensación de Seguros, se entiende que se produce una pérdida de beneficios cuando, a consecuencia de alguno de los acontecimientos extraordinarios previstos en este reglamento, tiene lugar una alteración de los resultados normales de la actividad económica del sujeto asegurado, derivada de la paralización, suspensión o reducción de los procesos productivos o de negocio de dicha actividad. Los términos de la cobertura en relación con la cuantificación de la citada alteración y de la parte indemnizable de ésta, así como con los períodos de cobertura y de indemnización, serán los previstos en la póliza ordinaria, sin perjuicio de las especialidades establecidas en este reglamento, y en particular de lo establecido en su artículo 10.

2. Para que la pérdida de beneficios como consecuencia de un acontecimiento de los previstos en este reglamento resulte indemnizable por el Consorcio de Compensación de Seguros, será necesario que una póliza ordinaria de las previstas en el artículo siguiente contemple su cobertura como consecuencia de alguno de los riesgos ordinarios de incendio, explosión, robo, fenómenos atmosféricos o avería o rotura de maquinaria, y que se haya producido un daño directo en los bienes asegurados en la propia póliza u otra distinta, y que sean propiedad o estén a disposición del propio asegurado, no quedando cubiertas, por lo tanto, las pérdidas de beneficios consecuencia de daños sufridos por otros bienes o por los de otras personas físicas o jurídicas distintas del asegurado, por razón, entre otros, de los bienes o servicios que aquéllas deban y no puedan suministrar a éste a consecuencia del evento extraordinario. A los anteriores efectos, se considerará que el anegamiento, destrucción o deterioro, a consecuencia de un acontecimiento extraordinario, de las vías inmediatas de acceso a un bien propiedad del asegurado, que impidan acceder a éste, constituyen un daño directo a dicho bien, aún cuando las vías de acceso no estuvieran aseguradas.

3. Sin perjuicio de lo indicado en el apartado anterior, la cobertura alcanzará las pérdidas de margen bruto consolidado para grupos de empresas formados por sociedades distintas, y de las que el asegurado forme parte, como consecuencia de la ocurrencia de un siniestro de daños materiales sobrevenido en cualquiera de ellas y cuya causa esté asimismo cubierta por el Consorcio de Compensación de Seguros, siempre que:

a) Todas las sociedades que componen el grupo de empresas incluidas en esta cobertura tengan garantizada la pérdida de beneficios en sus respectivas coberturas para los riesgos ordinarios, aunque lo fuera por diferentes aseguradores.

b) En las pólizas de cada una de las citadas sociedades se incluya la relación de todas las que constituyen el grupo a efectos de esta garantía de interdependencia.

Fuera del supuesto contemplado en el párrafo anterior, esta cobertura excluye las consecuencias de siniestros acaecidos a terceros, clientes o proveedores del asegurado, incluso aunque la póliza de riesgos ordinarios contemple la cobertura bajo la denominación de interdependencia u otra similar».

Que queda constatado que los daños materiales que se reclaman tienen la consideración de riesgos extraordinarios de los que se infiere la responsabilidad del el Consorcio de Compensación de Seguros, y para demostrar ello, traemos a colación la doctrina jurisprudencial expuesta en la **sentencia de la AP de Almería, n.º 216/2018, de 9 de abril, ECLI:ES:APAL:2018:140**:

«(...) 'En el ámbito del seguro de riesgos extraordinarios el modelo español se basa fundamentalmente en que el Consorcio de Compensación de Seguros y en cobertura de los riesgos extraordinarios se define por su complementa-riedad -El Consorcio no compite con las entidades aseguradoras, actúa donde éstas no lo hacen y colabora con ellas-, su universalidad, debida a su obligato-riedad -vía recargo impuesto a determinadas coberturas- y a la compensación temporal, geográfica y entre los distintos tipos de riesgo. El mecanismo de cobertura ante un siniestro de riesgos extraordinarios viene determinado por la propia póliza contratada, que comprende dos contratos simultáneos sobre los riesgos ordinarios contratados y sufragados vía prima de seguros, y sobre los extraordinarios sufragados vía recargo obligatorio'. (S.A.P. de Bilbao, Sección 3ª de 2 de septiembre de 2014 ROJ 1763/2014).

'El T.S, en sentencias de 22 de julio de 1991 y 17 de junio de 1994, ha es-tablecido que los aseguramientos de los riesgos ordinarios y extraordinarios, pese a plasmarse en un sólo documento, constituyen, en realidad, dos con-tratos diferentes de seguro, aunque la cobertura por parte del Consorcio de los riesgos extraordinarios es complementaria de la del asegurador privado, de donde deriva que para la determinación de los elementos configurados del contrato de seguro a que no se hace referencia expresa en la Ley (Estatuto del Consorcio y su Reglamento) habrá de acudirse al contrato concertado con el asegurador privado, como también recoge la sentencia de la Sección 1ª de esta A.P. de 6 de febrero de 2001. En el Reglamento de Riesgos Extraordinarios de 20 de febrero de 2004 se explicita cuáles serán las pólizas en las que se im-plementa un recargo obligatorio en el artº 4 y en el artº 5.1 que: 'La cobertura de los riesgos extraordinarios alcanzará a los mismos bienes o personas, así como las mismas sumas aseguradas que se hayan establecido en las pólizas de seguro a efectos de la cobertura de los riesgos ordinarios, sin perjuicio de lo establecido en el apartado 3 de este artículo' (S.A.P San Sebastián, Sección 3ª, de 3 de julio de 2014 ROJ 526/2014).

Así pues, como queda dicho... 'La cobertura por parte del Consorcio de Compensación de Seguros de unos determinados daños personales o mate-riales queda condicionada a la existencia de un contrato de seguro que, por una parte, prevea la cobertura del riesgo y, por otra, contenga una cláusula de exclusión de su cobertura en el caso de que el daño contemplado provenga de un riesgo que jurídicamente merezca la calificación de extraordinario. Por consiguiente, de conformidad con los artº 8.2 del Estatuto Legal del Consorcio de Compensación de Seguros y 5 del Reglamento de riesgos extraordinarios, la obligación del Consorcio de atender las indemnizaciones derivadas de un de-terminado siniestro porque su causa haya sido un riesgo extraordinario, queda condicionada a que el daño producido esté asegurado en el correspondiente contrato... En el caso que se analiza, y en lo que atañe a las lesiones sufridas por los ocupantes no conductores del vehículo asegurado, el único seguro que les da cobertura es el obligatorio de circulación de vehículos a motor. Dicho seguro se configura, tal y como resulta del artº 2.1 del Real Decreto Legislativo 8/2004, que aprobó el Texto Refundido de la Ley sobre responsabilidad civil y seguro en la circulación de vehículos a motor, como un seguro de responsabili-dad civil. Su finalidad no es otra que garantizar a los ocupantes no conductores de un vehículo siniestrado la indemnización por las lesiones que hayan podido sufrir a causa de la circulación del mismo. Pero dicha cobertura queda some-tida a que se declare la responsabilidad civil del conductor, que es la premisa para su activación... Por consiguiente, si no hay responsabilidad civil, elemento indispensable para la existencia de la cobertura del seguro, deja de existir un contrato de seguro que ampare la contingencia que sobrevino. Ello implica que, al faltar tal contrato, no pueda nacer la obligación del Consorcio de ha-cerse cargo de la contingencia contemplada en él, sustituyendo así a la com-pañía aseguradora que debería asumir el daño de no haber sido ocasionado por un riesgo extraordinario... La Sección Cuarta de la Audiencia de Cantabria, en las sentencias de 22 de enero de 2009 y 2 de abril de 2008, argumentaba: 'En relación con los riesgos extraordinarios sobre las personas y los bienes, el Consorcio no actúa como sustituto de la aseguradora del tercero causante de los daños, porque ni el tercero ni la aseguradora, por razón del carácter extraordinario del siniestro, serían responsables. Por consiguiente, la responsabilidad del Consorcio sólo se plantea cuando existe un seguro de cobertura de daños propios, y el daño se produce como consecuencia de un riesgo extraordinario sobre las personas y los bienes'. (Sentencia de la A.P. de Girona, Sección 2ª, de 9 de mayo de 2017, ROJ 585/2017)».

También destaca esta parte, para entender el concepto de inundaciones extraordinarias, la didáctica **sentencia de la AP de Valencia, n.º 601/2010, de 24 de noviembre**:

«Esta referencia a inundación como la producida por acción directa de las aguas de lluvia, ya se contenía en el citado Reglamento anterior que cita la juez de instancia aprobado por RD 2022/1986, lo que era interpretado por este Tribunal, según su sentencia de 14-2-06 (Rollo 952-05), en el sentido de que: ".... según interpreta la sentencia de 8-3-03 de la Sección 6ª de esta misma AP que cita la juez " a quo", en un caso similar, lo que hay que determinar es si ese derrumbamiento es consecuencia de un fenómeno de la naturaleza de carácter extraordinario determinante de inundación producida por acción directa de las aguas de lluvia, es decir, constituye el riesgo a cargo de la demandada, la inundación, como riesgo extraordinario, producida por la acción directa de las aguas de lluvia, sea cual fuere la forma de producirse. Igualmente como señala la SAP de Valladolid de 3-2-02 dice "...el concepto de inundación no debe definirse en su mera acepción gramatical sino en el sistemático y relativo al ámbito aseguraticio en el que se regula y en el que está destinado a ser aplicado. Adviértase que el propio Reglamento de aplicación, que al definir el concepto, no exige la declaración previa administrativa del riesgo, remite el fenómeno como el producido como consecuencia directa de la acción de las aguas de lluvia, que por su carácter de extraordinario, se excluye de los seguros ordinarios y deja a la cobertura del Consorcio. La inundación es la consecuencia, con independencia de la forma concreta en que se produce (por el suelo, por el tejado, en ambos casos por colapso de la red de desagüe, en forma horizontal, paredes, ventanas, etc.). Y si esa consecuencia, el evento, es causa directa de la acción, extraordinaria de las aguas de lluvia, debe considerarse cubierto el riesgo..." Si bien el vigente Reglamento añade la citada exclusión en que se funda el recurso, " lluvia caída directamente sobre el riesgo asegurado, o la recogida por su cubierta o azotea, su red de desagüe o sus patios", sigue recogiendo como tal inundación la causada por acción directa del agua de las lluvias que cabe interpretar del mismo modo amplio que a la luz del anterior, por lo que y, sobre todo, porque en el caso de autos, el perito niega esa procedencia del propio riesgo asegurado de la que parte el recurso al entrar el agua por la calle, cabe concluir con su rechazo..."».

SÉPTIMO.- COSTAS

El artículo 394 de la Ley de Enjuiciamiento Civil que regula las costas que deberán ser impuestas a la parte demandada.

En su virtud,

SUPLICO AL JUZGADO:

Que tenga por presentado este escrito con sus copias y documentos, los admita y por formulada en **DEMANDA DE JUICIO ORDINARIO POR RECLAMACIÓN DE**

CANTIDAD POR DAÑOS POR INUNDACIÓN EXTRAORDINARIA, contra el Consorcio de Compensación de Seguros (CCS), y tras los trámites legales oportunos, dicte Sentencia estimando la demanda y condenando al abono de una indemnización en concepto de daños.

Por ser justicia que se pide en [LOCALIDAD] a [FECHA]

[FIRMA ABOGADO] | [FIRMA PROCURADOR]

OTROSÍ DIGO: siendo intención de esta parte cumplir con todos los requisitos legales, a tenor de lo previsto en el artículo 231 de la Ley de Enjuiciamiento Civil, se solicita se le diere traslado de cualquier defecto que adoleciere la presente demanda, para la inmediata subsanación de la misma.

Por ello,

SUPLICO AL JUZGADO:

Que tenga por efectuada la anterior manifestación a los efectos oportunos.

Lugar y fecha *ut supra*.

[FIRMA ABOGADO] | [FIRMA PROCURADOR]

---

(1) El RD-ley 6/2023, de 19 de diciembre, modifica el artículo 249 y 399 de la LEC con entrada en vigor el 20/03/2024. La cuantía mostrada en este formulario se corresponde con la modificación del artículo 249.